**weltbevölkerungsbericht 2006**

Der Weg der Hoffnung
Frauen und internationale Migration

Copyright © UNFPA 2006

UNFPA, Bevölkerungsfonds der Vereinten Nationen
Thoraya Ahmed Obaid, Exekutivdirektorin

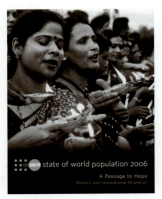

Titelbild

Frauen in Bangladesch mit Kerzen in der Hand. Auf der Demonstration gegen Menschenhandel und Gewalt gegen Frauen am 11. August 2003 in Dhaka nahmen mehr als 1.000 Frauen, darunter rund 200 Delegierte aus Afghanistan, Bhutan, Indien, Nepal, Pakistan, Sri Lanka und den Philippinen, teil.

© Reuters/Rafiqur Rahman

Einführung 1

1

Migration im 21. Jahrhundert 5

Eine Welt in Bewegung 5

Ungleiche Chancen in einer globalisierten Welt 7

Zwischen Hammer und Amboss: Irreguläre Migration 10

Zur Migration gezwungen: Flüchtlinge und Asylbewerber 11

Die Hoffnung nutzen: Internationale Migration, Rücküberweisungen und Entwicklung 13

Fluch oder Segen? Die Auswirkungen auf die Einwanderungsländer 16

Die Gesundheit von Migranten 17

Jenseits der Unterschiede: Mit der Vielfalt leben 20

Abbildungen

Abbildung 1
Ratifikationsstatus internationaler Rechtsinstrumente zur internationalen Migration 6

Abbildung 2
Die 20 Länder oder Gebiete mit der höchsten Anzahl an internationalen Migranten 7

Abbildung 3
Die afrikanische Gesundheitsversorgungskrise 8

Abbildung 4
Rücküberweisungen an Entwicklungsländer 11

2

Auf leisen Sohlen: Frauen und Migration 23

Globalisierung und Frauenmigration 24

Millionen Gesichter, viele Erfahrungen 26

Die sozioökonomischen Auswirkungen der Frauenmigration 31

Erfahrungen in der Migration: Chancen ergreifen, Hindernisse überwinden 34

Abbildungen

Abbildung 5
Trends der Frauenmigration nach Regionen 24

weltbevölkerungsbericht 2006

Der Weg der Hoffnung
Frauen und internationale Migration

3
Vom Traum zum Albtraum: Frauenhandel und die Ausbeutung von Hausangestellten 47

Der Handel mit Menschen 48

Tränen und Torturen: Die Ausbeutung von Hausangestellten 56

Abbildungen

Abbildung 6
Herkunftsländer nach Ausmaß der gemeldeten Fälle von Menschenhandel 50

Abbildung 7
Zielländer nach Ausmaß der gemeldeten Fälle von Menschenhandel 50

4
Zur Migration gezwungen: Flüchtlingsfrauen und Asylbewerberinnen 63

Mehr Schutz und Anerkennung 65

Gewalt gegen Frauen und Mädchen 67

Reproduktive Gesundheit und HIV-Prävention 70

Rückführung, Integration und Wiederansiedlung 71

5
Menschenrechte schützen, für kulturelle Vielfalt eintreten 75

Die Menschenrechte von Migranten schützen 76

Gender-spezifisches Migrationsmanagement 78

Die Vielfalt schätzen und kulturelle Unterschiede ausgleichen 82

Anmerkungen 87

Quellen der Kästen 103

Quellen der Zitate 106

Indikatoren 107

Überwachung der ICPD-Ziele – ausgewählte Indikatoren 108

Demographische, soziale und wirtschaftliche Indikatoren 112

Ausgewählte Indikatoren für bevölkerungsarme Länder/Territorien 116

Anmerkungen zu den Indikatoren 118

Technische Hinweise 119

Impressum 123

Hintergrundbild:
Ein mit 150 Migranten, die nach Libyen oder Algerien unterwegs sind, beladener Lastwagen zwischen Agadez und der Grenze. Junge Männer aus ganz Westafrika durchqueren per Lastwagen die Sahara, um an die nordafrikanische Küste und von dort aus weiter nach Europa zu kommen. Die Fahrt durch die Wüste dauert ungefähr eine Woche.
© Sven Torfinn/Panos Pictures

Einführung

Fast die Hälfte aller internationalen Migranten sind heute Frauen – 95 Millionen weltweit. Obwohl sie einen entscheidenden Beitrag zur Armutsbekämpfung und zur Unterstützung armer Länder leisten, hat die internationale Gemeinschaft das Potenzial von Migrantinnen für die Lösung vieler Probleme erst in jüngster Zeit anerkannt. Die Politik berücksichtigt erst seit kurzem die besonderen Risiken und Herausforderungen, denen Frauen ausgesetzt sind, wenn sie ihre Heimatländer verlassen.

Millionen von Frauen, die im Ausland leben und arbeiten, überweisen alljährlich Hunderte Millionen Dollar an Familien und Gemeinschaften in ihrer Heimat. Dieses Geld hilft, hungrige Mägen zu füllen, Kleider für Kinder zu kaufen, sie zur Schule zu schicken, ihre Gesundheitsversorgung zu finanzieren und generell den Lebensstandard der daheimgebliebenen Angehörigen zu verbessern. In den Gastländern sind die Leistungen der Migrantinnen so stark in die Gesellschaft und Wirtschaft integriert, dass sie kaum noch wahrgenommen werden. Migrantinnen arbeiten in den Haushalten von Familien mit Doppelverdienern und kümmern sich um Kranke und Alte. Sie bringen technisches und berufliches Wissen mit, zahlen Steuern und tragen in den Gastländern zur Aufrechterhaltung eines Lebensstandards bei, den viele dort inzwischen für selbstverständlich halten.

Über lange Zeit rangierten die Belange von Migrantinnen abgeschlagen am Ende der Tagesordnung der internationalen Politik. Nun hat die Welt die Chance, dies zu korrigieren: Erstmals werden sich auf einer UN-Sondersitzung Regierungsvertreter aus der ganzen Welt speziell mit dem Thema Migration befassen. Der für 2006 im Rahmen der UN-Vollversammlung angekündigte *High-Level Dialogue on International Migration and Development* bietet eine historische Chance, sicherzustellen, dass die Stimmen von Migrantinnen gehört werden. Die explizite Anerkennung der Menschenrechte von Frauen und die Gleichbehandlung der Geschlechter stellen eine unerlässliche Voraussetzung für einen nachhaltigen, gerechten und effektiven Rahmen einer zuverlässigen und humanen Migrationspolitik dar.

Davon profitieren beide Seiten. Migration eröffnet vielen Frauen den Weg in eine neue Welt, in der sie besser vor Unterdrückung und Diskriminierung geschützt sind. Zu Hause ist ihr Leben oftmals durch diskriminierende Rahmenbedingungen derart eingeschränkt, dass sie ihr Potenzial nicht verwirklichen können. Durch ihren Beitrag verbessert sich in den Gast- wie auch den Herkunftsländern die Lebensqualität deutlich. Allerdings tragen die Frauen dafür zum Teil auch eine große Bürde – denn die internationale Migration hat auch ihre dunkle Seite. Millionen Migrantinnen sind erheblichen Gefahren ausgesetzt – von der modernen Version der Versklavung,

◀ *Junge Mädchen spielen in einem Haus in Kabul, Afghanistan. In dem Haus leben 105 pakistanische Flüchtlingsfamilien, die jeden Tag darum kämpfen müssen, Geld für Nahrungsmittel aufzutreiben.*
© Lana Slezic/Panos Pictures

dem Menschenhandel, bis hin zur Ausbeutung zahlloser Hausangestellter –, weil es keine Möglichkeit zur sicheren und legalen Arbeitsmigration gibt. Der Menschenhandel gehört nicht nur zu den schlimmsten Auswüchsen einer »fehlgeleiteten« Migration, er gefährdet in vielen Ländern auch die nationale Sicherheit und Stabilität.[1] Unzureichende multilaterale Kooperation und das Versäumnis, Politiken und Maßnahmen zum Schutz von Migrantinnen zu etablieren, haben dazu geführt, dass genau die, die sich am wenigsten schützen können, dafür bezahlen müssen – nicht selten mit ihrem Leben.

Die Nachfrage nach weiblichen Migranten war nie größer als heute – und sie wächst stetig weiter: Die unnötigen und diskriminierenden Hürden und der unzulängliche Schutz der Menschen- und Arbeitsrechte von Migrantinnen nützen also weder den Familien im Zielland, noch den Staaten und schon gar nicht den vielen Hunderttausend Frauen, die häufig unter unerträglichen Arbeitsbedingungen und Misshandlungen leiden.

Seit Anfang der 1990er Jahre haben sich mehrere UN-Konferenzen mit dem Thema der internationalen Migration befasst, darunter insbesondere die Weltbevölkerungskonferenz 1994 in Kairo.[2] Zum Jubiläum im Jahr 2004 stellte das damals verabschiedete Aktionsprogramm immer noch eines der wichtigsten und umfassendsten internationalen Abkommen zu Migration und Entwicklung dar.[3] Zu den Kernbeschlüssen, auf die sich die Regierungen geeinigt hatten, gehörte die Auseinandersetzung mit »den Hauptursachen der Migration – insbesondere der durch Armut bedingten«[4], und das Bestreben, »allen Menschen die Möglichkeit zu geben, im eigenen Land zu bleiben«.[5] Seitdem hat die globale Gemeinschaft ihre 1994 gemachten Zusagen in den Millennium-Entwicklungszielen bestätigt: Im Jahr 2000 verkündeten zahlreiche Regierungs- und Staatschefs einmütig, die »Armut auszumerzen«[6] und die geschlechtsbedingte Diskriminierung zu beenden.

Im Zuge der drastisch ausgeweiteten globalen Kommunikations- und Verkehrsmöglichkeiten genießt die Menschheit heute zwar mehr internationale Mobilität als je zuvor. Gleichzeitig sollte aber niemand durch Ungleichheit, gesellschaftliche Diskriminierung oder den Mangel an Alternativen in seiner Heimat zur Auswanderung gezwungen werden. Auch wenn Experten und Staaten vor allem darüber diskutieren, wie sich die internationale Migration am effektivsten verwalten lässt, ist es eine Tatsache, dass Migranten zunächst und vor allem anderen unveräußerliche Menschenrechte genießen.[7] Eine gerechte Migrationspolitik bedeutet, dass gerade diejenigen, die am verwund-

▲ *Diese Behälter stehen vor einer Wasserstelle im UNHCR-Flüchtlingslager Farchana. In dem rund 50 km vor der sudanesischen Grenze gelegenen Lager leben mehrere Hunderttausend Sudanesen, die vor der Gewalt im Darfur geflohen sind.*
© Sven Torfinn/Panos Pictures

barsten sind, nicht noch weiter benachteiligt werden. Das gilt insbesondere für arme Migrantinnen. Besonders bedenklich ist, dass sich derzeit die negativen Seiten der Globalisierung und die bestehenden Ungleichheiten in der internationalen Migration verschärfen. Während eine Elite aus hoch qualifizierten Individuen von der neuen internationalen Freizügigkeit profitiert, stehen arme Migranten vor immer höheren Hürden.

Migration und Entwicklung gehen Hand in Hand. Verstärkte Investitionen in die Armutsbekämpfung, die Gleichbehandlung der Geschlechter und die Entwicklung – einschließlich der Erfüllung der von den Geberländern gemachten Entwicklungshilfezusagen – sind ein wesentlicher Teil der Bemühungen für eine gerechtere und bessere Organisation der internationalen Migration. Nur so wird die Kluft zwischen armen und reichen Ländern kleiner, und alle Menschen erhalten bessere Chancen auf ein lebenswertes Leben. Dies gilt auch für jene Frauen, die in ihren Heimatländern keinen gleichberechtigten Zugang dazu haben, sich einen eigenen Lebensunterhalt zu verdienen. Die internationale Gemeinschaft braucht wohl durchdachte Einwanderungsgesetze, die einerseits ökonomische Interessen berücksichtigen und andererseits aber auch die Menschenrechte schützen und die Gleichbehandlung der Geschlechter fördern.[8] Solche Gesetze tragen dazu bei, überflüssige Mobilitätsschranken aufzuheben, die Menschen womöglich ihre Würde und das Leben kosten.[9]

Frauen wandern in andere Länder aus und werden das auch in Zukunft tun. Die Bedürfnisse dieser Frauen sind wichtig und verdienen es, vordringlich behandelt zu werden. Nur so können die Vorteile der internationalen Migration maximiert und die damit einhergehenden Risiken minimiert werden. Weibliche Migranten sind wie kaum eine andere Gruppe der Gefahr von Menschenrechtsverletzungen ausgesetzt – als Migrantinnen und als Frauen. Ihre harte Arbeit verdient es, respektiert und ihre Menschenrechte, geschützt zu werden. Ihren Stimmen muss Gehör geschenkt werden. Entsprechende Visionen und gesellschaftliche Führung können dazu beitragen, die öffentliche Debatte weg von einem reaktionären Sensationalismus und der Konzentration auf die »Andersartigkeit« hin zur Anerkennung unserer gemeinsamen Menschlichkeit zu leiten, die uns in einer Welt sich zusehends auflösender Grenzen verbindet.

1 Migration im 21. Jahrhundert

Seit Anbeginn der Menschheit ziehen Menschen umher. Völkerwanderungen und Migrationsströme waren seit jeher ein zentraler Bestandteil und eine wichtige Determinante der Menschheitsgeschichte. Die großen interkontinentalen Wanderungsbewegungen setzten allerdings erst im 16. Jahrhundert mit der weltweiten Expansion der europäischen Mächte und der Besiedlung von Kolonien ein.[1] Im Laufe der letzten beiden Jahrhunderte erreichte die Migration dann ein beispielloses Ausmaß. Grund dafür waren primär die fortschreitende Globalisierung der Wirtschaft und ihre Folgen für die Arbeitsmigration.[2] Obwohl Binnenmigranten (Individuen oder Familien, die innerhalb eines Landes umsiedeln) für den größeren Teil der Wanderungsbewegungen verantwortlich sind, ist die Zahl der internationalen Migranten[3] beträchtlich.

Eine Welt in Bewegung

Die internationale Migration stellt ein wesentliches Element der modernen globalisierten Welt dar. Sie kann eine Schlüsselrolle bei der Entwicklungsförderung und Armutsbekämpfung spielen. Gleichzeitig hat sie Vor- und Nachteile, die verstärkt beziehungsweise minimiert werden können. Viele Themen im Umfeld der Migration sind komplex und hoch sensibel. Der Zustrom von Menschen aus anderen Kulturen löst in vielen Fällen Misstrauen, Ängste und manchmal sogar offenen Fremdenhass aus. Die negativen Seiten der Migration erhalten ein hohes Maß an öffentlicher Aufmerksamkeit, da zahllose Medienberichte über Zwischenfälle, an denen Migranten beteiligt sind, berichten und es dabei häufig zu hitzigen Debatten kommt. Dagegen hört man meistens nichts von den vielen Millionen Erfolgsgeschichten der Migration: von den zahllosen Frauen, Männern und Jugendlichen, die ihre Heimat verlassen und durch ihre Fähigkeiten, ihre Arbeit und ihre Steuerzahlungen sowohl zum Wohl ihrer alten wie auch ihrer neuen Heimat beitragen.

In den letzten Jahrzehnten haben sich die Rahmenbedingungen der Migration im Zuge des rasanten Fortschritts im Verkehrs- und Kommunikationsbereich drastisch gewandelt. Heute sind alle Länder in irgendeiner Weise davon betroffen – sei es als Herkunfts-, Transit- oder Zielländer. Die Zahl der Menschen, die nach offizieller Definition außerhalb ihres Geburtslandes leben, lag 2005 bei 191 Millionen und hat sich damit in den vergangenen 50 Jahren nahezu verdoppelt.[4] Frauen stellen, wie

◂ *Wie dieser Junge durchqueren jedes Jahr Tausende von Migranten Mexiko auf Güterzügen um zur US-Grenze zu gelangen.*
© Don Bartletti/Los Angeles Times

in **Kapitel 2** dargelegt, inzwischen fast die Hälfte aller Migranten und sie machen die Mehrheit derjenigen aus, die in entwickelte Länder auswandern.

Migration kann freiwillig oder erzwungen erfolgen. Im konkreten Fall kommen oft Elemente von beidem zusammen. Die meisten Menschen verlassen ihre Heimat auf der Suche nach Arbeit, um ihrer Familie nachzuziehen oder um zu heiraten. Die Nachfrage nach Arbeitsmigranten (Menschen, die auf der Suche nach besseren ökonomischen Möglichkeiten auswandern) war und ist ein wichtiger Grund für die zunehmende Wanderungsbewegung in entwickelte Länder.[5] Auf dieser Migrantengruppe basiert das von Experten zitierte Potenzial der internationalen Migration. Sie kann – durch finanzielle (so genannte Rücküberweisungen) und andere Unterstützungsleistungen der Migranten – erheblich dazu beitragen, Entwicklung in den Herkunftsländern zu fördern und Armut zu mindern. Zwangsmigration und Menschenhandel dagegen gehören zu den dunkelsten Seiten der internationalen Wanderungsbewegung, und zwar vor allem, wenn, wie in **Kapitel 3** und **Kapitel 4** beschrieben, die Opfer Frauen und Kinder sind.

Anders als gemeinhin angenommen, ist der Anteil der internationalen Migranten an der gesamten Weltbevölkerung relativ niedrig. Zwischen 1960 und 2000 ist er von 2,5 Prozent auf gerade einmal 2,9 Prozent gestiegen.[6] Dessen ungeachtet ist die Nettomigration für einen großen und wachsenden Anteil des Bevölkerungswachstums in den entwickelten Regionen verantwortlich: im Zeitraum von 2000 bis 2005 betrug dieser Anteil 75 Prozent (siehe **Abbildung 2**).[7] Während sich die Abwanderung in den Entwicklungsregionen bislang kaum nennenswert auf das Bevölkerungswachstum ausgewirkt hat, hat sie in 48 Ländern – zumeist kleine oder Inselstaaten – zu einem Rückgang des Bevölkerungswachstums von mehr als 15 Prozent geführt.[8]

Heute leben mehr Menschen als jemals zuvor außerhalb ihres Geburtslandes. Würden alle internationalen Migranten in einem Land leben, nähme dieses Land heute

Abbildung 1: Ratifikationsstatus internationaler Rechtsinstrumente zur internationalen Migration

Instrument	Jahr des Inkrafttretens	Vertragsparteien der UN-Instrumente	
		Anzahl der Länder	Prozentsatz der Länder
Wanderarbeiter			
Übereinkommen über Wanderarbeiter (Neufassung aus dem Jahr 1949), 1949 (ILO-Konvention 97)	1952	45	23
Übereinkommen über Missbrauch bei der Migration und die Förderung der Chancengleichheit und der Gleichbehandlung der Wanderarbeitnehmer von 1975 (ILO-Konvention 143)	1978	19	10
Internationale Konvention zum Schutz der Rechte aller Wanderarbeiter und ihrer Familienangehörigen von 1990	2003	34	17
Schmuggel und Menschenhandel			
Zusatzprotokoll zur Verhütung, Bekämpfung und Bestrafung des Menschenhandels, insbesondere des mit Frauen und Kindern von 2000	2003	97	50
Protokoll gegen die Schleusung von Migranten auf dem Land-, See- und Luftweg von 2000	2004	89	46
Flüchtlinge			
Abkommen über den Rechtsstatus der Flüchtlinge von 1951 (Genfer Flüchtlingskonvention)	1954	143	73
Protokoll über den Rechtsstatus der Flüchtlinge von 1967	1967	143	73

Hinweis: Stand vom 19. April 2006.

Quelle: Vereinte Nationen. 2006. *International Migration and Development: Report of the Secretary-General* (A/60/871).

hinter China, Indien, den USA und Indonesien Platz fünf auf der Rangliste der bevölkerungsreichsten Länder ein.[9] Dennoch hat sich die internationale Migration in den letzten Jahrzehnten verlangsamt: Die absolute Zahl neuer Migranten ist von 41 Millionen im Zeitraum von 1975 bis 1990 auf 36 Millionen zwischen 1990 und 2005 gesunken.[10] Der Rückgang der Flüchtlingszahlen dürfte teilweise dafür verantwortlich sein.

Im Gegensatz zu den Entwicklungsländern, in denen die Einwanderungsrate drastisch gesunken ist, nimmt die Immigration in den entwickelten Ländern (mit Ausnahme der Sowjetunion) weiter zu: 33 der 36 Millionen Menschen, die zwischen 1990 und 2005 ihre Heimat verlassen haben, sind in ein Industrieland ausgewandert.[11] Vor diesem Hintergrund überrascht es nicht, dass 75 Prozent aller internationalen Migranten in nur 28 Ländern leben.[12] Drei Viertel der Zunahme an Immigraten im Zeitraum von 1990 bis 2005 entfiel auf nur 17 Länder. Gleichzeitig verzeichneten 72 Länder sinkende Einwandererzahlen.[13] Alles in allem konzentriert sich die Zuwanderung auf eine relativ kleine Zahl von Ländern: Einer von vier Migranten lebt in Nordamerika, einer von drei in Europa.[14]

Ungleiche Chancen in einer globalisierten Welt

Gepaart mit den zunehmend ungleichen Chancen wird die wachsende Interdependenz der Länder die internationalen Wanderungsbewegungen aller Wahrscheinlichkeit nach weiter intensivieren. Im »weltweiten Kampf um Talente«[15] setzen die Industrieländer verstärkt auf das wachsende globale Reservoir hoch mobiler Arbeitskräfte.[16] Zusätzlich benötigen sie, wenn ihre Volkswirtschaften weiter wachsen sollen, Einwanderer für Arbeiten, die ihre eigenen Bürger wegen niedriger Löhne oder schlechter Arbeitsbedingungen nicht übernehmen können oder wollen.

Diese Berufe zeichnen sich dadurch aus, dass sie schmutzig, anstrengend, entwürdigend und gefährlich sind.[17] Darunter fallen unter anderem die Müllabfuhr, die Straßenreinigung, das Baugewerbe, der Bergbau und die Prostitution.[18] Hinzu kommen saisonale Tätigkeiten, die zum Teil zwar auch von Einheimischen ausgeübt, aber zu einem erheblichen Teil von ausländischen Hilfskräften übernommen werden.[19] Am anderen Ende des Spektrums nimmt auch die Nachfrage nach hoch qualifizierten Mitarbeitern in den Bereichen Technologie, Wissenschaft, Management und Verwaltung zu.[20] Die meisten Industrieländer stehen der Immigration ausländischer Fachkräfte

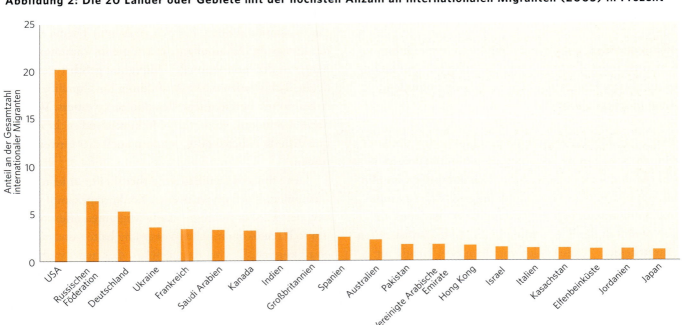

Abbildung 2: Die 20 Länder oder Gebiete mit der höchsten Anzahl an internationalen Migranten (2005) in Prozent

Quelle: UN-Bevölkerungsabteilung. *Trends in Total Migrant Stock: The 2005 Revision* (POP/DB/MIG/Rev.2005/DOC), S. 11.

Abbildung 3:
Die afrikanische Gesundheitsversorgungskrise

Anteil Afrikas an der globalen Krankheitslast

25 %

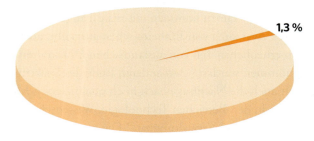

Anteil Afrikas an allen Gesundheitsarbeitern weltweit

1,3 %

Quelle: WHO. 2004. *Addressing Africa's Health Workforce Crisis: An Avenue of Action.* Aufsatz erstellt für das *High-Level Forum on MDGs*, Abuja.

offen gegenüber und fördern diese sogar. Ihre Haltung hinsichtlich der Zuwanderung von gering oder gar nicht qualifizierten Arbeitskräften ist bestenfalls ambivalent, wenn nicht gar ablehnend.

WEDER AM ÄRMSTEN NOCH AM SCHLECHTESTEN GEBILDET

Migranten weisen im Allgemeinen bestimmte demographische und sozio-ökonomische Charakteristiken im Hinblick auf Alter, Geschlecht, Bildungsgrad, Berufsgruppe und Risikobereitschaft auf. Eigenschaften, in denen sie sich vom Rest der Bevölkerung in ihren Herkunftsländern unterscheiden.[21] Dabei fallen vor allem zwei Trends auf: Erstens konzentriert sich die Nachfrage in den Einwanderungsländern auf Arbeitskräfte an beiden Enden des Beschäftigungsspektrums (hoch und gering qualifiziert).[22] Zweitens lässt sich ungeachtet des Mangels an verlässlichen Daten feststellen, dass ein signifikanter Anteil der Migranten auf die Altersgruppe der 15- bis 30-Jährigen entfällt.[23] Diese selektive Migration wirkt sich wiederum unmittelbar darauf aus, wer von der Migration profitiert und welchen Nutzen einerseits die Herkunfts- und andererseits die Zielländer davon haben.

Das weit verbreitete Vorurteil, die meisten Migranten würden aus den ärmsten Bevölkerungsschichten stammen, ist falsch.[24] Im Gegenteil: Emigranten sind für gewöhnlich gebildeter als diejenigen, die zurückbleiben.[25] Beispielsweise besitzt die große Mehrheit derer, die sich auf den Weg in ein Mitgliedsland der Organisation für Wirtschaftliche Zusammenarbeit und Entwicklung (OECD) machen, einen Sekundärschul- oder höheren Bildungsabschluss.[26] Abgesehen von Zuwanderern, die sich über kurze Distanzen in benachbarte Länder aufmachen (etwa aus Mexiko oder Mittelamerika in die USA oder aus der Türkei nach Westeuropa), benötigen Migranten neben dem Zugang zu Informationen auch ein gewisses Kapital (chinesische Migranten zahlen zum Beispiel bis zu 60.000 US-Dollar)[27] um in das Land ihrer Träume zu gelangen – egal ob auf legalem oder illegalem Weg.

BRAINDRAIN, BRAINWASTE UND BRAINGAIN

Die Nachfrage nach gut ausgebildeten Arbeitern kann zur Abwanderung einer beträchtlichen Zahl qualifizierter Arbeitskräfte aus den Herkunftsländern führen. Weil den Entwicklungsländern dadurch massive Verluste an Humankapital drohen, hat sich an diesem Thema eine der hitzigsten Debatten entzündet, die im Zusammenhang mit der internationalen Migration geführt werden. Schließlich werden in die Ausbildung hoch qualifizierter Arbeitskräfte beträchtliche Ressourcen investiert. Wenn diese abwandern, verliert das Herkunftsland nicht nur qualifizierte Arbeitskräfte, sondern auch diese Investitionen.

Der Schwund qualifizierter Arbeitskräfte ist kein neues Phänomen. Doch im weltweiten Konkurrenzkampf werben viele Länder gut ausgebildete Migranten offensiv an, um so ihren ökonomischen Vorsprung halten und ausbauen zu können. Das hat dazu geführt, dass heute weltweit schätzungsweise zwischen einem Drittel und der Hälfte aller Wissenschaftler und Techniker in Industrieländern leben.[28] Andererseits kommt eine Weltbankstudie zu dem Ergebnis, dass in »22 der 33 Länder, die Arbeitskräfte ›exportieren‹ und für die Schätzdaten zum Bildungsniveau vorliegen, die Abwanderungsquote unter den Einwohnern mit dem höchsten Bildungsniveau (Universitätsabschluss) bei unter zehn Prozent liegt«.[29]

Was für die Industrieländer ein Gottesgeschenk ist, kann in den verarmten Herkunftsländern verheerende Folgen haben. Die Folgen dieses *braindrains* (Abwanderung von gut ausgebildeten Menschen) zeigen sich nirgendwo drastischster als in den sowieso schon fragilen Gesundheitssystemen vieler Entwicklungsländer.[30] Obwohl die Länder Afrikas südlich der Sahara heute weltweit am stärksten von hochansteckenden Infektionskrankheiten betroffen sind (insgesamt 25 Prozent aller Infizierten weltweit), entfallen auf die Region nur 1,3 Prozent aller weltweit tätigen Gesundheitsarbeiter (siehe **Abbildung 3**).[31] Dass manche Länder unter einem ernsthaften Mangel an Pflegepersonal und Ärzten leiden,[32] ist zumindest teilweise der aggressiven Anwerbepolitik der Industrieländer geschuldet, die auf diese Weise den Mangel an qualifizierten Kräften in ihren Gesundheitssystemen ausgleichen.[33]

Jüngsten Umfragen der Weltgesundheitsorganisation WHO zufolge ist der Anteil der Beschäftigten im Gesundheitsbereich, die zur Auswanderung entschlossen sind, in den am stärksten von HIV/Aids betroffenen Ländern besonders hoch. In Simbabwe sind es beispielsweise 68 Prozent, in Uganda 26 Prozent.[34] Laut Angaben der Weltkommission für Internationale Migration (GCIM) arbeiten in der nordenglischen Stadt Manchester derzeit mehr malawische Ärzte als in ganz Malawi. Nicht viel anders sieht es in Sambia aus. Dort praktizieren nur noch 50 der 600 Ärzte, die seit Erlangung der Unabhängigkeit ausgebildet wurden.[35]

Manche Forscher wenden ein, dass sich der *braindrain* erst dann nachteilig auswirkt, wenn zwei Faktoren zusammen kommen: der Verlust eines großen Teils der gebildeten Gesamtbevölkerung bei gleichzeitig negativen ökonomischen Auswirkungen. Nach Ansicht der Wissenschaftler sind am ehesten kleine Entwicklungsländer in Afrika und der Karibik von den Folgen des *braindrain* betroffen.[36] So hatten 70 Prozent der Bevölkerung mit höherem Bildungsweg von Guyana, Haiti, Jamaika und Trinidad und Tobago im Jahr 2000 ihren Wohnsitz in OECD-Ländern.[37]

Darüber hinaus müssen – will man den Gesamteffekt der Emigration berechnen – direkte und indirekte Folgen (Rückkoppelungseffekte) differenziert werden. Die direkten ökonomischen Folgen fallen aller Wahrscheinlichkeit nach negativ aus: Der Verlust an Humankapital und der geringere durchschnittliche Bildungsgrad in der verbleibenden Bevölkerung können das Wirtschaftswachstum bremsen und die Bemühungen zur Armutsbekämpfung unterlaufen. Auf der anderen Seite gibt es aber auch erhebliche positive indirekte Folgen:[38] So geht die Weltbank davon aus, dass die Verluste durch Rücküberweisungen von Migranten in ihre alte Heimat sowie durch das Wachstum des Handels- und Investitionsvolumens mehr als wettgemacht werden.[39] Einfacher formuliert: Dank der Rücküberweisungen wird der Konsum in den Herkunftsländern angekurbelt und es ist mehr Geld vorhanden, das in Unternehmen investiert werden kann.

GRENZEN SCHLIESSEN ODER NICHT?

Die bisherigen wissenschaftlichen Erkenntnisse lassen keine einfache Antwort zu: Kosten und Nutzen können nur für jeden konkreten Einzelfall bestimmt werden.[40] Können hoch qualifizierte Arbeitskräfte in ihrer Heimat ihr Wissen beruflich nicht nutzen, besteht darüber hinaus die Gefahr, dass weder sie selbst noch das Land davon profitieren und es zu *brainwaste* kommt, zu einer Verschwendung von Wissen und Fähigkeiten.[41]

Unter dem Strich gibt das Stichwort *braindrain* nur einen Teil der allgemeinen Folgen von Migration für eine Volkswirtschaft oder Gesellschaft wieder. Insofern dürfte die intuitive Reaktion – die Grenzen für hoch qualifizierte Bürger zu schließen – wenig effektiv sein. In der aktuellen Forschung wird daher das Konzept des »optimalen *braindrain*« propagiert. Demnach sollen die Herkunftsländer unter gewissen Umständen von der Abwanderung qualifizierter Migranten sogar profitieren.[42] Taiwan gelang es, den *braindrain* in einen *braingain*, also einen Zugewinn an Qualifikationen zu verwandeln. Die Analyse der dortigen Entwicklung legt folgende Maßnahmen nahe: Bildung nur bis zu dem von der nationalen Ökonomie benötigten Niveau zu subventionieren; Emigranten als *brainreserve* (Wissensreservoir) zu nutzen, indem sie als Berater in ihrer Heimat tätig sind oder vielleicht eines Tages als hoch qualifizierte Arbeitskräfte zurückkehren; die Vernetzung mit und die Rekrutierung in der Diaspora zu fördern, um eine nennenswerte Anzahl an Heimkehrern anzulocken.[43]

Daneben gibt es auch praktische Gründe, die nahe legen, dass Einschränkungen der Mobilität nicht funktio-

1. INTERNATIONALE MIGRATION UND DIE MILLENNIUM-ENTWICKLUNGSZIELE

Die internationale Migration fördert und behindert zugleich das Erreichen der Millennium-Entwicklungsziele (MDG).[1] In seinem 2005 erschienenen Bericht *In Larger Freedom* bezeichnete UN-Generalsekretär Kofi Annan die Migration als »eines der wichtigsten Themen unserer Zeit«.[2] Auch andere Experten stellten fest, dass »jedes MDG mittel- oder unmittelbar mit der Migration verknüpft ist«.[3]

Immer mehr Menschen sehen in der Migration eine Chance, das Überleben ihrer Familien zu sichern. Rücküberweisungen können die Millennium-Entwicklungsziele unmittelbar fördern: konkret Ziel 1 (extreme Armut und Hunger beseitigen), Ziel 2 (Grundschulbildung für alle Kinder) sowie die auf die Gesundheit bezogenen MDG 4, 5 und 6. Rücküberweisungen werden, insbesondere wenn Frauen über ihre Verwendung entscheiden, sehr häufig für die täglichen Bedürfnisse, die Ernährung, Bildung und Gesundheit der Familie ausgegeben. Die positiven Beiträge beschränken sich aber nicht nur auf finanzielle Zuwendungen: Gemeinschaften in der Diaspora können die Entwicklung vor Ort auch durch Investitionen, den Aufbau von Handelsbeziehungen sowie den Transfer von Fähigkeiten, Wissen und Technologien vorantreiben. Insbesondere Migrantinnen neigen in hohem Maße dazu, das, was sie über den Nutzen von Bildung und einer guten Gesundheitsversorgung gelernt haben, in ihre Familien und Gemeinschaften in der Heimat zu tragen.

Die grenzüberschreitende Migration wirkt sich unmittelbar auf die Millennium-Ziele 4, 5 und 6 aus, also auf die Senkung der Kindersterblichkeit, die Verbesserung der Gesundheit von Müttern und die Bekämpfung von HIV/Aids, Tuberkulose, Malaria und anderen Krankheiten. In mehreren Herkunftsländern, darunter auch solche, die von hohen HIV-Infektionsraten und hohen Sterblichkeits- und Morbiditätsraten bei Müttern und Säuglingen betroffen sind, leiden die sowieso schon stark strapazierten Gesundheitssysteme wegen der Abwanderung qualifizierten Gesundheitspersonals unter einem massiven Arbeitskräftemangel. In manchen Ländern sind selbst die Schulen von der Abwanderung qualifizierter Kräfte betroffen. Andererseits profitieren viele Migranten von dem besseren Zugang zu Bildungsangeboten in den Zielländern sowie zu Gesundheitsinformationen, -wissen und -dienstleistungen, einschließlich solcher im Bereich der sexuellen und reproduktiven Gesundheit. Darüber hinaus können Migrantinnen durch den Zugang zu Familienplanung selbst über ihre Fruchtbarkeit bestimmen. Dies bleibt Frauen in den Herkunftsländern häufig verwehrt.

Die internationale Migration kann zwar auch zum Millennium-Ziel 3 (die Gleichstellung der Geschlechter und das Empowerment von Frauen fördern) beitragen, setzt die Migrantinnen aber auch neuen Gefahren aus (siehe **Kapitel 2**). Weil Frauen und Männer in der Migration nicht die gleichen Chancen haben und unterschiedlichen Gefahren ausgesetzt sind, könnte »die Geschlechtszugehörigkeit der wichtigste Faktor dafür sein, welche Erfahrungen Migranten machen«, so die IOM.[4] Da junge Menschen vornehmlich wegen fehlender Chancen in ihren Heimatländern auswandern, wirkt sich die Migration auch auf das als achtes MDG aufgeführte Ziel aus: den Aufbau einer stärkeren globalen Partnerschaft, um mehr Arbeitsplätze für junge Menschen zu schaffen.

---

nieren. Wer wirklich auswandern will, findet meistens einen Weg, solche Verbote zu umgehen. Außerdem haben – wie der Blick in die Geschichte beweist – Maßnahmen zur Begrenzung der Migration fast immer nur wenig Erfolg gehabt. Der Versuch, die Immigration aus bestimmten Ländern zu unterbinden, kann dazu führen, dass die Entwicklung im eigenen Land gehemmt wird. Den größten Erfolg versprechen deshalb Maßnahmen, die Migrationstrends akzeptieren und begleiten, anstatt zu versuchen, sie umzukehren.[44] Diese Sichtweise wird sowohl von der Internationalen Organisation für Migration (IOM)[45] wie auch von der Wirtschaftskommission für Lateinamerika und die Karibik (ECLAC)[46] sowie der Weltkommission für Internationale Migration (GCIM) unterstützt.[47]

Zwischen Hammer und Amboss: Irreguläre Migration

Die steigende Nachfrage nach Arbeitskräften und die sich verschärfenden Unterschiede zwischen einzelnen Ländern erhöhen die Bereitschaft potenzieller Migranten, sich bei der Suche nach besseren Arbeitsmöglichkeiten auf den Weg in wohlhabendere Länder zu machen. Ist dies legal nicht möglich, versuchen viele ihr Glück auf anderem Wege. Zwar nimmt in vielen Ländern die Bereitschaft ab, hohe Zahlen permanenter Einwanderer aufzunehmen.[48] Doch dürften die international immer weiter auseinander klaffenden wirtschaftlichen und sozialen Bedingungen die Zahl der Menschen zunehmen lassen, die in der Hoffnung auf ein besseres Leben auch ohne Papiere und Erlaubnis auswandern.

Migrationsexperten und Entwicklungsorganisationen weisen immer häufiger auf die »Asymmetrie« des Globalisierungsprozesses hin: Waren, Kapital, Dienstleistungen, Informationen und Ideen können immer freier über internationale Grenzen hinweg zirkulieren. Menschen sind in ihrer Mobilität dagegen nach wie vor einer Vielzahl von Beschränkungen unterworfen.[49]

Migranten mit irregulärem Status oder ohne Papiere[50] sind Menschen, die nicht im Besitz eines für Einreise, Aufenthalt oder Arbeit erforderlichen Visums sind. Aufgrund ihres ungesicherten Status können sie meist nur schlecht entlohnte, nicht angemeldete und in bar bezahlte Tätigkeiten ausüben. Sie werden häufiger ausgebeutet, müssen viele Überstunden machen, leiden unter schlechten Gesundheitsbedingungen und müssen in heruntergekommenen und häufig illegalen Unterkünften hausen. Frauen werden überdurchschnittlich häufig körperlich und sexuell missbraucht. Zudem schwächt die irreguläre Migration die Arbeitsschutzgesetze und Sozialversicherungssysteme in den Zielländern, weil illegale Einwanderer für Arbeitgeber einen billigen und leicht ausbeutbaren Pool an Arbeitskräften darstellen, die keine gewerkschaftliche Interessenvertretung oder andere Mittel der Rechtshilfe in Anspruch nehmen können.[51] Da Migranten ohne Papiere offiziell nicht registriert sind, ist ihre tatsächliche Zahl in den meisten Ländern nicht bekannt. Auf globaler Ebene schwanken die Schätzungen zwischen 30 und 40 Millionen.[52]

Irreguläre Migranten gehen bei dem Versuch, ihr Zielland zu erreichen, häufig große Risiken ein. Die Zeitungen sind voll von Berichten über diejenigen, die es nicht geschafft haben – Menschen, die ertrunken, verhungert, verdurstet oder von skrupellosen Schleppern ermordet worden sind. Jedes Jahr versuchen tausende afrikanische Migranten die Schutzzäune zu überwinden, die sich um die spanischen Enklaven Melilla und Ceuta in Marokko ziehen.[53] Je schärfer die Behörden durchgreifen, umso eher nehmen die verzweifelten Migranten noch gefährlichere Passagen in Kauf. Das gilt nicht nur für den Weg von Afrika nach Europa. Auch viele Tausend Menschen aus Lateinamerika und der Karibik verlieren jährlich ihr Leben, wenn sie versuchen, die USA oder Kanada zu erreichen.[54]

Zur Migration gezwungen: Flüchtlinge und Asylbewerber

Die erzwungene Migration resultiert aus Gewalt, extremen politischen oder ökologischen Missständen und anderen

Abbildung 4: Rücküberweisungen an Entwicklungsländer

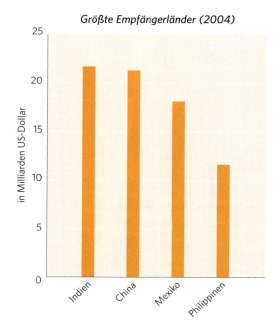
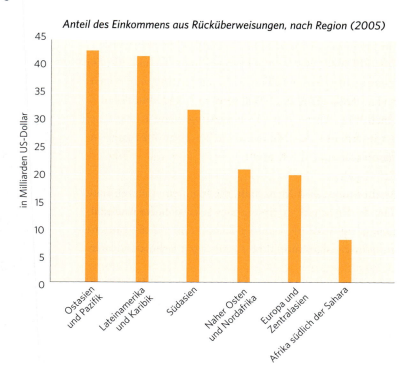

Quelle: Weltbank. 2006. *Global Economic Prospects.*

Notlagen[55] und setzt die Betroffenen in vielen Fällen erheblichen Gefahren aus. Obwohl die Zahl der Zwangsmigranten im Vergleich zu der der Arbeitsmigranten gering ist, finden sich unter ihnen überdurchschnittlich viele Angehörige der am meisten marginalisierten Bevölkerungsgruppen.

Die bekannteste und am besten erforschte Gruppe der Zwangsmigranten sind die »Flüchtlinge«: Menschen, die aus Ländern, in denen Krieg, Gewalt und Chaos herrschen, fliehen und aufgrund fehlender Schutzmaßnahmen nicht in der Lage oder bereit sind, in ihre Heimat zurückzukehren. 2005 waren weltweit 12,7 Millionen Menschen auf der Flucht: 8,4 Millionen unter der Obhut des Hohen Kommissars der Vereinten Nationen für Flüchtlingsfragen (UNHCR) und weitere 4,3 Millionen, die vom Hilfswerk der Vereinten Nationen für Palästina-Flüchtlinge im Nahen Osten (UNRWA) betreut werden.[56] Insgesamt ist der Anteil der Flüchtlinge an allen Migranten von elf Prozent Anfang der 1990er Jahre[57] auf derzeit sieben Prozent gesunken.[58]

Im Gegensatz zu Arbeitsmigranten, die hauptsächlich in die entwickelten Regionen auswandern, leben schätzungsweise 90 Prozent aller Flüchtlinge in Entwicklungsländern.[59] Das liegt daran, dass die meisten von ihnen in Ländern Zuflucht suchen, die an ihre Heimat grenzen. So flohen 1994 während des Genozids in Ruanda binnen nur dreier Tage mehr als eine Million Ruander über die Grenze in den Kongo. Seit 2004 sind schätzungsweise 736.000 sudanesische Flüchtlinge in den Tschad, die Zentralafrikanische Republik, den Kongo, Äthiopien, Kenia und Uganda geflohen.[60] Während in Afrika und Asien Flüchtlinge jeweils rund 18 beziehungsweise 15 Prozent der internationalen Migranten stellen, liegt ihr Anteil in Europa bei nur drei Prozent.[61]

Asylbewerber sind Menschen, die in einem anderen Land oder in der Botschaft eines anderen Landes die Anerkennung als Flüchtling beantragt haben und auf die Entscheidung ihres Falles durch die zuständigen Behörden warten.

2005 haben nach Angaben des UNHCR in 50 Industrieländern (größtenteils in Nordamerika oder Europa) insgesamt 336.000 Menschen Asylanträge gestellt. Das ist ein Rückgang um etwa 50 Prozent seit 2001. Damit hatte die Zahl der neu gestellten Asylanträge den niedrigsten Stand seit nahezu 20 Jahren erreicht, wobei der Rückgang besonders stark in Kanada und den USA ausfiel. Abgesehen von den verschärften Vorschriften in den Aufnahmeländern dürfte auch die Beilegung einer Reihe langjähriger Konflikte für diesen drastischen Einbruch verantwortlich sein.[62] Wegen der Befürchtung, normale Migranten könnten das Asylverfahren zur Erlangung einer Aufenthaltsgenehmigung missbrauchen, werden Asylbewerber zusehends schärferen Überprüfungen unterzogen. Manche Experten kritisieren inzwischen, dass legitime Asylbewerber – von denen viele auch auf illegalen Wegen Schutz vor der Verfolgung suchen – dem verstärkten Vorgehen vieler Länder gegen illegale Einwanderung und Menschenschmuggel zum Opfer fallen. In etlichen

In Tijuana, auf der mexikanischen Seite der Grenzmauer zwischen den USA und Mexiko, erinnern Holzkreuze an mehr als 3.000 Migranten, die ums Leben kamen, als sie die Grenze überwinden wollten. Kinder gehen auf dem Nachhauseweg von der Schule an der vor Ort als „Die Narbe" bezeichneten Mauer vorbei.

© Larry Towell/Magnum Photos

Ländern werden Asylbewerber bis zur Entscheidung über ihren Antrag in speziellen Lagern interniert, und, wenn ihr Antrag abgelehnt wird, sofort wieder in ihr Herkunftsland abgeschoben.

Viele Asylbewerber müssen Monate oder gar Jahre auf eine Entscheidung warten.[63] Häufig können sie selbst nach abschlägigen Bescheiden nicht abgeschoben werden, weil sie keine Papiere besitzen oder das Herkunftsland ihre Rückkehr verweigert. Weil die Gesetze der Gastländer den Asylbewerbern häufig die Annahme eines Jobs im formellen Arbeitssektor verbieten, bleibt ihnen oft nichts anderes übrig, als im kaum regulierten informellen Sektor nach Arbeit zu suchen.[64]

Die Hoffnung nutzen: Internationale Migration, Rücküberweisungen und Entwicklung

Rücküberweisungen sind der Hauptgrund dafür, warum Entwicklungsexperten die internationale Migration als wichtigen Beitrag zur Armutsbekämpfung anerkennen.

Obwohl sich der genaue Umfang der weltweiten Rücküberweisungen nur schwer ermitteln lässt, steht fest, dass es sich um enorme Summen handelt. Nach Schätzungen der Weltbank beliefen sich 2005 die auf offiziellen Wegen getätigten Rücküberweisungen auf rund 232 Milliarden US-Dollar, wovon 167 Milliarden US-Dollar in Entwicklungsländer flossen.[65] Da in dieser Summe die durch informelle Kanäle übermittelten Gelder nicht enthalten sind, geht man davon aus, dass der tatsächliche Gesamtbetrag der Rücküberweisungen weit höher ausfällt.

Unter dem Strich rangieren Rücküberweisungen hinter ausländischen Direktinvestitionen und noch vor der offiziellen Entwicklungshilfe auf Platz zwei der wichtigsten externen Kapitalquellen für Entwicklungsländer. Zudem stellen Rücküberweisungen im Allgemeinen eine besser vorhersagbare und stabilere Einkommensquelle dar als Gelder aus der Entwicklungszusammenarbeit und ausländische Direktinvestitionen. Insbesondere in kleineren Län-

dern machen Rücküberweisungen einen beträchtlichen Anteil des Bruttoinlandsprodukts (BIP) aus: zum Beispiel in Tonga (31 Prozent des BIP), Moldawien (27 Prozent), Lesotho (26 Prozent) und Haiti (25 Prozent).[66] Von den ausländischen Direktinvestitionen in China stammen 70 Prozent von Auslands-Chinesen.[67] Der Einfluss dieser Geldflüsse auf die Volkswirtschaften der Entwicklungsländer ist so groß, dass laut Berechnungen der Weltbank ein zehnprozentiger Anstieg der Rücküberweisungen im Verhältnis zum BIP eines Landes zu einem Rückgang der in absoluter Armut lebenden Bevölkerung um 1,2 Prozent führen würde.[68]

Die verfügbaren Statistiken unterstützen diese Annahme. Mehr als 60 Prozent der 22.000 Haushalte in Nicaragua, die sich zwischen 1998 und 2001 aus der Armut befreien konnten, hatten ein im Ausland lebendes Familienmitglied.[69] In El Salvador, Eritrea, Jamaika, Jordanien, Nicaragua und dem Jemen steigerten die Rücküberweisungen im Jahr 2000 das BIP um jeweils über zehn Prozent.[70] Im selben Jahr gelang es 1,2 Millionen Marokkanern allein dank der durch die Rücküberweisungen höheren Wirtschaftsleistung der Armut zu entfliehen.[71] Auch in Lateinamerika und der Karibik verhalfen die Rücküberweisungen aus dem Ausland nach Erkenntnissen der ECLAC 2,5 Millionen Menschen zum Sprung über die Armutsgrenze.[72]

Die Bereitschaft, Geld in die Heimat zu schicken, und die Höhe der Rücküberweisungen hängt von einer Vielzahl von Faktoren wie Geschlecht, Alter, Zahl der Abhängigen, Familienstand des Migranten und Aufenthaltsdauer im Gastland ab. So schicken mexikanische Auswanderer laut einer Studie am ehesten Geld nach Hause, wenn sie verheiratet, unter 40 Jahre alt und im Gastland gut ins soziale Leben integriert sind.[73] Frauen schicken (siehe **Kapitel 2**) einen höheren Anteil ihres zumeist geringeren Einkommens in die Heimat als Männer.[74] Insgesamt überweisen temporäre Migranten mehr Geld in ihre Herkunftsländer als permanent im Ausland lebende Migranten. Dasselbe gilt auch für un- beziehungsweise gering qualifizierte gegenüber hoch qualifizierten Migranten. (Hierfür ist jedoch wenigstens zum Teil die weitaus geringere Anzahl der hoch Qualifizierten verantwortlich.)[75] Ein weiterer Faktor, der sich auf das Niveau der Rücküberweisungen auswirkt, ist die Stärke der Verwandtschaftsbeziehungen der Auswanderer und ob sie beabsichtigen, in ihre Heimat zurückzukehren. Migranten, die später nach Hause zurückkehren wollen, neigen eher dazu, die Zurückgebliebenen mit Geld zu unterstützen, als solche, die das nicht vorhaben. Dies bedeutet, dass die Rücküberweisungen zurückgehen könnten, wenn sich im Laufe der Zeit die Beziehungen zum Herkunftsland abschwächen.[76]

Obwohl die Folgen der Rücküberweisungen für die Entwicklungsländer zunächst eindeutig positiv erscheinen, wird von manchen Experten nach wie vor in Frage gestellt, ob sie sich tatsächlich positiv auf die kurzfristige Armutsminderung oder die langfristige Entwicklung auswirken. Ein wichtiges Argument dabei ist, dass gerade die ärmsten Bevölkerungsteile und ärmsten Länder am wenigsten in den Genuss von Rücküberweisungen kommen. Während der Löwenanteil der Rücküberweisungen in Länder mit mittlerem Einkommen fließt, entfielen 2002 nur 1,5 Prozent der Gesamtsumme auf Afrika südlich der Sahara.[77] Dies belegt auch, dass die Menschen aus den ärmsten Regionen deutlich weniger Chancen haben, in wohlhabende Länder zu emigrieren, von wo sie Geld nach Hause schicken könnten. Eine weitere Sorge lautet, Rücküberweisungen verschärften in manchen Fällen das Einkommensgefälle in den Herkunftsländern. Familien und Gemeinschaften, die Geld aus dem Ausland erhalten, geht es besser, während ihre weniger glücklichen Nachbarn ohne Unterstützung dastehen.[78]

Einige Experten wenden darüber hinaus ein, dass Rücküberweisungen die wirtschaftliche Abhängigkeit der Herkunftsländer weiter verstärken, da sie den Druck auf den Staat vermindern, die notwendigen Maßnahmen zur Restrukturierung der eigenen Wirtschaft zu ergreifen.[79] Andere Wissenschaftler warnen, dass einerseits die Geberländer die Rücküberweisungen als Entschuldigung dafür missbrauchen könnten, ihre Hilfsleistungen zur Bekämp-

Heute leben mehr Menschen als je zuvor außerhalb des Landes, in dem sie geboren wurden. Würden alle internationalen Migranten an einem Ort leben, wäre dies das fünftgrößte Land der Erde.

fung der Armut zu reduzieren. Andererseits könnten sich die Regierungen der Entwicklungsländer versucht fühlen, die Bedürfnisse der ärmsten Bevölkerungsgruppen mit der Begründung hintenanzustellen, dass ein Teil der armen Familien ja Geld aus Rücküberweisungen erhält. Ungeachtet ihres Beitrags zur Armutsbekämpfung ist die Migration also nicht zwangsweise der große Ausgleichsfaktor – vor allem nicht in einer zunehmend ungleichen Welt.

Rücküberweisungen sind private Gelder und werden größtenteils zur Verbesserung des Familieneinkommens und nicht für Anlageinvestitionen verwendet. Zudem sind Migranten im Allgemeinen wenig vertraut mit Investitionsinstrumenten, weshalb nur ein geringer Teil der Rücküberweisungen in produktive Investitionen fließt.[80] Allerdings könnten sie eine signifikantere Rolle bei der Entwicklungsförderung und Armutsbekämpfung spielen, wie neuere Studien hervorheben. Unabhängig davon, ob die Gelder investiert werden oder in den Konsum fließen, bescheren sie den Haushalten, Gemeinschaften und Ländern, die sie erhalten, wichtige Vorteile.[81] Wie sich gezeigt hat, sind Rücküberweisungen nicht nur stabiler als andere Formen privater Finanzflüsse in Entwicklungsländer, sondern können auch zur Abmilderung der Folgen von wirtschaftlichen Schwankungen und Krisen beitragen.[82] Auf Grundlage einer umfassenden Analyse kam die IOM zu dem Schluss, dass Rücküberweisungen die Sparneigung der Empfänger erhöhen, zur Finanzierung von Kleinunternehmen eingesetzt werden und als Sicherheit für die Aufnahme von Krediten für Anlageinvestitionen dienen. Über die Stimulation der Binnennachfrage nach arbeitsintensiven Gütern und Dienstleistungen können sie auch zum Anstieg der Gesamtnachfrage und damit des nationalen Outputs und Einkommens beitragen[83] – Schlussfolgerungen, die auch von der Weltbank, den Vereinten Nationen und anderen Entwicklungsorganisationen geteilt werden.[84]

Was fehlt, so die meisten Experten, sind Mechanismen, mit denen sich das Potenzial von Rücküberweisungen zur Stimulation des langfristigen Wirtschaftswachstums mobilisieren ließe. Ein weiterer Kritikpunkt sind die hohen Kosten der Geldüberweisungen. Obwohl die Transferkosten in den letzten Jahren gesunken sind, machen sie nach wie vor bis zu 20 Prozent des Überweisungsbetrags aus und stellen damit eine hohe Hürde dar.[85] Ein Missstand, gegen den inzwischen mehrere Institutionen einschließlich der Weltbank vorgehen.[86]

TRANSNATIONALE NETZWERKE NUTZEN: KOLLEKTIVE UND »SOZIALE« RÜCKÜBERWEISUNGEN

Aufgrund der besseren Kommunikations- und Transportmöglichkeiten stellt die Auswanderung heute keinen definitiven Bruch mit der Vergangenheit und dem Herkunftsland mehr dar. Die vielfältigen Verbindungen zur alten Heimat tragen mit dazu bei, lokale, nationale, ethnische und religiöse Bande am Leben zu erhalten. Solche Verbindungen wiederum fördern über individuelle Rücküberweisungen hinaus auch andere Arten finanzieller Rückflüsse – von ausländischen Direktinvestitionen von Auswanderern, die als Touristen in ihr Heimatland reisen, bis hin zum Fundraising und finanziellen Hilfen von Heimatvereinen in der Diaspora.[87] Obwohl das Entwicklungspotenzial durch formale Netzwerke in der Diaspora enorm ist, gibt es bislang kaum Versuche, dies gezielt auszubauen.

Beispielsweise könnten kollektive Rücküberweisungen mit entsprechenden Geldsummen von der öffentlichen Hand oder Entwicklungsorganisationen gebündelt und so in ihrer Wirkung verstärkt werden.[88] Derzeit ist das Volumen solcher »kollektiven« Rücküberweisungen allerdings noch sehr gering und macht beispielsweise in Mittelamerika nur ein Prozent der gesamten Rücküberweisungen aus.[89] 2002 riefen in Mexiko Bund, Länder und Kommunen gemeinsam das *Tres por Uno*-Programm (Drei für Eins) ins Leben, das jeden Dollar, den Migranten aus den USA überweisen, um weitere drei Dollar aufstockt. Zwei Jahre nach dem Start, brachte das Programm 2004 insgesamt 70 Millionen US-Dollar zusammen, mit denen regionale Infrastruktur- und Gemeindeprojekte finanziert wurden. Die Programmorganisatoren arbeiten inzwischen mit der Weltbank an der Entwicklung von Projekten, die vor Ort neue Arbeitsplätze schaffen und so potenzielle Migranten ermutigen, zu Hause zu bleiben.[90]

Transnationale Diasporanetzwerke können zudem Unternehmen aus den Herkunftsländern als Brückenkopf bei der Vermarktung ihrer Produkte und Dienstleistungen im Gastland dienen.[91] Beispielsweise sehen viele Experten die koreanische Gemeinde in den USA als einen der wichtigsten Gründe für die erfolgreiche Expansion koreanischer Auto-, Elektronik- und Industriegüterhersteller im US-Markt an. In Kanada ist im Zuge der Zuwanderung einer großen Zahl qualifizierter Asiaten der Absatz asiatischer Importprodukte um 75 Prozent in die Höhe geschnellt.

Darüber hinaus spielen informelle und formelle Netzwerke in der Diaspora eine wichtige Rolle bei der Informations- und Wissensvermittlung in die alte Heimat.[92] Angesichts der Bedeutung solcher Netzwerke nimmt die Zahl von Handlungsempfehlungen zu, die speziell auf die Maximierung ihres Entwicklungspotenzials in einer globalisierten Gesellschaft abzielen.

Ein weiterer wichtiger Punkt sind die »sozialen« Rücküberweisungen – der Transfer von Ideen, Informationen, Wissen, Einstellungen, Verhaltensmustern, Identitäten, kulturellen Leitbildern und Sozialkapital von einer Kultur in eine andere.[93] Durch den Kontakt mit ihrer Herkunftsgemeinschaft beziehungsweise nach ihrer Rückkehr begünstigen Migranten politische und kulturelle Transformationen. Hiervon profitieren vor allem die Bemühungen zur Gleichbehandlung der Geschlechter (siehe **Kapitel 2**).

Aber nicht nur die Herkunfts-, auch die Zielländer ziehen daraus Nutzen. In Australien etwa hat laut der IOM die starke Zuwanderung aus Asien und anderen Regionen zu einer massiven Ausweitung der wirtschaftlichen, sozialen und politischen Interaktionen mit den Herkunftsländern geführt. Auch wenn, wie die IOM warnt, die sich daraus ergebenden positiven Effekte noch nicht statistisch belegt wurden, sind sie zweifelsohne bedeutsam. Zu diesen positiven Effekten gehören eine höhere linguistische und kulturelle Vielfalt sowie eine stärkere »Offenheit« gegenüber anderen Ländern und der für sie charakteristischen Einstellungen, Werte und Moralvorstellungen. Veränderungen, die zusammengenommen die australische Kultur und Lebensart ungemein bereichert haben.[94]

Fluch oder Segen? Die Auswirkungen auf die Einwanderungsländer

Je nach kulturellem, sozialem und ökonomischem Kontext kann die Migration den Zielländern sowohl Vor- als auch Nachteile bringen. Drei der im Zusammenhang mit den wirtschaftlichen Folgen am häufigsten genannten Vorurteile lauten: Immigranten nehmen der lokalen Bevölkerung Jobs weg, sie drücken das Lohnniveau und sie bürden dem Wohlfahrtssystem hohe Kosten auf.[95]

Alle drei Vorwürfe lassen sich empirisch nicht eindeutig belegen. Die Auswirkungen der Migration auf die Beschäftigungschancen und das Lohnniveau der heimischen Bevölkerung sind gering, unabhängig davon, ob es sich um legale oder irreguläre, temporäre oder dauerhafte Migranten handelt.[96] Das liegt daran, dass Migranten meist Tätigkeiten übernehmen, die für die Einheimischen unattraktiv sind. Am stärksten betroffen von den Folgen der Zuwanderung sind deshalb auch gering qualifizierte Einheimische, die am unmittelbarsten mit Migranten um Arbeitsplätze konkurrieren.[97] Diese verschärfte Konkurrenz kann die Löhne drücken und Investitionen in produktivere Technologien hinauszögern. Dagegen wird eingewendet, dass die von der Migration ausgehende Bedrohung für Arbeiter in Niedriglohnsektoren auch nicht größer ist als jene durch den Import arbeitsintensiver Produkte aus Billiglohnländern.[98]

Auch die weit verbreitete Ansicht, Migranten würden in hohem Maß Leistungen aus der öffentlichen Wohlfahrt beanspruchen und nur geringe Beiträge in Form von Steuern und Sozialabgaben leisten, hält nur in den seltensten Fällen empirischen Untersuchungen stand.[99] So ergab eine 2005 in den USA durchgeführte Studie, dass Immigranten zwar 10,4 Prozent der Gesamtbevölkerung stellen. Gleichzeitig entfallen aber nur 7,9 Prozent der Gesamtausgaben für die Gesundheitsversorgung und nur acht Prozent der bundesstaatlichen Krankenversicherungsausgaben auf sie.[100] Zudem haben die amerikanische *Central Intelligence Agency* (CIA)[101] und in jüngerer Zeit auch die Europäische Kommission festgestellt, dass die Migration zu einem höheren Wirtschaftswachstum, höherer Produktivität und zur Entstehung neuer Arbeitsplätze beiträgt, von denen auch die einheimische Bevölkerung profitiert.[102]

Über Arbeits-, Lohn- und Wohlfahrtsfragen hinaus hat auch die fortschreitende Alterung der Gesellschaft in den Industrieländern die internationale Migration ins Rampenlicht gerückt. In einer im Jahr 2000 durchgeführten Studie zur »Ersatzmigration« konstatierte die UN-Bevölkerungsabteilung, dass die Mehrzahl der Einwanderungsländer in den so genannten »zweiten demographischen Übergang« eingetreten sind.[103] Typisch für diese Phase sind eine geringe Fertilität und ein damit einhergehendes geringes oder negatives Bevölkerungswachstum, wodurch wiederum der Anteil der älteren, nicht arbeitstätigen Bevölkerung im Vergleich zur jüngeren, produktiven Bevölkerung ansteigt.[104] In vielen Industrieländern, insbesondere in Japan und zahlreichen europäischen Ländern, ist die Fertilität unter das Ersatzniveau gesunken. Die Zahl der in den Arbeitsmarkt eintretenden jungen Menschen nimmt ab und die demographische Alterung beschleunigt sich.[105] Die Autoren der

UN-Studie haben berechnet, dass diese Länder deutlich mehr Migranten ins Land holen müssten, um den Bevölkerungsrückgang und insbesondere den Rückgang der Zahl der Menschen im arbeitsfähigen Alter zu stoppen und das gegenwärtige Verhältnis von arbeitender Bevölkerung zu den über 65-Jährigen aufrechtzuerhalten.[106]

Während der Bericht die lange überfällige Aufmerksamkeit der Öffentlichkeit auf die Gefahren der demographischen Alterung lenkte, provozierte er in politischen und akademischen Kreisen einen Aufruhr.[107] Erstens, so wandten Kritiker ein, sei die Migration vom demographischen Standpunkt aus betrachtet keineswegs das Allheilmittel gegen den Fertilitätsrückgang. Die Alterung der Bevölkerung in den betroffenen Ländern könne allenfalls durch eine historisch beispiellose, auf Dauer zahlenmäßig gar nicht tragfähige und zudem stetig wachsende Zuwanderung verhindert werden.[108] Zweitens würde gesellschaftlich betrachtet das Volumen der Zuwanderung, die notwendig wäre, um die schrumpfende Bevölkerung zu ersetzen, bei weitem alles übertreffen, was die Gesellschaften der Industrieländer zu akzeptieren bereit wären.[109]

In der Kontroverse über die »Ersatzmigration« spiegeln sich zumindest teilweise die heftigen Emotionen wider, die der Multikulturalismus und die Aussicht auf eine massive Zuwanderung heute in vielen Ländern auslösen. Während die meisten Länder mit einer niedrigen Fertilität inzwischen zwar ein gewisses Maß an Zuwanderung als ökonomisch nützlich akzeptieren, haben sie zugleich Angst vor dem Verlust ihrer kulturellen Identität. Nichtsdestotrotz stehen Länder mit extrem niedrigen Fruchtbarkeitsraten wie Deutschland, Italien und Spanien und potenziell noch weitere Länder vor einem drastischen Bevölkerungsrückgang.[110] Eine Lösung dafür zu finden, wird unterschiedliche Maßnahmen voraussetzen, in deren Rahmen die Migration eine zunehmend wichtige, wenn auch nicht entscheidende Rolle spielen könnte.

Die Gesundheit von Migranten

Zumindest anfangs weisen Migranten häufig einen besseren Gesundheitszustand auf als ihre Alters- und Geschlechtsgenossen sowohl in den Herkunfts- wie auch in den Zielländern. Denn ein guter Gesundheitszustand ist für Migranten von großem Vorteil: Wer auf offiziellem Wege einwandert, muss in vielen Fällen eine Gesundheitsprüfung absolvieren, während für irreguläre Migranten ein guter Gesundheitszustand auf ihren häufig anstrengenden und gefährlichen Reisen überlebenswichtig sein kann.[111] Nach ihrer Ankunft fallen viele Migranten jedoch durch die Lücken der staatlichen Gesundheitsversorgung – was insbesondere für illegale Einwanderer gilt, die sich eine medizinische Versorgung nicht leisten können und/oder aus Angst vor einer Abschiebung darauf verzichten. Außerdem leiden viele Migranten unter einer gesundheitsgefährdenden Arbeitsumgebung, schlechten Unterkünften, Ausbeutung am Arbeitsplatz und unzureichendem Zugang zu Gesundheitsdiensten.[112]

Die Lebensumstände von Migranten – speziell solcher mit irregulärem Status – gefährden häufig ihre Gesundheit und machen sie besonders anfällig für Infektionskrankheiten.

---

2 MIGRATION UND HIV/AIDS

Entgegen den Stereotypen und verbreiteten Annahmen erhöhen weder Migranten noch die Migration per se das HIV-Infektionsrisiko: Vielmehr sind es die oft schwierigen Umstände und Gefahren der Migration, die viele Zuwanderer einem höheren Infektionsrisiko aussetzen.[1]

Die Trennung von der Familie und Ehepartnern sowie Isolation und Einsamkeit verstärken die Bereitschaft zu hoch riskanten sexuellen Beziehungen. Weil Migranten so mobil sind, ist es schwierig, sie mit Informationen, Beratungen, freiwilligen Testangeboten oder medizinischer Hilfe zu erreichen. Dass Einwanderer häufig in gesellschaftlich, kulturell, wirtschaftlich und sprachlich marginalisierten Gruppen zusammenleben, erschwert ihnen den Zugang zu Gesundheitsdiensten zusätzlich.[2]

Auch der legale Status von Migranten ist ausschlaggebend für ihr Infektionsrisiko. Viele irreguläre Einwanderer verzichten aus Angst vor einer Abschiebung – oder weil sie es sich einfach nicht leisten können – darauf, ärztliche Hilfe in Anspruch zu nehmen. Migrantinnen, die sich in die Hände von Schleusern begeben, auf ihrem Weg stranden, allein unterwegs sind oder in die Hände von Menschenhändlern fallen, sind einem besonders hohen Risiko der Ausbeutung, Gewalt und somit auch der HIV-Infektion ausgesetzt.[3] Migranten wissen häufig wenig über HIV/Aids und haben aus ihren Herkunftsländern kaum Erfahrungen mit Gesundheitsdiensten. Darüber hinaus können saisonal im Ausland arbeitende oder heimkehrende Migranten das Infektionsrisiko ihrer Partner erhöhen.[4]

So verweist die IOM auf eine Reihe von Studien, die belegen, dass sowohl die Säuglingssterblichkeitrate als auch die Zahl der angeborenen Missbildungen bei Kindern von Immigranten überdurchschnittlich hoch sind. In manchen Ländern entwickeln Frauen aus der ersten und zweiten Einwanderergeneration überdurchschnittlich häufig chronische Krankheiten.[113] Auch im Bereich der reproduktiven Gesundheit haben Immigranten zusätzliche Probleme (siehe **Kapitel 2**). Allerdings hängt der Gesundheitsstatus im Einzelfall von zahlreichen Faktoren ab, und wie diese sich auswirken, variiert ebenso stark wie Hintergrund und Allgemeinzustand der einzelnen Migranten. Für viele Migranten kann die Abwanderung ins Ausland eine Verbesserung des Zugangs zu Gesundheitsinformationen und -diensten bedeuten. Auch hier gilt, dass gut gebildete, qualifizierte Einwanderer gesundheitlich seltener unter der Migration leiden.

Mehrere miteinander verknüpfte Faktoren erklären, warum bestimmte Migrantengruppen erhöhten Gesundheitsrisiken ausgesetzt sind. Der erste und wichtigste Faktor für die Gesundheit ist nach Angaben der WHO die Armut: Je ärmer jemand ist, umso schlechter ist für gewöhnlich auch sein Gesundheitszustand. Einwanderer sind im Vergleich zur einheimischen Bevölkerung deutlich häufiger ökonomisch benachteiligt.[114] Darüber hinaus sind temporäre und Migranten ohne Papiere in der öffentlichen Gesundheitsversorgung der meisten Länder schlechter gestellt und haben Ausländer oftmals nur Zugang zur Notfallbehandlung. Weil Migranten ohne Papiere zudem fürchten müssen, von Gesundheitseinrichtungen an die Behörden gemeldet zu werden, verzichten sie in vielen Fällen auf ärztliche Hilfe – mit der Folge, dass sich aus kleinen Problemen ernsthafte Krankheiten entwickeln können.[115]

Trotz dieser und anderer Missstände sind in den Einwanderungsländern nur wenige Entscheidungsträger bereit, die derzeitige Politik zu revidieren und neue Gesetze zu verabschieden, von denen sowohl die irregulären Migranten als auch die Gesundheitssysteme profitieren würden.[116] Eine solche Umorientierung würde auch den Gastländern zugute kommen: Zuwanderer mit einem guten Gesundheitszustand können eher Bildungschancen wahrnehmen und mehr zur nationalen Wirtschaft beitragen.[117] Mögliche öffentliche Bedenken wegen der Kosten sollten innerhalb eines breiteren Kontextes gesehen werden. Der höhere Beitrag, den gesunde Migranten für ihr Gastland leisten können, sollte den zusätzlichen Kosten gegenübergestellt werden, die der Gesellschaft anfallen, wenn sie Migranten eine angemessene Gesundheitsversorgung vorenthält.[118]

MIGRATION UND HIV/AIDS

Bislang müssen Wissenschaftler aufgrund des Mangels an zuverlässigen Daten und der Komplexität des Problems beim Thema Migration und HIV/Aids große Vorsicht walten lassen. Trotzdem sind sich die meisten Experten einig, dass die Migration aus Regionen mit einem geringen in solche mit einem hohen Infektionsrisiko die Wahrscheinlichkeit einer HIV-Infektion erhöht und zirkuläre Wanderungsbewegungen (zum Beispiel, wenn Migranten regelmäßig in den Heimaturlaub fahren) die Gefahr verstärken, dass das Virus mit »umzieht«.[119]

Einer von der GCIM beauftragten Studie zufolge entfallen 66 Prozent aller in der Europäischen Union (EU) diagnostizierten heterosexuell übertragenen HIV-Infektionen auf Menschen, die aus von Aids besonders stark betroffenen Ländern stammen – insbesondere aus Afrika.[120] In Australien wurden mehr als die Hälfte aller zwischen 2000 und 2004 registrierten Neuinfektionen, die auf heterosexuellem Wege erfolgten, bei Menschen festgestellt, die entweder selbst oder deren Partner aus einem Land mit hohen Infektionsraten stammten. Und in Kanada trat ein Viertel der 2005 registrierten HIV-Infektionen bei Einwanderern aus stark von Aids betroffenen Ländern Afrikas südlich der Sahara und der Karibik auf.[121] Obwohl Migrationsgegner die Migranten manchmal als »Träger von HIV/Aids« verurteilen, ist es in vielen Fällen erst die Migration, die sie einem höheren Risiko aussetzt.[122] Zudem ist nach wie vor unklar, an welchem Punkt der Migration eine Infektion erfolgt: vor dem Aufbruch, während des Transits, im Gastland oder während eines Besuchs in der alten Heimat. Darüber hinaus sind Migranten in Statistiken zur HIV-Infektionsrate häufig auch deshalb überrepräsentiert, weil Gastländer und Arbeitgeber einen Aids-Test von ihnen verlangen.

Obwohl kaum Daten über den Zusammenhang von Migration und HIV in den ärmeren Regionen der Welt vorliegen, wird die Migration mit einer höheren Anfälligkeit für Infektionskrankheiten in Verbindung gebracht. So arbeiteten im Jahr 2005 laut offiziellen Statistiken des philippinischen Gesundheitsministeriums 33 Prozent der

3 DIE MENSCHENRECHTE VON MIGRANTEN

Im internationalen Recht haben alle Migranten – unabhängig von ihrem juristischen Status – Anspruch auf dieselben Menschenrechte wie jeder andere Mensch. Die *Internationale Konvention zum Schutz der Rechte aller Wanderarbeitnehmer und ihrer Familienangehörigen* ist das umfassendste Instrument hierfür und trat, aufbauend auf andere zentrale Menschenrechtsverträge, im Jahr 2003 in Kraft. Die Konvention legt Mindeststandards fest, die alle ihr beitretenden Länder einhalten müssen. Im Gegensatz zu den meisten anderen Menschenrechtsverträgen wurde sie aber von der Mehrzahl der Entwicklungsländer nicht ratifiziert.

Die Konvention fasst die Menschenrechte zusammen, die reguläre wie irreguläre Wanderarbeiter genießen: den Schutz vor Versklavung und Gewalt, den Zugang zu medizinischer Nothilfe, Bildung für die Kinder von Wanderarbeitern, den Anspruch auf die gleichen Arbeitsbedingungen wie die Bürger des Landes; das Recht auf Mitgliedschaft in Gewerkschaften und anderen Interessensvertretungen sowie das Recht auf eine eigene kulturelle Identität, Meinungsfreiheit und Religionsfreiheit.

Reguläre Wanderarbeiter haben darüber hinaus Anspruch auf weitere Grundrechte wie eine angemessene Unterkunft, Sozial- und Gesundheitsdienste, das Recht, Gewerkschaften und Organisationen zu gründen und an Wahlen in ihrem Heimatland teilzunehmen. Obwohl das Recht auf Familienzusammenführung nicht explizit anerkannt wird, werden die Länder dazu aufgerufen, sie zu erleichtern. Darüber hinaus ruft die Konvention zur Unterbindung des Menschenhandels und -schmuggels auf – illegale Aktivitäten, bei denen die Menschenrechte so massiv verletzt werden, dass die im Jahr 2000 verabschiedete *Konvention gegen grenzüberschreitendes organisiertes Verbrechen* um Protokolle zu diesen Themenbereichen ergänzt wurde.

Die Staaten, die die Wanderarbeiterkonvention ratifiziert haben, sind dazu verpflichtet, die internationale Migration menschlicher und gerechter zu gestalten. Zu den empfohlenen Maßnahmen gehört, Migranten über ihre Rechte zu informieren, Wanderarbeiter und Arbeitgeber über betreffende Maßnahmen und Gesetze zu unterrichten sowie Wanderarbeitern und ihren Familien beizustehen. Um Missbrauch zu verhindern, beschränkt die Konvention das Recht auf Anwerbung von Wanderarbeitern auf staatliche Organisationen und staatlich autorisierte private Agenturen.

Darüber hinaus wurden weitere Instrumente und Mechanismen zum besseren Schutz der Rechte von Migranten entwickelt, einschließlich Organisationen zur Überwachung internationaler Verträge, Konventionen der Internationalen Arbeitsorganisation (ILO) und Menschenrechtsabkommen auf regionaler Ebene. Der UN-Sonderberichterstatter für Menschenrechte von Migranten hat entscheidend mit dazu beigetragen, die Aufmerksamkeit auf die Rechte gefährdeter Gruppen – insbesondere von Frauen und Kindern – und auf die Notwendigkeit verstärkter Bemühungen zur Vermeidung von Missbrauch zu lenken. Das schließt Misshandlungen bei häuslicher Arbeit, Menschenhandel, Gewalt gegen Frauen und Rassismus ein. Migranten haben außerdem die Möglichkeit, beim Sonderberichterstatter Beschwerde wegen Verletzungen ihrer Rechte einzulegen.[1]

1.385 Bürger des Landes, die mit dem HI-Virus infiziert waren, im Ausland.[123] In einer ländlichen Gemeinde in Uganda war die HIV-Infektionsrate bei heimgekehrten Migranten mit 11,5 Prozent im Vergleich zur Restbevölkerung doppelt so hoch.[124] In Südafrika ist schätzungsweise jeder Dritte der vielfach aus benachbarten Ländern stammenden Grubenarbeiter HIV-positiv.[125]

Auch im Kontext der rasanten Ausbreitung von HIV/Aids im südlichen Afrika, gehört die Verbindung zwischen Mobilität und HIV zu einer der am wenigsten erforschten Fragen.[126] So werden die höchsten Fallzahlen nicht aus den ärmsten Regionen Afrikas gemeldet, sondern aus Ländern wie Südafrika und Botswana, die eine vergleichsweise gute Infrastruktur, relative hohe ökonomische Wachstumsraten und eine starke Binnen- und grenzüberschreitende Migration aufweisen.[127] Laut Daten aus Mosambik breitet sich HIV am schnellsten in den Provinzen aus, durch die die zentralen Verkehrsadern nach Malawi, Südafrika und Simbabwe verlaufen und in jenen Provinzen mit dem höchsten Anteil an in Südafrika und Simbabwe arbeitenden Migranten.[128] Ähnlich sieht es in Sambia aus, wo die höchsten Infektionsraten aus Städten und Gemeinden gemeldet werden, die »an den wichtigen Verkehrswegen liegen«.[129]

In der 2001 verabschiedeten UN-Verpflichtungserklärung zu HIV/Aids vereinbarten 189 Länder der Erde, bis 2005 Strategien zu entwickeln und umzusetzen, die Migranten und Wanderarbeitern den Zugang zu Aids-Präventionsprogrammen sowie zu entsprechenden Informationen und Sozialdiensten ermöglichen.[130] Die Verpflichtungserklärung ruft zur stärkeren Einbeziehung der unterschiedlichen mobilen Bevölkerungsgruppen bei der Entwicklung nationaler Pläne auf. Eine weitere Empfehlung lautet, Arbeitgeber, Gewerkschaften, kommunale Organisationen und Prostituierte in Programme zur Aids-Prävention und -Behandlung einzubinden.[131] Die thailändische Regierung geht inzwischen gezielt gegen die Ausbreitung von Infektionskrankheiten unter den vielen Tausend illegalen Migranten vor, die häufig über Wochen oder Monate hinweg im Lager SuanPlu in Bangkok interniert werden. Dazu gehört, dass die Insassen in ihrer Muttersprache über HIV/Aids aufgeklärt werden.[132]

Jenseits der Unterschiede: Mit der Vielfalt leben

Einer neueren UN-Studie zufolge ist die Zahl der Länder, die die internationale Migration beschränken möchten, zwischen 1996 und 2005 von 40 auf 22 Prozent gesunken.[133] Das ist ein ermutigendes Zeichen. Es beweist, dass Regierungen und Gemeinschaften ungeachtet der zahlreichen Kontroversen zusehends den Wert der internationalen Migration anerkennen. Mehrere aktuelle Studien stimmen darin überein, dass die grenzüberschreitende Migration trotz ihrer negativen Seiten substanzielle Vorteile birgt – und zwar sowohl für die Migranten als auch für die Herkunfts- und Zielländer.[134] Wenn die Migration aber zumindest prinzipiell für beide Seiten eine Notwendigkeit und ein Segen ist, warum ist sie dann so umstritten? Und warum verfolgen so viele Länder eine immer restriktivere Zuwanderungspolitik?

Der eigentliche Grund dafür könnten möglicherweise weniger die oft zitierten ökonomischen Hürden sein (die durch entsprechende Maßnahmen minimiert werden könnten), als vielmehr gesellschaftliche Barrieren, kulturelle und ethnische Differenzen sowie die zunehmend migrationsfeindliche Einstellung der Bevölkerung in den Gastländern.

In einem guten Teil des 19. und des 20. Jahrhunderts bedeutete »Assimilation« häufig nur, dass Migranten gezwungen wurden, ihre Identität aufzugeben und ihre alte Kultur bei der Einreise in das Zielland ablegen mussten. In den USA wurden Einwanderer ungeachtet ihrer Herkunft beispielsweise zur »Amerikanisierung« ermutigt und darin nachhaltig unterstützt.[135] Ab der zweiten Hälfte des 20. Jahrhunderts jedoch ließ sich dieser kulturelle Dampfwalzenansatz immer weniger aufrechterhalten. Statt dessen kam der Multikulturalismus in Mode, also die Vorstellung, dass alle Bürger einen gemeinsamen Katalog an Werten und Idealen übernehmen und parallel dazu in der privaten Sphäre ihre jeweiligen ethnischen und kulturellen Eigenarten behalten.[136]

Im Idealfall »garantiert der Multikulturalismus, dass alle Bürger ihre Identität und den Stolz auf ihre Vorfahren bewahren können und zugleich ein Zugehörigkeitsgefühl empfinden«, wie Kanada den Begriff definiert.[137] In der Praxis dagegen wird das Konzept Multikulturalismus auf sehr unterschiedliche Weise ausgelegt und in einer Vielzahl von Ländern mit höchst unterschiedlichem Erfolg angewendet.[138] So sehen nicht nur viele Menschen in der Massenmigration eine Gefahr für die Institution des Nationalstaates selbst. Auch die Vorstellung einer auf gemeinsamer Abstammung und kulturellem Erbe basierenden nationalen Gemeinschaft wird in Frage gestellt.

Daneben haben praktische Probleme bei der Umsetzung des Multikulturalismus – insbesondere, was die dominante Sprache und Kultur im Gastland betrifft – vor allem in Europa den Widerstand der extremen Rechten und die Skepsis der bürgerlichen Mitte geschürt.[139] Auf der anderen Seite droht die soziale, kulturelle, ökonomische, politische und selbst räumliche »Ghettoisierung« oder Marginalisierung von Einwanderergemeinden die kulturellen Missverständnisse weiter zu verschärfen und die Integrationsbemühungen zu unterlaufen.

* * *

Wie man die Sache auch wendet, die in vielen Einwanderungsländern spürbaren Spannungen sind real und werden sich vor dem Hintergrund einer zunehmenden internationalen Migration in der globalisierten Welt weiter verschärfen. Was für Lösungen sind möglich? Eine nachhaltige, partizipatorische Integrationspolitik, die wirksame Vertretung der Interessen und Rechte von Migranten durch Organisationen der Zivilgesellschaft und die Kooperation zwischen Herkunfts- und Zielländern sind Schlüsselfaktoren für eine erfolgreiche Integration. Natürlich werden sich die Ansätze unterscheiden. Was in klassischen Einwanderungsländern wie Australien, Kanada und den USA funktionieren mag, könnte sich für Länder, deren Sprache, Kultur und Brauchtum sich über Jahrhunderte, wenn nicht Jahrtausende hinweg entwickelt hat, als ungeeignet erweisen. Darüber hinaus stehen – bedingt durch Bildungsniveau, religiöse und kulturelle Ausrichtung – einige Migrantengemeinden Integrationsbemühungen offener gegenüber als andere. In jedem Fall sind es Schritte in die richtige Richtung, die Mythen zu entkräften, die der Diskriminierung Vorschub leisten und den Fremdenhass anheizen, sowie ein interkulturelles Verständnis zu fördern. Welcher Ansatz auch immer gewählt wird, in einer gerechten Gesellschaft muss er sich durchsetzen."[140]

2 Auf leisen Sohlen: Frauen und Migration

In einer thailändischen Fabrik gleich hinter der Grenze zu Myanmar montiert eine junge Frau mit sanft gerundeten Gesichtszügen und großen Augen Modeschmuck für den Export nach Nordamerika. Sie heißt Saokham und verdient am Tag 140 thailändische Baht (etwa 3,07 Euro). In diesem Teil der Welt ist das ein ansehnlicher Lohn – besonders für eine Frau, die in einem Bergdorf der Provinz Shan in Myanmar in bitterer Armut aufgewachsen ist. Nachdem Saokham acht Jahre die Schule besuchen konnte, musste sie ihre Ausbildung abbrechen, weil ihre Eltern das Schulgeld nicht aufbringen konnten. Im Alter von 14 Jahren folgte sie ihrer älteren Schwester, die zwei Jahre zuvor von zu Hause weggegangen war, in das benachbarte Thailand. Heute lebt sie mit ihrem jungen Ehemann zusammen mit anderen Landsleuten nahe der Grenze zu Myanmar. „Hier in Thailand haben wir Geld für Essen und andere Ausgaben. Das Leben ist bequem", sagt sie. „Zu Hause hatten wir keine Arbeit außer der Feldarbeit."

Saokham ist Teil einer stetig größer werdenden Revolution. Es ist eine Revolution der Mobilität und des Empowerments, genährt von der Hoffnung, aber voller Gefahren. Dennoch bleibt sie weitgehend lautlos. Heute sind 94,5 Millionen oder fast die Hälfte (49,6 Prozent) aller internationalen Migranten Frauen.[1] Die internationale Migration spielte in der Weltpolitik bis vor kurzem nur eine marginale Rolle. Das Thema der Frauenmigration erhielt noch weniger Aufmerksamkeit. Der Grund dafür ist, dass die Forschung es versäumt hat, die sozioökonomischen Beiträge und die einzigartigen Erfahrungen von Frauen und Mädchen in ihre Betrachtungen mit einzubeziehen.[2]

Das Versäumnis wiegt schwer und hat weitreichende Folgen – nicht nur für die Migrantinnen selbst, sondern auch für die Familien und Gemeinschaften, die sie zurücklassen. Ihre Geldüberweisungen in die Heimat sind ein erheblicher Beitrag zur Armutsbekämpfung und Entwicklung. Trotzdem stehen Frauen vor unverhältnismäßig großen Hindernissen und haben mit Risiken zu kämpfen, einfach weil sie weiblichen Geschlechts sind. Dazu gehören Diskriminierungen – sowohl im Herkunftsland als auch im Zielland – sowie Misshandlung und Ausbeutung. Alles Merkmale der Missachtung ihrer Rechte (siehe **Kapitel 3**). Nichtsdestotrotz hat sich die Migration für Millionen Frauen und ihre Familien weltweit als positive Erfahrung erwiesen. Durch die Einwanderung in ein neues Land lernen Frauen neue Ideen und soziale Normen kennen, die sie in ihren Rechten unterstützen und in die Lage versetzen können, stärker an gesellschaftlichen Prozessen teilzuhaben. Darüber

◀ *Ausländische Haushaltshilfen in Hongkong genießen ihren freien Tag auf einem Fußgängerüberweg in Causeway Bay.*
© Mark Henley/Panos Pictures

hinaus können sie die Geschlechterrollen im Herkunftsland zum Positiven verändern. In jedem Fall müssen Politiker ihr besonderes Augenmerk darauf richten, wie sich Diskriminierung auf individueller, familiärer, gemeinschaftlicher und staatlicher Ebene auf die internationale Migration auswirkt. Nur wenn diese richtig gesteuert wird, können die Menschenrechte der Migrantinnen geschützt werden und kann ihre Unterstützung – in Familien, Gemeinschaften und Staaten – die volle Wirkung entfalten.

> *„In diesem Land [Äthiopien] gibt es nur sehr beschränkte berufliche Möglichkeiten… Ich weiß noch, wie ich gelitten habe, bevor ich einen Job im Jemen bekam… Für mich und meine Familie wäre alles schlimmer gekommen, wenn ich nicht ins Ausland gegangen wäre, um zu arbeiten."*
>
> — Äthiopierin, die ohne Papiere in den Jemen migrierte, um dort als Hausangestellte zu arbeiten. Binnen vier Jahren gelang es ihr, ihre fünf Schwestern nachzuholen.

Globalisierung und Frauenmigration

Seit jeher migrieren die meisten Frauen zum Zweck der Eheschließung oder Familienzusammenführung. In den letzten Jahrzehnten ist jedoch zu beobachten, dass der Anteil der – verheirateten und unverheirateten – Frauen steigt, die allein oder zusammen mit anderen Frauen oder Migranten außerhalb ihres Familienkreises auswandern.³ In allen Teilen der Welt sind Frauen auf Achse. Sie werden angelockt von den Chancen der Globalisierung. Vorgefasste Ansichten über das, was richtige „Männer-" oder „Frauenarbeit" ausmacht, aber auch die Politik von Regierungen und das Verhalten von Arbeitgebern haben Einfluss darauf, warum Frauen und Männer fortziehen, wohin sie gehen, in welchen Berufen und unter welchen Bedingungen sie in der Fremde arbeiten.

Obwohl ein Bedarf an Wanderarbeitern beiderlei Geschlechts vorhanden ist, besetzen Männer häufiger Stellen, die eine hohe Qualifikation erfordern und besser bezahlt werden. Frauen werden demgegenüber oft auf traditionell „weibliche" Beschäftigungen wie Hausarbeit, Jobs im Servicebereich und Prostitution verwiesen. Dies sind häufig unsichere Jobs, die mit Niedriglöhnen, fehlenden Sozialleistungen und schlechten Arbeitsbedingungen einhergehen.⁴ Weil Arbeiten im Betreuungs- und Pflegebereich aber nach wie vor traditionell Frauensache sind, stehen heute bestimmte Migrationskanäle weit offen – mit formalen Mechanismen, die eigens dazu entwickelt wurden, die Nachfrage nach weiblichen Arbeitskräften zu befriedigen. Doch selbst wenn sie legal einreisen, werden Frauen oft an Arbeitsplätze verbannt, an denen sie Diskriminierung, willkürlichen Arbeitsbedingungen und Misshandlungen ausgesetzt sind.

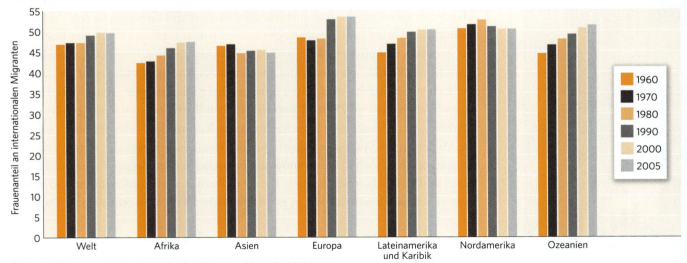

Abbildung 5: Trends der Frauenmigration nach Regionen (1960-2005) in Prozent

Quelle: UN-Bevölkerungsabteilung. 2006. *Trends in Total Migrant Stock: The 2005 Revision.*

WARUM FRAUEN AUSWANDERN

Abgesehen von der globalen Nachfrage nach ihrer Arbeitskraft gibt es zahlreiche Beweggründe, die Frauen dazu bringen, ins Ausland zu gehen. Dazu gehören familiäre Verpflichtungen, Arbeitslosigkeit, Niedriglöhne, Armut, eingeschränkte soziale und wirtschaftliche Chancen sowie der Wunsch, den eigenen Horizont zu erweitern. Im Allgemeinen sind sowohl die Entscheidungsfreiheit als auch die finanzielle Unabhängigkeit bei Frauen stärker eingeschränkt als bei Männern, was ihre Mobilität deutlich begrenzt. Doch durch die Möglichkeit, im Ausland ihren Lebensunterhalt zu verdienen, können sich die Fesseln lockern, die die Mobilität

4 DIE FEMINISIERUNG DER MIGRATION: ZAHLEN UND TRENDS

In den vergangenen 40 Jahren sind fast genauso viele Frauen migriert wie Männer. Die meisten folgten ihren Ehemännern in die Einwanderungsländer Australien, Kanada, Neuseeland und die USA. Mit Ausnahme von Afrika und Asien gab es in allen Regionen der Welt im Jahr 2005 etwas mehr weibliche als männliche Einwanderer.[1]

Unter den *Industrieländern* ist Nordamerika insofern eine Ausnahmeerscheinung, als dass dort Migrantinnen schon seit 1930 gegenüber männlichen Migranten in der Überzahl sind. Dies gilt sowohl für Kanada als auch für die USA.[2] Auch Europa und Ozeanien melden wachsende Anteile von Einwanderinnen. Seit dem Jahr 2000 sind es hier ebenfalls mehr Frauen als Männer, die immigrieren.[3] Unter den Einwanderern nach Australien haben die Frauen die Männer schon vor drei Jahrzehnten überholt. Die Mehrzahl der Frauen, die nach Australien, Neuseeland, Europa und Nordamerika einwandern, tun dies aus Gründen der Familienzusammenführung, gefolgt von der Suche nach Arbeit und Asyl.[4]

Auch innerhalb der *Entwicklungsländer* sind die Zahlen der Arbeitsmigrantinnen in die Höhe geschossen.[5]

In *Asien* hat die Zahl der Einwanderinnen aus einigen Ländern die der männlichen Einwanderer überholt. Die Mehrheit der Frauen migriert in benachbarte ostasiatische Länder, den Nahen Osten und anderswo hin. Im Jahr 2000 arbeiteten schätzungsweise zwei Millionen Asiatinnen in einem Nachbarland.[6] Von den fast 3.000 Philippinos, die 2005 außerhalb des Landes lebten oder es täglich zum Arbeiten verließen, waren über 65 Prozent Frauen.[7] Auf jeden männlichen Migranten, der 2002 aus Sri Lanka auswanderte, kamen zwei Frauen.[8] Durchschnittlich 79 Prozent aller Emigranten, die zwischen 2000 und 2003 Indonesien verließen, um im Ausland zu arbeiten, waren Frauen.[9] Mitte der 1990er Jahre wanderten jährlich schätzungsweise 800.000 Asiatinnen in den Nahen Osten aus – zumeist als Hausangestellte.[10]

Auch Frauen aus *Lateinamerika* und der *Karibik* sind äußerst mobil. Von allen Entwicklungsregionen war Lateinamerika die erste, die bereits 1990 genauso viele weibliche wie männliche Emigranten entsandte.[11] Zu den Zielregionen gehören Europa, Nordamerika und andere Länder in Südamerika. Der Trend zur Feminisierung der Migration ist auch in Mittel- und Südamerika auffallend stark. Im Jahr 2001 waren fast 70 Prozent aller Einwanderer, die aus Brasilien und der Dominikanischen Republik nach Spanien kamen, weiblich.[12] Frauen aus dieser Region dominieren auch die Migration nach Italien, wo im Jahr 2000 mehr als 70 Prozent der Ankömmlinge aus 13 von 30 Herkunftsländern Frauen waren.[13] Unter den Migranten nach Nordamerika überstieg die Zahl der Frauen aus der Karibik die der Männer in jedem Jahrzehnt seit den 1950er Jahren und sie sind in qualifizierten Berufen gut vertreten.[14] Die Tourismusbranche übt eine starke Anziehungskraft auf Migrantinnen aus der Karibik aus.[15]

In *Afrika* tragen weit verbreitete Armut, Krankheiten, die Verschlechterung der Bodenqualität und hohe Arbeitslosigkeit unter Männern dazu bei, dass die Zahl der Migrantinnen stetig und schneller steigt als im globalen Durchschnitt.[16] Im Jahr 2005 waren 47 Prozent der 17 Millionen Migranten in Afrika Frauen. 1960 waren es noch 42 Prozent gewesen. Dabei weist die Zahl der Migranten in den östlichen und westlichen Regionen die höchsten Zuwächse auf.[17] Zwar migrieren die meisten Afrikanerinnen innerhalb der Region, doch gehen sie auch nach Nordamerika und Europa, zum Beispiel stellen sie 85 Prozent aller kapverdischen Einwanderer nach Italien.[18] Die Arbeitsmöglichkeiten in Frankreich haben eine steigende Zahl gebildeter Frauen aus städtischen Gebieten des Senegal angezogen.[19] Auch Krankenschwestern wandern aus – Nigerianerinnen nach Saudi-Arabien sowie ghanaische, südafrikanische und simbabwische Krankenschwestern nach Kanada, Großbritannien und in die USA.[20]

In der *arabischen Region* wird die Mobilität von Frauen weiterhin durch soziokulturelle Normen eingeschränkt. Obwohl nur sehr wenig verlässliches Datenmaterial zur Verfügung steht, sind sich Experten einig, dass männliche Auswanderer gegenüber Frauen weit in der Überzahl sind. Arbeitslosigkeit, bewaffnete Konflikte und wirtschaftliche Not sind wichtige Triebkräfte. Die Migrationsströme werden von jungen Männern aus ärmeren Ländern dominiert, die in reichere ölproduzierende Länder einwandern, um die Nachfrage nach Arbeitern für den Bausektor und die Infrastruktur zu befriedigen, die sich im Kielwasser des Ölbooms entfaltet hat.

von Frauen traditionell einschränken. Auch wirtschaftliche und soziale Umbrüche können die treibende Kraft zur Auswanderung sein. So löste beispielsweise die Wirtschaftskrise von 1998 und die Umstellung auf den US-Dollar in Ecuador im Jahr 2000 eine neue große Migrationswelle nach Spanien aus.[5] In ähnlicher Weise führte 1997 die Finanzkrise in Asien zur Emigration zahlreicher Frauen aus ärmeren Ländern.[6] Für gebildete Frauen, die die Diskriminierung auf dem Arbeitsmarkt in ihrem eigenen Land nicht überwinden können, bietet die Migration eine Möglichkeit, eine Arbeit zu finden, bei der sie größere Chancen haben, ihre Fähigkeiten einzubringen.[7] Frauen migrieren auch, um Misshandlungen in der Ehe und patriarchalen Traditionen zu entkommen, die ihren Chancen und ihrer Freiheit Grenzen setzen.[8] Außerdem treibt die Diskriminierung bestimmter Gruppen von Frauen – allein erziehende Mütter, unverheiratete Frauen, Witwen oder Geschiedene – viele Frauen ins Ausland.[9]

Millionen Gesichter, viele Erfahrungen

Frauen migrieren, um zu heiraten, um zu ihren bereits ausgewanderten Männern und ihrer Familie zu ziehen oder um zu arbeiten: als Hausangestellte, Putzkräfte, Kranken- und Altenpflegerinnen und als Kindermädchen. Sie sind Bäuerinnen, Kellnerinnen, Sweatshop-Arbeiterinnen, hoch qualifizierte Fachkräfte, Lehrerinnen, Krankenschwestern, Unterhalterinnen, Prostituierte, Hostessen, Flüchtlinge und Asylbewerberinnen. Sie sind jung und alt, verheiratet, ledig, geschieden und verwitwet. Viele nehmen ihre Kinder mit. Andere sind gezwungen, sie zurückzulassen. Manche sind gebildet und suchen nach beruflichen Chancen, die ihren Qualifikationen besser entsprechen. Andere kommen aus einkommensschwachen oder armen ländlichen Milieus und sind auf der Suche nach einem besseren Leben für sich und ihre Kinder.

HEIRATSMIGRATION: ARRANGIERTE EHEN, ZWANGSHEIRAT UND „VERSANDHAUSBRÄUTE"

Die Eheschließung spielte und spielt immer noch eine bedeutende Rolle bei der Frauenmigration.[10] Doch in der heutigen globalisierten Welt hat die Heiratsmigration eine zusätzliche Dimension gewonnen. Die Zahl internationaler Verbindungen hat deutlich zugenommen, darunter auch „Versandhausbräute" sowie arrangierte und erzwungene Eheschließungen.

 ASIENS „FEHLENDE" MÄDCHEN UND DIE NACHFRAGE NACH BRÄUTEN

In einigen Teilen Asiens wird die Nachfrage nach potenziellen Bräuten durch verschiedene Faktoren in die Höhe getrieben. In vielen ost- und südostasiatischen Ländern führt der steigende Anteil von Frauen, die arbeiten – gepaart mit einem Trend zum Aufschub der Eheschließung oder gar zum gänzlichen Verzicht auf die Ehe überhaupt – zu einer verstärkten Nachfrage nach „traditionelleren" Bräuten zur Versorgung des Haushalts.[1] Die Landflucht von Frauen verschärft den Bräutemangel zusätzlich. Und Wissenschaftler schreiben den Mangel außerdem den nicht weniger als 100 Millionen „fehlenden" Frauen und Mädchen zu, die durch vorgeburtliche Geschlechtsselektion und Kindesmord getötet wurden.[2] Eine starke Vorliebe für Söhne und exorbitante Mitgiftforderungen sind die häufigsten Gründe für die stillschweigende Dezimierung von Mädchen. In China und Indien „fehlen" jeweils schätzungsweise 40,1 sowie 39,1 Millionen Frauen und Mädchen.[3]

Männer suchen immer häufiger außerhalb ihres Landes nach einer Partnerin, um die Lücke zu füllen. In Indien wenden sich Dorfbewohner an Heiratsvermittler, die ihnen Frauen und Mädchen aus Bangladesch und Nepal beschaffen. Diese Frauen werden wegen ihrer Armut, ihrer ethnischen Andersartigkeit und ihrer Käuflichkeit oft diskriminiert. Letzteres ist für manche Männer, die ihre Ehefrau als einen Besitz ansehen, eine Rechtfertigung für Misshandlungen. Für manche Frauen und ihre Familien bieten diese Heiratsarrangements einen Ausweg aus der Armut. Für andere jedoch bilden sie eine Einbahnstraße ins Elend, soziale Ausgrenzung und Zwangsarbeit.[4]

Eine Untersuchung aus dem Jahr 2005 unter 213 vietnamesischen Migrantinnen, die früher in China lebten, hat ergeben, dass annähernd 30 Prozent von ihnen als Bräute verkauft worden waren. Viele berichteten, sie seien das Arrangement aus Armutsgründen eingegangen: 91 Prozent gaben an, ihr Einkommen habe nicht zum „Überleben" ausgereicht, 69 Prozent nannten Arbeitslosigkeit, und 80 Prozent begründeten es damit, dass sie für ihre Eltern sorgen mussten. Viele hatten vor, einen Teil ihres Verdienstes nach Hause zu schicken. Doch die meisten von ihnen fanden sich stattdessen an den Haushalt gefesselt oder bei der Feldarbeit wieder. Die Wissenschaftler fanden auch Hinweise auf körperliche Misshandlungen und die Verletzung der reproduktiven Rechte.[5]

Arrangierte Ehen sind in manchen Kulturen weit verbreitet – besonders unter Emigranten vom indischen Subkontinent, wo sowohl Männer als auch Frauen zu diesem Zweck auswandern.[11] Für viele kann eine arrangierte Heirat in eine lebenslange Partnerschaft münden, in der beide Partner einander hilfreich zur Seite stehen. Doch wo die persönlichen Wünsche und die Menschenrechte einer Frau oder eines Mädchens missachtet werden, lassen sich solche Verbindungen treffender als „erzwungen" bezeichnen.[12]

In einigen Aufnahmeländern bemühen sich die Regierungen heute darum, das Problem in den Griff zu bekommen. 2004 gründete Großbritannien eine *Forced Marriage Unit*, um diese Praxis zu stoppen und den Opfern zu helfen.[13] Auch in Australien wurden vor kurzem Gesetze erlassen. Jedem, der eine Minderjährige ins Ausland schickt, um sie dort gegen ihren Willen zu verheiraten, droht nun eine bis zu 25-jährige Haftstrafe.[14] In Dänemark haben die Behörden ein landesweites Netzwerk von Krisenzentren für Frauen und Mädchen eingerichtet, die zur Ehe gezwungen wurden.[15] Die französische Regierung hat ebenfalls ihre Besorgnis zum Ausdruck gebracht und plant, die automatische Anerkennung ausländischer Ehen einzuschränken.[16]

Auch in Asien besteht eine große Nachfrage nach ausländischen Bräuten (siehe **Kasten 5**). Die Heiratsmigration nach Taiwan nimmt enorme Ausmaße an. Die Frauen kommen überwiegend aus China und Südostasien und ihre Zahl beträgt heute bereits etwa 300.000. Sie machen die Hälfte der gesamten ausländischen Bevölkerung in dem Inselstaat aus.[17] Seit den 1990er Jahren haben fast 100.000 Vietnamesinnen taiwanesische Männer geheiratet.[18] Auch die Zahl der Frauen, die zum Heiraten nach Südkorea einwandern, wächst.[19] Selbst wenn die Ehe im „beiderseitigem Einverständnis" geschlossen wird, sind Frauen aus ärmeren Ländern benachteiligt, weil in diesen Verbindungen normalerweise die Männer aus reicheren Ländern stammen.[20]

Beim weltweiten Handel mit „Versandhaus- und Internetbräuten" sind Frauen mitunter bereitwillige Teilnehmerinnen. Entweder weil sie einen unterstützenden Partner und finanzielle Sicherheit suchen, oder weil sie so legal in ein anderes Land einreisen können. Der Preis dafür ist jedoch, dass sie hinsichtlich ihres legalen Status von ihren zukünftigen Ehepartnern abhängig sind.[21] Bei dieser Art der Heiratsvermittlung treibt die Nachfrage das Angebot in die Höhe. In Russland bieten zum Beispiel fast tausend Agenturen ihre Vermittlungsdienste[22] an und jedes Jahr emigrieren schätzungsweise 10.000 bis 15.000 Russinnen mit einem Verlobungsvisum in der Tasche: Nach Angaben des Justizministeriums sind in den letzten zehn Jahren 80.000 von ihnen in die USA eingereist.[23] Darüber hinaus dienen manche „Versandhausbraut"-Agenturen als Tarnung für den Menschenhandel – darunter auch jene Geschäftemacher, die russische Frauen in die Knechtschaft der Sexindustrie Deutschlands, Japans und der USA schicken.[24] Um dem Missbrauch vorzubeugen erließen die USA im Jahr 2005 ein Gesetz, das die Konsulate ermächtigt, den reisewilligen Bräuten Informationen über ihre zukünftigen Ehemänner zukommen zu lassen.[25]

PRIVATER UND ÖFFENTLICHER BEDARF AN HAUSANGESTELLTEN

Die Arbeit im Haushalt ist einer der wichtigsten Gründe für die internationale Arbeitsmigration von Frauen. Da

---

> **6** **DIE „GLOBALE VERSORGUNGSKETTE": DER AUSGLEICH VON PRODUKTION UND REPRODUKTION IN DER BEVÖLKERUNG**
>
> Viele internationale Hausangestellte und Pfleger, die von zu Hause weggehen, um im Ausland für andere zu sorgen, müssen sich trotzdem auch um ihre eigenen Kinder und älteren Verwandten kümmern. Migrantinnen überlassen diese Pflicht entweder anderen Frauen in ihrer Verwandtschaft oder beschäftigen von ihrem höheren Einkommen im Ausland Niedriglohnkräfte zur Versorgung ihres eigenen Haushalts. Dieses Phänomen ist als „globale Versorgungskette" bekannt: Ein internationales System der Versorgung, das nach Klassen und häufig nach Ethnizität geschichtet ist.[1]
>
> Viele Hausangestellte versorgen am Ende zwei Haushalte: den ihres Arbeitgebers und – aus der Ferne – ihren eigenen. Zusammen schultern sie und ihre Arbeitgeberinnen weiterhin überdurchschnittlich hohe Verpflichtungen: Frauen verbringen 70 Prozent ihrer nicht bezahlten Zeit damit, sich um Familienmitglieder zu kümmern – ein Beitrag zur globalen Wirtschaft, den kaum jemand beachtet.[2] Zudem fordert es einen enormen psychischen und emotionalen Tribut, die eigene Familie zu verlassen, um sie zu ernähren. Diese Frauen geben ihre Liebe und Zuneigung den Kindern ihres Arbeitgebers im Austausch gegen Geld, das die Lebensqualität ihrer eigenen Kinder verbessert, die sie in manchen Fällen jahrelang nicht zu Gesicht bekommen.

in Nordamerika, Westeuropa und Ostasien immer mehr Frauen berufstätig sind, stehen um so weniger für die Versorgung von älteren Menschen, Kindern und Behinderten zur Verfügung. Beispielsweise ist der Anteil der berufstätigen Frauen mit Kindern unter sechs Jahren in den USA von 15 Prozent im Jahr 1950 auf heute 65 Prozent gestiegen.[26] Trotz des zunehmenden Eintritts von Frauen in den Arbeitsmarkt gab es keine entsprechende Bereitschaft bei den Männern, die Verantwortung für den Haushalt anteilig mit zu übernehmen.

Durch die mangelnde Familienfreundlichkeit der Politik und fehlende Kinderbetreuungseinrichtungen wird es für diejenigen, die es sich leisten können, unumgänglich, Kinderbetreuerinnen und Hausangestellte zu beschäftigen. Und wo die Lebenshaltungskosten hoch sind, ist es notwendig geworden, dass beide Partner zum Einkommen beitragen. Wohlhabendere Familien, sinkende Sozialleistungen (aufgrund von Sozialreformen und Privatisierungen), steigende Lebenserwartung und die zahlenmäßige Zunahme der älteren Generation steigern die Nachfrage zusätzlich.[27] All diese Faktoren haben massive Auswanderungsbewegungen von Frauen aus Asien, Lateinamerika, der Karibik und zunehmend auch aus Afrika (siehe **Kapitel 3**) vorangetrieben. Zum Beispiel sind in Spanien annähernd 50 Prozent der jährlichen Einwanderungsquoten für Hausangestellte vorgesehen.[28] Die meisten asiatischen Hausangestellten drängen in den Nahen Osten, weil dort der Wohlstand die Nachfrage in die Höhe treibt.[29] Auch innerhalb der Regionen wandern Hausangestellte von ärmeren in reichere Länder ab.

Millionen Frauen und ihre Familien ziehen beträchtlichen Nutzen aus der so genannten *global care chain*. Diese „globale Versorgungskette" hat jedoch auch Schattenseiten wie die Trennung von den Kindern und anderen geliebten Menschen (siehe **Kasten 6**). Neben Löhnen, die ihr Einkommen zu Hause um ein Mehrfaches übersteigen, genießen internationale Haushaltsangestellte auch persönliche und soziale Vorteile: unter anderem verbesserte Chancen für die Bildung und Gesundheit ihrer Kinder, Geschenke, Gehaltszulagen, die sie nach Hause schicken können, und Reisen mit ihren Arbeitgeberfamilien. Für muslimische Hausangestellte in den Vereinigten Arabischen Emiraten kann die Möglichkeit, eine Pilgerreise nach Mekka zu unternehmen, die Erfüllung eines Lebenstraums bedeuten.[30]

UNTERHALTUNGSBRANCHE UND SEXINDUSTRIE GLOBAL AUF DEM VORMARSCH

Die Globalisierung hat zu einer Explosion der Unterhaltungsbranche und Sexindustrie geführt. Diese bieten zusätzliche Migrationsmöglichkeiten für Frauen – allerdings überwiegend dann, wenn die Frauen keine oder wenige Alternativen dazu haben.

Im Jahr 2004 ergab die Auswertung von Statistiken aus Großbritannien, dass die zweitgrößte Kategorie bei den Arbeitsgenehmigungen für ausländische Frauen „Unterhaltung und Freizeit" ist – insgesamt 5.908 Fälle. Weitere 4.627 Frauen beantragten eine Arbeitserlaubnis für „Gastfreundschaft, Bewirtung" und „andere" Beschäftigungen.[31] In Kanada wurden Mitte der 1990er Jahre jährlich mehr als tausend zeitweilige Arbeitsgenehmigungen für Exotik-Tänzerinnen ausgestellt.[32] 2004 nahm Japan fast 65.000 Frauen mit Unterhaltungsvisa auf. Die meisten von ihnen kamen von den Philippinen.[33] Die hohen Zahlen (gepaart mit der Besorgnis über den Frauenhandel) haben die japanische Regierung veranlasst, die Anforderungen für „Unterhalterinnen" zu überprüfen.[34]

Die Grenze zwischen „Unterhaltung" (Sängerinnen, Tänzerinnen, Hostessen) und Prostitution ist oft fließend – besonders für Frauen, die sich nachträglich zur Prostitution gezwungen sehen oder entführt wurden.[35] Zum Beispiel waren 2004 mehr als tausend Russinnen in der Sexbranche in Südkorea beschäftigt. Die meisten waren mit Unterhaltungs- oder Touristenvisa ins Land gekommen, aber dann von Bordellbesitzern und Anwerbern in die Prostitution gezwungen worden.[36]

Prostitution ist ein lukratives Geschäft. In den 1990er Jahren erwirtschaftete sie in vier südostasiatischen Ländern durchweg mehr als zwei Prozent des BIP.[37] Prostituierte zirkulieren in Asien und Europa, außerdem wandern sie von Lateinamerika nach Europa und Nordamerika sowie von Ost- nach Westeuropa.[38] Angesichts des weitgehend ungeregelten und illegalen Charakters dieser Branchen sind aktuelle Zahlen schwer zu bekommen und sie liegen wahrscheinlich höher als die vorhandenen Schätzungen. Auch bleiben viele Frauen weiterhin im Zielland, nachdem ihr Visum abgelaufen ist. Schätzungen über die Anzahl der Frauen, die im illegalen Sexgewerbe der Europäischen Union arbeiten, belaufen sich auf 200.000 bis 500.000. Viele unter ihnen sind Opfer des Frauenhandels.[39]

VIELE FÄHIGKEITEN, VIELE CHANCEN: FRAUEN IN QUALIFIZIERTEN BERUFEN

Immer mehr weibliche Fachkräfte (Lehrerinnen, Krankenschwestern, Naturwissenschaftlerinnen, Technikerinnen und Unternehmerinnen) wandern ins Ausland ab, um dort die Anerkennung ihrer Qualifikationen zu erreichen, obwohl dieses für sie schwierig ist.[40] Seit Beginn des 21. Jahrhunderts arbeitet rund ein Viertel der abhängig beschäftigten Migrantinnen in Finnland, Schweden und Großbritannien im Bildungs- und Gesundheitssektor.[41] Seit 2001 werben sowohl Großbritannien als auch die USA Lehrerinnen aus Karibik-Ländern direkt von der High School und vom College ab. Dies hat sich nachteilig auf die Qualität der Bildung in jamaikanischen Schulen ausgewirkt.[42]

Auch in den Branchen Information, Kommunikation und Technologie sowie Handel und Finanzen ist in Großbritannien die Zahl der Migrantinnen gestiegen.[43] In Australien zeigen jüngste Daten, dass eine wachsende Zahl von Frauen einwandern, um Positionen im Management oder als qualifizierte Fachkräfte anzunehmen.[44] Gebildete und qualifizierte Frauen migrieren auch innerhalb Afrikas und Lateinamerikas. Unter anderem wandern Geistes- und Naturwissenschaftlerinnen aus Argentinien, Chile und Uruguay nach Brasilien ein.[45]

KRANKENSCHWESTERN

Weltweit gibt es eine riesige Nachfrage nach Krankenschwestern. Während reichere Länder bestrebt sind, ihren Bedarf durch Migrantinnen zu decken, entstehen in anderen Ländern besorgniserregende Defizite (siehe **Kasten 7**). Mehr als ein Viertel aller Krankenschwestern und Schwesternhelferinnen, die in den Großstädten der USA arbeiten, sind ausländischer Herkunft.[46] In Neuseeland lässt sich am Krankenschwestern-Verzeichnis ablesen, dass 23 Prozent aller Krankenschwestern im Jahr 2002 Ausländerinnen waren.[47] In Singapur waren 30 Prozent der 2003 registrierten Krankenschwestern außerhalb der Landesgrenzen geboren.[48] Praktisch alle im Ausland ausgebildeten Krankenschwestern, die in Großbritannien arbeiten, kommen aus Afrika, Asien und von den Westindischen Inseln.[49] Tatsächlich hat sich die Zahl der neu registrierten Krankenschwestern aus Afrika zwischen 1998 und 2004 vervierfacht.[50]

UNTERNEHMERINNEN/GESCHÄFTSFRAUEN

Die berufliche Selbstständigkeit erlaubt es Frauen, ihre beruflichen und familiären Verpflichtungen miteinander zu vereinbaren. Sie bietet eine Alternative zur Diskriminierung am Arbeitsplatz oder zu ausbeuterischen Arbeitsbedingungen.[51] Im südlichen und westlichen Afrika wird dies durch ein wachsendes Vertrauen in den grenzüberschreitenden Handel sehr gut illustriert. Beispielsweise haben Simbabwerinnen kreative Lösungen zur Aufbesserung ihres Familieneinkommens gefunden, indem sie Waren aus Mosambik, Südafrika, Tansania und Sambia einkaufen und in ihrem eigenen Land wieder verkaufen, wo Konsumgüter durch die galoppierende Inflation für den Durchschnittsverbraucher unerschwinglich geworden sind.[52] Auch in Großbritannien machen sich immer mehr Migrantinnen, die aus Südasien, China und der Türkei stammen, selbstständig.[53]

FABRIKARBEITERINNEN

In den vergangenen Jahrzehnten sind die Beschäftigungsmöglichkeiten für Frauen durch die Entstehung von Fabriken – wie zum Beispiel die *maquiladoras* entlang der Grenze zwischen den USA und Mexiko sowie die Textilindustrie in Asien – größer geworden. Sie sind in hohem Maße auf Arbeiterinnen angewiesen und für die Frauen oft ein Sprungbrett für die Arbeit in anderen Ländern. In Mauritius waren 2001 fast drei Viertel der ausländischen Beschäftigten in der Bekleidungs- und Textilindustrie Frauen. Obwohl etwa die Hälfte von ihnen verheiratet war und Kinder hatte, wurden sie durch höhere Löhne angelockt – auch wenn sie dafür geliebte Menschen, einschließlich ihrer Kinder, zurücklassen mussten.[54] In den schätzungsweise 200 Fabriken, die in der thailändischen Provinz Tak verstreut sind, stellen Einwanderinnen aus Myanmar fast 70 Prozent der Arbeitskräfte. Die Löhne sind viel höher: In ihrem Herkunftsland können Frauen mit einem Monatslohn von 15 US-Dollar rechnen, in Thailand dagegen mit

---

„Hier gab es eine Menge Möglichkeiten für meine Kinder, sodass sie ein ganz anderes Leben führen konnten. Wegen all dieser Chancen, all der guten Dinge, für meine Kinder, liebe ich dieses Land. Ich liebe es und bin sehr dankbar."

— Venezolanische Hausangestellte in den USA, die mit ihren beiden Kindern vor einem Ehemann geflohen war, der sie misshandelte.

7 DER *BRAINDRAIN* UND DER GLOBALE MANGEL AN KRANKENSCHWESTERN

Die massive Abwanderung von ausgebildeten Krankenschwestern, Hebammen, Ärzten und Ärztinnen aus armen in reichere Länder ist eine der schwierigsten Herausforderungen, vor die uns die internationale Migration heute stellt. Sie wirft ein Schlaglicht auf die Vielschichtigkeit der Migration, denn sie hat mit Armutsbekämpfung und den Entwicklungszielen der Menschheit zu tun. Einerseits nutzen qualifizierte Frauen und Männer die Migration immer öfter als ein Mittel, ihr eigenes Leben und das ihrer Familien zu verbessern. Andererseits stehen ihre Länder vor einer medizinischen Versorgungskrise, die in der modernen Welt ohne Beispiel ist.

Daraus erwachsen beträchtliche Probleme. Die WHO empfiehlt ein Mindestverhältnis von 100 Krankenschwestern pro 100.000 Menschen; viele arme Länder erreichen dies jedoch nicht einmal annähernd. In einigen Ländern wie der Zentralafrikanischen Republik, Liberia und Uganda liegt das Verhältnis bei weniger als zehn Krankenschwestern pro 100.000 Menschen, verglichen mit 2.000 pro 100.000 Einwohnern in reichen Ländern wie Finnland und Norwegen. In Europa ist das Verhältnis im Durchschnitt zehnmal höher als in Afrika und Südostasien.[1]

Der jährliche Exodus von 20.000 hoch qualifizierten Krankenschwestern und Ärzten aus Afrika[2] verschlimmert die ohnehin bedrohliche Situation in einer Region, die heimgesucht wird von Krankheiten, HIV/Aids und dem tragischen Umstand, dass jede 16. Frau bei der Geburt stirbt.[3] Um die Millennium-Entwicklungsziele zu HIV/Aids, Säuglings- und Müttersterblichkeit bis zum Jahr 2015 zu verwirklichen, sind in Afrika südlich der Sahara eine Million mehr Gesundheitsarbeiter[4] erforderlich – darunter 620.000 Krankenschwestern.[5]

Motive zur Migration sind trotzdem reichlich vorhanden. In vielen armen Ländern kollabieren die Gesundheitssysteme. Sie sind unterfinanziert und es herrscht eine chronische Knappheit an lebenswichtigen Medikamenten, Ausrüstung und Personal. Die Situation wird verschärft durch den überwältigenden Druck, den der enorme Bedarf an medizinischer Versorgung erzeugt. Krankenschwestern nennen die folgenden Gründe für ihren Migrationswunsch: Überlastung, Niedriglohn, schlechte Aufstiegschancen, mangelnde Unterstützung durch das Management und schlechtes Klima am Arbeitsplatz.[6] Mittlerweile werden die vorhandenen Unterschiede in der medizinischen Versorgung durch die fortschreitende Abwanderung von Kolleginnen und Kollegen verstärkt, was wiederum beim zurückbleibenden Personal für sinkende Arbeitsmoral sorgt. Im Jahr 2000 haben doppelt so viele Krankenschwestern Ghana verlassen, wie dort ihren Abschluss gemacht haben.[7] Zwei Jahre danach teilte das Gesundheitsministerium mit, dass schätzungsweise 57 Prozent der Stellen für Krankenschwestern nicht besetzt seien.[8] 2003 meldeten Jamaika und Trinidad und Tobago 58 beziehungsweise 53 Prozent offene Stellen für Krankenschwestern.[9] Im Jahr 2003 arbeiteten schätzungsweise 85 Prozent der philippinischen Krankenschwestern im Ausland.[10]

Einige Regierungen haben begonnen, etwas gegen das Problem zu unternehmen. 2004 veröffentlichte das Gesundheitsministerium von Großbritannien einen revidierten Verhaltenskodex, der die Anstellung von Krankenschwestern aus Entwicklungsländern einschränkt, sofern es mit dem Herkunftsland kein offizielles Übereinkommen gibt.[11] Private Agenturen rekrutieren jedoch weiterhin.[12] Von April 2004 bis März 2005 haben sich 3.301 Krankenschwestern aus gesperrten Ländern in Großbritannien registrieren lassen. Die meisten von ihnen kamen aus Südafrika.[13] Sowohl Kanada als auch Großbritannien unterstützen einige Herkunftsländer in ihrem Bemühen, mehr Krankenschwestern und Lehrkräfte auszubilden, um die negativen Auswirkungen des *braindrain* wettzumachen.[14] Ohne vorheriges Übereinkommen zwischen den jeweiligen Regierungen registriert das *South African Nursing Council* keine Krankenschwestern, die aus den 14 Staaten der *Southern African Development Community* (SADC) angeworben wurden.[15] Die Philippinen haben zahlreiche Prozesse angestrengt, um Krankenschwestern zu verpflichten, für einen Zeitraum von zwei Jahren im Land zu arbeiten, bevor sie es verlassen.[16]

Auch Berufsverbände von Krankenschwestern bringen ihre wachsende Besorgnis über die Auswirkungen des *braindrain* zum Ausdruck und suchen nach Lösungen, die trotz allem die Freizügigkeit sichern: Der Beruf stellt eine der wenigen Chancen dar, in denen Frauen eine Beschäftigung im formalen Sektor und zu einem angemessenen Entgelt finden können. Berufsverbände von Krankenschwestern wie der *International Council of Nurses* (mit Mitgliedern in 128 Ländern),[17] die *European Federation of Nurses Associations*,[18] und die *Caribbean Nurses Organization*[19] fahren eine zunehmend proaktive Strategie und mahnen unter anderem weltweit ein besseres Management der menschlichen Ressourcen im Gesundheitssektor an.

Dennoch ist es unwahrscheinlich, dass solche Maßnahmen die Nachfrage drosseln können. Die WHO schätzt, Großbritannien werde bis zum Jahr 2008 etwa 25.000 Ärzte und 250.000 Krankenschwestern mehr brauchen als 1997. Die US-Regierung geht davon aus, dass bis 2020 mehr als eine Million freie Stellen für Krankenschwestern besetzt werden müssen.[20] Kanada und Australien sehen für die nächsten vier bis fünf Jahre 78.000[21] bzw. 40.000[22] fehlende Krankenschwestern voraus.

annähernd 80 US-Dollar.⁵⁵ Allerdings ist Ausbeutung keine Seltenheit. Dabei handelt es sich beispielsweise um einbehaltene Löhne, Unterbezahlung, Schulden bei der Arbeitsvermittlungsagentur, unzureichende Gesundheitsversorgung und schwierige Arbeits- und Lebensbedingungen.

Die sozioökonomischen Auswirkungen der Frauenmigration

RÜCKÜBERWEISUNGEN – FINANZIELL UND KULTURELL

Trotz schlechter Datenlage wird deutlich, dass mit dem Geld, das Migrantinnen nach Hause schicken, Familien und sogar ganze Gemeinschaften die Armut überwinden können. Von den mehr als eine Milliarde US-Dollar, die im Jahr 1999 von Migranten nach Sri Lanka überwiesen wurden, stammten mehr als 62 Prozent von Frauen.⁵⁶ Ein Drittel der zirka sechs Milliarden US-Dollar, die Migranten Ende der 1990er Jahre jährlich in die Philippinen schickten, wurde von Frauen überwiesen.⁵⁷ Weil sie in der Regel für gleiche Arbeit schlechter bezahlt werden oder in Branchen beschäftigt sind, die niedrige Löhne zahlen, liegt der von Frauen überwiesene absolute Betrag unter dem der Männer. Die vorhandenen Daten zeigen jedoch, dass Frauen einen großen Anteil ihres Verdienstes nach Hause schicken – und zwar regelmäßig und zuverlässig.⁵⁸

Im Jahr 2000 führte das Internationale Forschungs- und Ausbildungsinstitut zur Förderung der Frau (INSTRAW) und die IOM eine Studie durch, die zeigte, dass Frauen aus Bangladesch, die im Nahen Osten arbeiten, durchschnittlich 72 Prozent ihres Einkommens nach Hause schicken.⁵⁹ In derselben Untersuchung stellte sich heraus, dass 56 Prozent der von Frauen getätigten Rücküberweisungen für den täglichen Bedarf, die Gesundheitsversorgung oder Bildung ausgegeben werden. Ein Muster, das sich auch sonst in den Ausgaben von Migrantinnen widerspiegelt⁶⁰ – weil Frauen eher als Männer dazu neigen, in ihre Kinder zu investieren, und da sie in traditionellen Gesellschaften meist wenig Kontrolle über finanzielle Entscheidungen, Vermögenswerte und Eigentum haben.⁶¹

Im Gegensatz dazu neigen Männer oft dazu, Einnahmen aus den Rücküberweisungen für Konsumgüter auszugeben, wie für Autos und Fernsehgeräte oder aber für Investitionen in Grundbesitz und Vieh.⁶² Eine Untersuchung über Migrantinnen aus Ghana in Toronto ergab jedoch, dass viele der Frauen planten, in ihrem Herkunfts-

▲ *In einer Textilfabrik in Phnom Penh, Kambodscha. 90 Prozent der knapp 3.000 Arbeiter sind Frauen.*
© John Vink/Magnum Photos

land ein Haus zu bauen (56 Prozent hatten damit bereits begonnen).⁶³ Eine weitere Umfrage in der Dominikanischen Republik ergab, dass alle Frauen, die aus Spanien zurückkehrten, ein eigenes Unternehmen gründeten.⁶⁴

Die Rücküberweisungen ins Herkunftsland würden bei der Armutsbekämpfung und Entwicklung sogar eine noch größere Rolle spielen, wenn Frauen bei Löhnen, Arbeitsplätzen, Krediten und Grundbesitz nicht mit Diskriminierungen zu kämpfen hätten und wenn sie innerhalb der Familie und in den Organisationen ihres Heimatorts nicht von Entscheidungsprozessen ausgeschlossen wären. Eine weitere Hürde für arme Frauen besteht darin, dass herkömmliche Banken ihren Kunden gern hohe Gebühren in Rechnung stellen. Einige Institute bemühen sich um niedrigere Überweisungsgebühren und ermöglichen so den Frauen, die Kontrolle über die von ihnen überwiesenen Gelder zu behalten. Auf diese Weise fördern sie deren Verwendung für produktive Aktivitäten und Entwicklung. Dazu gehören Fonkoze, die haitianische Alternativ-Bank, deren Klientel zu 96 Prozent aus Frauen besteht;⁶⁵ ADOPEM in der Dominikanischen Republik, eine Tochtergesellschaft des *Women's World Banking Network*;⁶⁶ die *Inter American Development Bank* (IADB);⁶⁷ und die *Bangladeshi Ovhibashi Mohila Sramik Association* (BOMSA), die von zurückkehrenden Migrantinnen aufgebaut wurde.⁶⁸

Die internationale Gemeinschaft hat auch das Thema der Rücküberweisungen von Migrantinnen einer genaueren Betrachtung unterzogen, um zu untersuchen, wie deren Beiträge zur sozioökonomischen Entwicklung noch besser genutzt werden können. Dazu gehören in jüngerer Zeit Bestrebungen zur Verstärkung der Forschung und des politischen Dialogs von INSTRAW und UNFPA, dem UN-Bevölkerungsfonds.⁶⁹

NETZWERKE DER SOLIDARITÄT SCHAFFEN, GLEICHBEHANDLUNG DER GESCHLECHTER FÖRDERN UND ENTWICKLUNG UNTERSTÜTZEN

Über die finanziellen Rücküberweisungen hinaus können auch die sozialen Transferleistungen von Migrantinnen (Ideen, Fähigkeiten, Einstellungen, Wissen und anderes) die sozioökonomische Entwicklung ankurbeln und die Menschenrechte sowie die Chancengleichheit der Geschlechter fördern. Migrantinnen, die Geld nach Hause schicken, vermitteln auch eine neue Definition dessen, was es heißt, eine Frau zu sein. Dies kann sich auf das Ansehen von Frauen im Allgemeinen, in den Familien und in den Gemeinschaften auswirken.⁷⁰ Frauen, die im Ausland leben, spielen auch dann eine Rolle, wenn es darum geht, die Rechte der zu Hause gebliebenen Frauen zu stärken. Ein gutes Beispiel ist die energische Lobbyarbeit afghanischer Frauen im Ausland, um eine stärkere Teilhabe von Frauen an der neuen Verfassung Afghanistans zu fördern.⁷¹ In Belgien unterstützten Frauen kongolesischer Herkunft andere Frauen in ihrer Heimat im Kampf für mehr Parlamentarierinnen in der Nationalversammlung bei den ersten freien Wahlen in der Demokratischen Republik Kongo.⁷²

Frauen, die im Ausland leben, erwerben oft Einstellungen, Meinungen und Wissen, die auch die Gesundheit ihrer Familie im Heimatland verbessern können. In einem Bericht der Weltbank werden die verbesserte Gesundheit und niedrigere Sterberaten von Kindern der Gesundheitsbildung zugeschrieben, die Migrantinnen im Ausland erwerben. Dies trifft für Familien in Guatemala, Mexiko und Marokko zu. Allgemein hat die Migration von Müttern eine weitaus größere Auswirkung auf die Verbesserung der Gesundheit der Familie als die der Väter.⁷³

Sammelüberweisungen (Geld, das von Diaspora-Organisationen gesammelt wird) zielen selten ausdrücklich darauf ab, das Leben der Frauen zu verbessern. Eine Ausnahme ist die *Netherlands Filipino Association Overseas*. Ihre Mitglieder unterstützen mit Hilfe von Sammelüberweisungen arme Frauen durch Mikrokreditprogramme und die Entwicklung kleiner Unternehmen.⁷⁴ Eine weitere Ausnahme ist eine Vereinigung von Exilmexikanern in den USA, die Gelder in den mexikanischen Bundesstaat Michoacan schickt. Die Gemeindeverwaltung verwendet diese Spenden für die Ausbildung von Frauen zur Herstellung von Schuluniformen, die dann an die Handelskammer verkauft und von dieser wiederum im ganzen Land vertrieben werden.⁷⁵ Im Allgemeinen jedoch sind Migrantinnen – das zeigen Untersuchungen über Heimatstadt-Vereinigungen lateinamerikanischer Migranten in den USA – sowohl als Senderinnen als auch als Empfängerinnen oft von Entscheidungsprozessen ausgeschlossen. Die meisten Funktionsträger der Vereinigungen in den Gast- und Zielländern sind Männer, während Frauen die Rollen der Sekretärinnen, Fundraiserinnen und Organisatorinnen von Veranstaltungen übernehmen.⁷⁶

Heute, da immer mehr Frauen auswandern, werden von ihnen auch immer mehr eigene Migrantinnen-Netzwerke gegründet. Sie transferieren Fähigkeiten und Ressourcen in ihre Herkunftsländer und verändern so die traditionellen Vorstellungen über Geschlechterrollen.[77] In Deutschland haben selbstorganisierte Gruppen von Einwanderinnen zur Bekämpfung des Frauenhandels und des Rassismus beigetragen und sich für den unabhängigen legalen Status eingewanderter Ehefrauen stark gemacht.[78] Frauengruppen haben auch erfolgreiche Lobbyarbeit bei Behörden betrieben, um die Zwangsheirat unter den 2,5 Millionen türkischen Immigranten zu verbieten.[79] Durch das IOM-Programm „Migration für Entwicklung in Afrika" helfen Frauen aus Guinea, die im Ausland leben, armen Frauen in ihrer Heimat bei der Konzeptionierung und beim Aufbau von Mikrounternehmen.[80] Seit 1993 haben in Frankreich lebende Afrikanerinnen ein Netzwerk von Migrantenorganisationen aufgebaut, das sich zum Ziel gesetzt hat, die Integration in die Gesellschaften der Gastländer zu erleichtern und die Lebensqualität in den Herkunftsländern zu verbessern.[81]

DIE AUSWIRKUNGEN DER MIGRATION AUF GESCHLECHTERROLLEN UND CHANCENGLEICHHEIT

Migration kann das traditionelle Rollenverständnis von Männern und Frauen verändern. Die Beziehung zwischen Migration und der Gleichberechtigung der Geschlechter ist allerdings komplexer Natur. Zwar gibt es unterschiedliche Erfahrungshorizonte, doch Frauen, die allein emigrieren (statt zusammen mit ihrer Familie), legal in ein anderes Land kommen und außer Haus arbeiten, machen mit größerer Wahrscheinlichkeit positive Erfahrungen – insbesondere, wenn sie auf Dauer im Ausland bleiben.[82]

Wenn Frauen zum Zweck der Familienzusammenführung nachziehen, schränken übereifrige Verwandte manchmal die sozialen Beziehungen ein, weil sie versuchen, die kulturelle Identität und die „Ehre" zu bewahren. Besonders schwierig ist dies für Frauen und Mädchen, die ein ausgedehntes Netzwerk weiblicher Verwandter und Freundinnen zurückgelassen haben, von denen sie emotional unterstützt wurden. Diese Art der kulturellen Isolation tritt häufiger in Immigrantenfamilien und Gemeinschaften auf, die sich marginalisiert fühlen und glauben, ihre kulturelle Identität werde von der Gesellschaft des Gastlandes in Frage gestellt.

Für viele andere Migrantinnen jedoch ist die Migrationserfahrung so positiv, dass sie unter Umständen nur widerstrebend nach Hause zurückkehren, weil sie Angst haben, ihre neu entdeckte Autonomie wieder aufgeben zu müssen. Dagegen bringen männliche Auswanderer häufiger den Wunsch nach Rückkehr zum Ausdruck.[83] Untersuchungen über in den USA lebende Migranten aus der Dominikanischen Republik[84] und Mexiko[85] bestätigen dies. Während für Frauen die Arbeit der Schlüssel zu größerer Unabhängigkeit sein kann, müssen sich ihre Ehemänner unter Umständen mit einem sozialen Abstieg auseinandersetzen und landen in unterqualifizierten Jobs. Es wurde auch festgestellt, dass sich Einwanderinnen dank ihres Kontakts mit Institutionen vor Ort (wie zum Beispiel Schulen und sozialen Diensten) schneller integrieren und

◀ *Eine Stellvertreterhochzeit in Kabul, Afghanistan: Der Verlobte der Frau, der nach Deutschland ausgewandert ist, ist nur als Fotografie präsent.*
© Abbas/Magnum Photos

mit größerer Wahrscheinlichkeit die US-amerikanische Staatsbürgerschaft erwerben.[86]

Geht ein männlicher Haushaltsvorstand ins Ausland, gewinnen manche Frauen mehr Entscheidungskompetenzen über die Verwendung des Haushaltsgelds, auch wenn sie immer noch von Rücküberweisungen abhängig sind.[87] Im indischen Kerala zum Beispiel berichteten Frauen, die zurückgeblieben waren, dass die Rücküberweisungen ihrer Ehemänner aus den Golfstaaten ihre Autorität gestärkt und ihren gesellschaftlichen Status verbessert hatten: 70 Prozent eröffneten ihr eigenes Bankkonto, 40 Prozent hatten ihr eigenes Einkommen und die Hälfte besaß ein Stück Land oder ein Haus auf ihren eigenen Namen.[88]

Wenn die Rücküberweisungen allerdings sehr gering sind oder ganz ausbleiben, kompensieren Frauen das verlorene Einkommen – in der Regel durch bezahlte Arbeit oder den Aufbau eines kleinen Unternehmens. Obwohl dadurch Stress und Verantwortung zunehmen, kann auch dies zu mehr Autonomie und höherem gesellschaftlichem Ansehen führen. Während der 1980er und 1990er Jahre, als die Ökonomien der Zielländer von Migration schrumpften und das Einkommen aus Rücküberweisungen versiegte, nahmen afrikanische Frauen die Aufsicht über die Feldarbeit selbst in die Hand und trugen mehr zum Familieneinkommen bei.[89] Wenn Auswanderer ihre Ehefrauen jedoch ganz verlassen, können die Folgen fatal sein – besonders dort, wo allein stehende Frauen stigmatisiert werden, keinen Besitz und kein Land haben dürfen oder nicht in der Lage sind, sich Arbeit zu beschaffen.

Auch traditionelle Männerrollen wandeln sich durch Migration. Eine Untersuchung ehemaliger männlicher Migranten aus Bangladesch in Singapur ergab, dass viele nach ihrer Rückkehr sich entgegen der üblichen Praxis ihre Ehefrau selbst auswählten und sie in manchen Fällen aufgrund ihrer Erfahrung im Ausland auch eher gleichberechtigt behandelten.[90] Bleiben die Männer zu Hause, wachsen auch sie in neue Rollen hinein und lernen sie zu akzeptieren. In einer Untersuchung gaben viele indonesische Migrantinnen an, ihre Männer seien respektvoller geworden und übernähmen mehr Verantwortung für die Betreuung der Kinder.[91] In den USA halfen Ehemänner dominikanischer Migrantinnen häufiger im Haushalt und verbrachten mehr Zeit zu Hause statt mit Freunden.[92] Dennoch kann für Männer, die zu Hause bleiben, die Migration ihrer Ehefrauen auch ein Affront gegen traditionelle Vorstellungen von männlicher Identität und Autorität bedeuten.

Erfahrungen in der Migration: Chancen ergreifen, Hindernisse überwinden

Die Erfahrungen von Migrantinnen sind so unterschiedlich wie der Hintergrund ihrer Herkunft und die Gemeinschaften an dem Ort, an den sie ziehen. Migration bietet zwar viele Vorteile, doch ist sie nicht ohne Risiko.

Gleich zu Beginn können diskriminierende Einwanderungspolitiken die legalen Migrationswege einschränken. Dadurch werden Frauen auf Branchen verwiesen, in denen sie am wenigsten geschützt und eventuell von männlichen Migranten abhängig sind. Im schlimmsten Fall finden sie sich als Opfer des Frauenhandels wieder. Die meisten Migrantinnen kommen aus Ländern, in denen die Frauendiskriminierung tief in Gesellschaft und Kultur verankert ist. Dadurch sind viele benachteiligt, was im Gegenzug dazu führen kann, dass sie nur unzulänglichen Zugang zu Informationen über Arbeitsmöglichkeiten in den Zielländern, über Kosten, Vorteile und notwendige Maßnahmen für eine legale und sichere Migration bekommen.[93] Eine andere Person oder einen Schleuser um Hilfe zu bitten, kann eine Frau in beträchtliche Schulden und Gefahren stürzen.

Während der Aus- und Einreise riskieren – vor allem illegale Migrantinnen – sexuelle Belästigung und Misshandlung. Manchmal werden sie im Austausch gegen Schutz oder die Erlaubnis zum Grenzübertritt zu sexuellen Gefälligkeiten genötigt.[94] In einer Untersuchung über allein durch Zentralamerika reisende Migrantinnen, die auf dem Weg nach Mexiko waren, stellten Wissenschaftler beispielsweise fest, dass Männer glaubten, sie seien „zu allem bereit". Männliche Auswanderer zwangen Migrantinnen oft zum Sex mit Grenzbeamten, um der gesamten Gruppe einen sicheren Grenzübergang zu gewährleisten.[95] Im Jahr 2005 berichtete die Organisation Ärzte ohne Grenzen, dass Sicherheitsbeamte und männliche Migranten Frauen und Minderjährige aus Afrika südlich der Sahara, die auf der Reise nach Spanien waren, im Transitland Marokko sexuell missbrauchten. Auch entlang der marokkanisch-algerischen Grenze sind Frauen gefährdet – besonders durch Schleuser und Frauenhändler, die darauf aus sind, sie sexuell auszubeuten. Unsichere Abtreibungen sind nicht selten und es wurden Vorfälle gemeldet, bei denen schwangere Frauen an der marokkanisch-algerischen Grenze abgesetzt und allein zurückgelassen wurden.[96] Vereinzelte Hinweise legen die Annahme nahe, dass nicht weniger als 50 Prozent der Migrantinnen auf der Reise von Westafrika über Marokko nach Europa entweder schwanger oder mit Kindern unterwegs sind. Viele bringen ihr Kind allein in der Wildnis zur Welt, weil sie Angst haben, ausgewiesen zu werden, wenn sie sich um medizinische Hilfe bemühen.[97]

Nach ihrer Ankunft im Zielland sind Einwanderinnen doppelt benachteiligt: als Migrantinnen und als Frauen. Manchmal sogar dreifach, wenn man ihre ethnische Zugehörigkeit, ihren sozialen Status oder ihre Religion einbezieht. Viele Frauen, die Missbrauch und Gewalt erleiden, haben keine Ahnung von ihren Rechten. Sie fürchten sich vor negativen Konsequenzen, wenn sie sich an die Polizei wenden oder anderswo Unterstützung suchen. Frauen brauchen zudem Zugang zu einer guten reproduktiven Gesundheitsversorgung. Doch juristische, kulturelle oder sprachliche Barrieren führen oftmals dazu, dass sie Schwierigkeiten haben, an Informationen und Dienstleistungen heranzukommen.

MIT ABSICHT UND AUS VERSEHEN: DISKRIMINIERUNG DURCH POLITIK

Die staatlichen Migrationspolitiken haben Einfluss darauf, wer ein- und auswandert und wie. Manchmal ist Diskriminierung unbeabsichtigt, doch auch dort, wo Frauen in der Überzahl sind, zum Beispiel im Kontext der Migration für Krankenpflege und Hausarbeit, werden ihre spezifischen Bedürfnisse und Rechte mitunter ignoriert. Manche Politiken führen sogar ganz zum Ausschluss von Migrantinnen. Andere – oft gut gemeinte und auf mehr Beschäftigungsmöglichkeiten abzielende Politiken – ignorieren dennoch viele Verpflichtungen von Frauen gegenüber dem Arbeitgeber, der Familie und der Gemeinschaft. Solange es keine Betreuungsmöglichkeiten für Kinder und ausgedehnte Familiennetzwerke gibt, können diese Politiken Frauen daran hindern, an Ausbildungsmaßnahmen oder anderen Fortbildungsmöglichkeiten für Migranten teilzunehmen.[98]

Die jeweilige Nachfrage nach bestimmten Arbeitskräften in einem Land wirkt sich unmittelbar darauf aus, ob Männer und Frauen aus dem Ausland dort Arbeit finden und ob sie legal einwandern können. In der Vergangenheit wurden bei der vorübergehenden Anwerbung von Einwanderern, die Lücken in bestimmten Branchen stopfen sollten, von der jeweiligen Politik eher von Männern dominierte Berufe bevorzugt. Beispielsweise sind seit den Gold- und Diamantenfunden im 19. Jahrhundert in Südafrika Männer als Migranten sehr begehrt. Dort finden Bürger der 14 Mitgliedsstaaten der SADC einfach legale Arbeit in der Bergbauindustrie, wo 99 Prozent der Arbeitnehmer Männer sind. Es existiert jedoch keine entsprechende Branche, die die Einreise für Frauen erleichtert.[99] Südafrikanische Farmer bevorzugen oft Arbeiterinnen aus Nachbarländern. Im Gegensatz zur Minenbranche ist die grenzüberschreitende Migration für sie jedoch im Allgemeinen illegal und sie werden nicht durch die vorhandenen Gesetze geschützt.[100] Während die Industrialisierung in Asien Arbeiter für den Bau, in Fabriken und auf Plantagen für „Männerarbeit" benötigt, befriedigen Frauen eher die Nachfrage nach Unterstützung bei der Hausarbeit und Kinderbetreuung.[101]

Wenn Zielländer qualifizierten Kandidaten den Vorzug geben, kann dies die Einwanderungschancen von Frauen verringern. Frauen mit niedrigem sozioökonomischem Status und Bildungsniveau können deutlich im Nachteil sein. Sie landen mit höherer Wahrscheinlichkeit in ungeregelten, ungesetzlichen und saisonalen Jobs, verbunden mit Schwerstarbeit, und haben geringere Chancen, eine Arbeitserlaubnis oder Anspruch auf den Erwerb der Staatsbürgerschaft zu erhalten.[102] Zum Beispiel fand man in Frankreich durch eine Untersuchung heraus, dass zwei Drittel derjenigen, denen aufgrund mangelhafter Sprachkenntnisse die Staatsbürgerschaft verweigert wurde, Frauen waren.[103] Manchmal hängt die Einreiseerlaubnis für Facharbeiter von bestimmten Kriterien ab wie dem Nachweis einer festgelegten ununterbrochenen Beschäftigungsdauer, von Sprachkenntnissen, Einkommen und Bildungsniveau.[104] Diese Kriterien diskriminieren Frauen unabsichtlich. Die Nachfrage nach qualifizierten Arbeitskräften kann jedoch auch Migrationschancen für Frauen mit höherer Bildung eröffnen, wie zum Beispiel in den 1980er Jahren, als Australien nicht mehr vorzugsweise Schwerstarbeiter, sondern Akademiker suchte.[105]

Einige Regierungen schränken die Frauenmigration ein, um Frauen zu „schützen". Spezifische Ausreiseverbote gab es zum Beispiel in Bangladesch, im Iran, in Nepal und Pakistan.[106] Die Daten der Regierung von Bangladesch zeigen: Weniger als ein Prozent der Emigranten zwischen 1991 und 2003 waren Frauen. Das ging im Wesentlichen auf starke Einschränkungen und bürokratische Hürden zurück, die Frauen die Auswanderung erschweren.[107] Dies erhöht lediglich die Wahrscheinlichkeit, dass Frauen andere – meist irreguläre – Wege der Migration beschreiten.[108] Ein einschlägiger Fall: Der Asiatischen Entwick-

8 GEOGRAFIE UND ARMUT: GLOBALISIERUNG UND DAS AUFKOMMEN TRANSNATIONALER FAMILIEN

Die massenhafte Migration hat ein neues Phänomen hervorgebracht: die transnationale Familie. Die Mitglieder transnationaler Familien gehören zwei Haushalten, zwei Kulturen und zwei Ökonomien zugleich an. Diese Familienform kann sehr unterschiedlich geprägt sein und durch einen wechselnden Haushaltsvorstand gekennzeichnet – dazu zählen auch Großmütter und Jugendliche, die sich um ihre Geschwister kümmern, während die Eltern in der Ferne weilen.[1]

Gehen beide Eltern weg, schultern ältere Frauen, Tanten und andere weibliche Verwandte meistens die Last der Kinderbetreuung.[2] Eine weitere Möglichkeit ist, dass Eltern ihre Kinder im Zielland zurücklassen und selbst hin und her pendeln. Ein Beispiel für dieses Phänomen sind die ostasiatischen „Astronauten", die ihren Beruf weiterhin in ihrem Herkunftsland ausüben, ihre Frauen und Kinder jedoch in Kanada zurücklassen.[3] Migranten aus der Karibik und aus Ghana in Kanada, in Großbritannien und in den USA haben sich den dortigen schwierigen Arbeits- und Lebensbedingungen angepasst und mobilisieren ausgedehnte Familiennetzwerke zur Betreuung ihrer Kinder zu Hause.[4] In Kap Verde, dessen Bevölkerung zu größeren Teilen im Ausland als im Inland lebt, hat fast jede Familie Angehörige im Ausland.[5] Manche Familien aus Kap Verde leben sogar über drei oder vier verschiedene Orte verstreut. Während die Frauen in Italien oder Portugal arbeiten, leben ihre Männer vielleicht in den Niederlanden und die Kinder zu Hause bei Verwandten.[6] Auch bei den Philippinos sind transnationale Familien sehr häufig. Mehr als acht Millionen Staatsangehörige der Philippinen arbeiten und leben im Ausland.[7]

Die Entscheidung von Müttern zur Migration ist meist Herz zerreißend. Für Frauen ist die Trennung mit Schuldgefühlen befrachtet. Viele Kinder zahlen einen hohen emotionalen Preis für den Verlust der Mutter, die sie liebt und versorgt. Dessen ungeachtet haben Migrantinnen oft kaum eine andere Wahl. Viele Kinder sagen zwar, es wäre ihnen lieber, wenn der Vater migrieren würde und nicht die Mutter. Doch häufig bringen sie ihre Dankbarkeit zum Ausdruck und sind stolz auf das Opfer, das die Mutter ihnen gebracht hat. Untersuchungen in Indonesien und auf den Philippinen haben wenig Hinweise auf negative Auswirkungen für die Kinder erbracht.[8] Kinder von Migranten zeigten ähnliche Verhaltensmuster und Werte wie Kinder von Nichtmigranten und es wurde nicht festgestellt, dass sie stärker benachteiligt oder in ihrer Entwicklung beeinträchtigt wären oder mit größeren psychologischen Problemen zu kämpfen hätten. Eine landesweite Untersuchung auf den Philippinen ergab, Kinder von Migranten erhielten in der Schule besondere Auszeichnungen und mussten seltener eine Klasse wiederholen als Kinder von Nichtmigranten.[9] Eine andere Untersuchung zeigte, dass Kinder sehr wohl verstanden, dass die Migrationsentscheidung ihrer Mutter wirtschaftliche Gründe hatte und zu ihrem eigenen Wohlergehen getroffen wurde.[10]

---

lungsbank zufolge lebt in den Golfstaaten und Südostasien eine beträchtliche Anzahl illegaler Frauen aus Bangladesch.[109] In letzter Zeit beginnt sich die Regierungspolitik allerdings zu ändern. 2005 hob Bangladesch das Emigrationsverbot auf[10] und im gleichen Jahr schaffte das Oberste Gericht Nepals die Bestimmung ab, nach welcher Frauen unter 35 die Erlaubnis ihrer Eltern oder ihres Ehemannes benötigen, um einen Pass zu beantragen.[11]

Im Arbeitsrecht werden häufig bestimmte Wirtschaftssektoren, in denen Migrantinnen dominieren, nicht behandelt – beispielsweise die Arbeit im Haushalt und in der Unterhaltungsbranche.[12] Dadurch sind viele Arbeitsmigrantinnen bezüglich ihres legalen Status oder der Befriedigung ihrer Grundbedürfnisse wie Wohnen und Essen sowie der Bezahlung ausstehender Löhne von ihren Arbeitgebern abhängig. Teilweise werden die Löhne von Arbeitgebern absichtlich einbehalten, um die Arbeitsleistung sicherzustellen. Zusätzlich führen die Bestrebungen von Regierungen, die Einwanderung zu begrenzen und diese auf vorübergehende, kurzzeitige Arbeitsverträge einzuschränken, dazu, dass viele Frauen ihren Arbeitgeber nicht wechseln können.[13] Dadurch können sie in Missbrauchssituationen festsitzen – außerhalb des Blickfelds der Öffentlichkeit und in vielen Fällen auch unerreichbar für staatliche Maßnahmen.

Rechte, Arbeitsverträge und Arbeitsbedingungen variieren je nach Arbeitsrecht und Migrationspolitik in jedem Empfängerland. In vielen Ländern werden zum Beispiel die Rechte von Hausangestellten missachtet. Viele von ihnen verbringen Jahre im Ausland, bis sie endlich ihre Familie wiedersehen (siehe **Kasten 8**). Die Vorschriften im Gastland verbieten es gering qualifizierten Einwanderern häufig, Familienmitglieder mitzubringen. Dies ist der Grund für die Forderung nach einer familienfreundlichen Politik für Arbeitsmigrantinnen. Italien und Spanien gehören zu den wenigen Ländern, die ungelernten Arbeitern die Möglichkeit der Familienzusammenführung gewähren – ein Privileg, das normalerweise „qualifizierten" Migranten vorbehalten bleibt. Und sie gehören auch zu den wenigen Ländern, die die Rechte von Hausangestellten aktiv fördern, was zum großen Teil auf die engagierte Lobbyarbeit von Frauenorganisationen zurückzuführen ist.[114]

DIE ABHÄNGIGKEITSFALLE

Frauen, die im Rahmen der Familienzusammenführung einwandern, betreten ein Land normalerweise als Abhängige und genießen oft nur begrenzten Zugang zu bezahlter Beschäftigung, Gesundheitsversorgung und anderen sozialen Angeboten.[115] In Ländern, die zwischen den Arbeits- und Wohnrechten von Migranten unterscheiden, stehen Frauen, die als Abhängige einreisen, oft nur illegale Arbeitsmöglichkeiten offen.[116] Das Abhängigkeitsverhältnis führt dann zum *brainwaste* im Zielland, weil qualifizierte Migrantinnen arbeitslos bleiben oder nur weit unter ihrem Niveau Arbeit finden. Darüber hinaus sitzen Migrantinnen unter Umständen in der Zwickmühle, wenn die Ehe scheitert oder sie in einer gewalttätigen Beziehung leben, weil sie Ausweisung oder den Verlust ihres Sorgerechts riskieren.

Staaten wie Schweden oder die USA gewähren misshandelten Einwanderinnen einen unabhängigen legalen Status, statt diesen von männlichen Angehörigen oder Ehemännern abhängig zu machen. Damit schützen sie die Rechte der Frauen und befreien sie aus der Gewaltsituation.[117]

ARBEIT UND LOHN

Der Anteil der Einwanderinnen an der Gesamtzahl der Arbeitskräfte ist in den einzelnen Ländern unterschiedlich hoch, doch überall ist die Arbeitslosigkeit unter Einwanderinnen höher – sowohl im Vergleich zu den Frauen und Männern im Zielland als auch im Vergleich zu den männlichen Migranten.[118] So liegen beispielsweise die Arbeitslosenraten bei Frauen ausländischer Herkunft in 17 OECD-Staaten (für die entsprechende Datenlage) erheblich höher als die jeweilige Rate bei den einheimischen Frauen.[119] Von den in Südafrika lebenden Immigranten aus SADC-Ländern waren 38 Prozent der Frauen arbeitslos, verglichen mit 33 Prozent der einheimischen Frauen, 30 Prozent der einheimischen Männer und 23 Prozent der männlichen Einwanderer.[120]

Wo sich Migrantinnen mit hohen Arbeitslosenraten und Diskriminierung auseinandersetzen müssen, sind viele gezwungen, jede Arbeit anzunehmen, die sie kriegen können.[121] Dies kann die Wahrnehmung der einheimischen Bevölkerung im Gastland verstärken, Migrantinnen seien „unqualifiziert", auch wenn viele tatsächlich besser qualifiziert sind, als ihre Arbeit vermuten lässt. In einigen Fällen können Einwanderer jedoch in der Lohnskala aufsteigen: In den Vereinigten Arabischen Emiraten (UAE) werden philippinische Hausangestellte immer häufiger als Fahrerinnen beschäftigt – ein Job mit besserer Bezahlung und höheren Sozialleistungen.[122]

Je nach gesellschaftlicher Stellung der Frauen in ihren Herkunftsländern können Immigrantinnen ein höheres Einkommen erzielen. Doch verglichen mit den Frauen im Zielland sind sie in den meisten Fällen weit schlechter gestellt.[123] Das geringe Einkommen kann zu Verarmung der Immigrantinnen führen und sich negativ auf die Familien zu Hause auswirken, die mit weniger Geld aus Rücküberweisungen auskommen müssen. US-amerikanische Volkszählungsdaten aus dem Jahr 2000 zeigen, dass 18,3 Prozent der im Ausland geborenen Frauen in Armut leben. Dies gilt nur für 13,2 Prozent der im Inland geborenen Frauen. Insgesamt sind 31 Prozent der Haushalte, denen eine Migrantin vorsteht, arm.[124] Niedriglöhne können sich für Migrantinnen, die Alleinverdienerinnen sind, auch negativ auf die Familienzusammenführung auswirken. Denn viele Länder, wie zum Beispiel Kanada und die USA, verlangen einen Unterstützungsnachweis auf Basis des Einkommens und der wirtschaftlichen Unabhängigkeit bei einem Antrag auf Einreise von Familienangehörigen.[125]

Für ältere Migrantinnen – besonders wenn sie unterbeschäftigt, ohne Papiere oder verwitwet sind oder in Beschäftigungsverhältnissen ohne Sozialleistungen stehen – können Niedriglöhne fatale Folgen haben. Rentensysteme und andere Sozialleistungen in den Aufnahmeländern wie Kanada und den USA basieren auf langfristigen Beitragszahlungen. Lebenslange ungeregelte Arbeitsverhältnisse führen außerdem meist dazu, dass viele ältere Einwanderer keine Ersparnisse fürs Rentenalter oder die Gesundheitsversorgung haben.[126] In vielen europäischen Staaten basieren Rentenansprüche auf jahrelanger Arbeit und Ansässigkeit. Die wachsende Anzahl älterer Einwanderer in der Region gibt Grund zur Sorge. In den Niederlanden gaben mehr als 90 Prozent der marokkanischen Frauen im Alter von 55 und mehr Jahren an, nie gearbeitet zu haben. In Österreich haben Frauen, die aus

9 MIGRATION UND FERTILITÄT

Die weit verbreitete Meinung, Migranten hätten mehr Kinder als Einheimische, schürt Ressentiments gegen Einwanderer. Dabei hängt die Fertilität von Migranten sehr von der einzelnen Gruppe, dem Kontext im Gastland, dem sozioökonomischen Status der Frauen, kulturell bedingten Fruchtbarkeitsnormen und dem Zugang zu Dienstleistungen der reproduktiven Gesundheit ab. Im Allgemeinen bekommen Einwanderer (besonders solche aus Entwicklungsländern) kurz nach ihrer Einreise eher mehr Kinder als Einheimische, mit der Zeit jedoch eher weniger. Denn nach einiger Zeit übernehmen viele Einwanderer die Normen des Gastlandes bezüglich der Kinderzahl und ihre Fertilitätsraten gleichen sich denen der einheimischen Bevölkerung an.[1]

Späte Eheschließung, die Trennung vom Partner, wirtschaftliche Zwänge, die Kosten der Kindererziehung, die Autonomie der Frau, die Entwicklung von Werten und Normen und der Druck, sich durch Assimilation legitimieren zu müssen, können dazu beitragen, dass die Geburtenraten sinken.[2] Eine Untersuchung von 24 Migrantengruppen, die über einen Zeitraum von 14 Jahren in Australien durchgeführt wurde, zeigte, wie sich die Geburtenraten in allen Gruppen mit zwei Ausnahmen (Libanesen und Türken) denen der einheimischen Bevölkerung im Gastland fast vollkommen angeglichen hatten oder hinter diese zurückfielen.[3] Untersucht wurden unter anderem Migrantengruppen aus Ägypten, Griechenland, Malta, Neuseeland, Polen, Südafrika und Vietnam. In Schweden wurde in einer Studie über Einwanderer aus 38 Herkunftsländern festgestellt, dass diejenigen, die seit mindestens fünf Jahren im Land lebten, ähnliche Geburtenraten aufwiesen wie die einheimische Bevölkerung.[4]

Je nach ethnischer Gruppe gibt es jedoch Unterschiede und komplizierte Wechselwirkungen zwischen sozioökonomischen, kulturellen und politischen Faktoren. Zum Beispiel wurde in Großbritannien anhand von Volkszählungsdaten deutlich, dass alle großen ethnischen Minderheiten mehr Kinder hatten als die einheimische Bevölkerung – insbesondere Einwanderer aus Bangladesch, Indien und Pakistan.[5]

Migrantinnen haben allerdings eher weniger Kinder als daheim gebliebene Frauen in ihren Herkunftsländern.[6] So bekommen Immigrantinnen in Belize, Costa Rica, der Dominikanischen Republik und El Salvador tendenziell mehr Kinder als Frauen zu Hause. Beispielsweise ist in Costa Rica die Gesamtfruchtbarkeitsrate der Einwanderinnen um 40 Prozent höher als die der Costa Ricanerinnen.[7] Die Migrantinnen bekommen jedoch weniger Kinder als andere Frauen in ihren Herkunftsländern. Afrikanische Einwanderer in Spanien haben gegenüber der einheimischen Bevölkerung leicht erhöhte Geburtenraten, aber weit niedrigere als die Bevölkerung in ihren Herkunftsländern.[8] In den USA verhält es sich allerdings umgekehrt: Dort haben Immigrantinnen durchschnittlich mehr Kinder als Frauen in ihren Herkunftsländern. Und obwohl die Geburtenraten der Einwanderer höher sind als die der einheimischen Bevölkerung, wirken sie sich nicht auf die Geburtenraten des Ziellandes insgesamt aus.[9]

Während der Vorbereitungszeit auf die Migration und in den ersten Jahren in einem neuen Land schieben manche Einwanderinnen die Geburt von Kindern auf und konzentrieren sich darauf, ihren Arbeitsplatz zu sichern. Aber nach ein paar Jahren entscheiden sie sich dann zur Familiengründung. Dies zeigt sich am Beispiel der Ecuadorianer, die nach Spanien einwandern. In den letzten Jahren hat das Land sehr viele junge Einwanderinnen aus Südamerika aufgenommen. 1999 brachten die Frauen aus Ecuador nur 4,9 Prozent aller ausländischen Kinder zur Welt, 2004 waren es schon 19,5 Prozent.[10]

Die Geburtenrate von Migranten hängt oft auch ab von Alter und Bildungsgrad, vom Migrationsgrund und der Einwanderergruppe, der die Einwanderinnen angehören. Die Migration kann zur (räumlichen) Trennung der Ehepartner und so zum Aufschub von Schwangerschaft und Geburt führen. Kommen die Ehepartner jedoch wieder zusammen, steigen die Geburtenraten.[11] In Australien haben qualifizierte Immigrantinnen niedrigere Geburtenraten als einheimische Frauen, während Frauen, die als Flüchtlinge oder aus Gründen der Familienzusammenführung einreisen, eher mehr Kinder haben.[12] Frauen, die schon als junge Mädchen migrieren, passen sich möglicherweise schneller an die Normen ihres Gastlandes an, was Schwangerschaft und Geburt betrifft: In Frankreich hatten Einwanderinnen, die im Alter von höchstens 13 Jahren einreisten, gegenüber den Französinnen nur eine minimal erhöhte Geburtenrate. Frauen, die zum Zeitpunkt der Migration 25 bis 29 Jahre alt waren, wiesen jedoch deutlich höhere Geburtenraten auf.[13]

Drittstaaten außerhalb der EU eingewandert sind, das niedrigste Einkommen. Von den über 59-jährigen Einwanderinnen aus dem ehemaligen Jugoslawien hatten 19 Prozent und 23 Prozent der älteren Migrantinnen aus der Türkei nie ein eigenes Einkommen.[127]

ETHNIZITÄT UND RASSISMUS: ZUSÄTZLICHE BARRIEREN FÜR ARBEIT UND LOHN

Ethnizität und Klassenzugehörigkeit verstärken das Problem der geschlechtsspezifischen Diskriminierung, erschweren den persönlichen Aufstieg und führen zu schlechterer

Bezahlung.¹²⁸ In Großbritannien, das seit langem auf Einwanderer angewiesen ist, um den Arbeitskräftemangel im Gesundheitswesen auszugleichen, sind Schikanen gegen Beschäftigte mit schwarzer Hautfarbe (überwiegend Frauen aus der Karibik), die sich vor allem in den Niedriglohngruppen konzentrieren, weit verbreitet.¹²⁹ In den Vereinigten Arabischen Emiraten verdient eine Philippina mit *College*-Abschluss, die im Haushalt arbeitet, viel mehr als ihre indische Kollegin – unabhängig von deren Qualifikation.¹³⁰ In einer europäischen Untersuchung wurde festgestellt, dass Einheimische, die im Haushalt arbeiten, im Gegensatz zu Ausländern eher als Fachkräfte behandelt werden.¹³¹

Die USA liefern ein Beispiel dafür, wie die Arbeit im Haushalt nach Kriterien ethnischer Zugehörigkeit aufgeteilt ist. In den 1950er und 1960er Jahren arbeiteten in diesem Berufszweig überwiegend Afroamerikanerinnen. Doch Ende der 1980er Jahre sank deren Zahl im ganzen Land dramatisch. Etwa um dieselbe Zeit begannen Einwanderinnen aus Lateinamerika, in die Bresche zu springen – ihr Anteil ist allein in Los Angeles von neun auf 68 Prozent gestiegen.¹³²

SEXUELLE UND REPRODUKTIVE GESUNDHEIT

Die Gesundheit von Migranten hängt unter anderem von deren Geschlecht, ihrem soziokulturellen und ethnischen Hintergrund, ihrem Beruf und ihrem Rechtsstatus ab. Ebenso wichtig ist, wie weit sie ihren Lebensunterhalt finanzieren können und Zugang zu Dienstleistungen, Transportmöglichkeiten und Krankenversicherung haben.¹³³ Auch die Tatsache, ob sie zuvor Zugang zu Gesundheitsbildung und -dienstleistungen hatten, ist entscheidend, da dies einen Einfluss auf die Fähigkeit von Migranten hat, kompetente Entscheidungen bezüglich ihrer Gesundheit zu treffen.

Einwanderer, die die Sprache ihres Gastlandes nicht beherrschen, haben mehr Probleme beim Zugang zu medizinischer Versorgung. Niedriglöhne und ausbeuterische Arbeitsbedingungen wirken sich ebenso aus wie die Tatsache, in welchem Maß Migranten und ihre Gemeinschaften in die einheimische Gesellschaft integriert sind. Diskriminierung und Rassismus von Seiten der Gesundheitsdienstleister verstärken die kulturellen und sprachlichen Barrieren.

Sowohl das Gastland selbst als auch die Einwanderinnen profitieren von einem verbesserten Zugang zu Informationen und Dienstleistungen der reproduktiven Gesundheit – einschließlich Dienstleistungen rund um die Schwangerschaft und Geburt, HIV-Prävention sowie die Behandlung von sexuell übertragbaren Infektionskrankheiten. Migrantinnen kommen oft aus Ländern, in denen ein schlechter Gesundheitszustand normal ist. Viele wissen nur wenig über Gesundheitsfragen. Sie sind oft ärmer und weniger gebildet als einheimische Frauen. Die Anstrengung, die ihnen die Anpassung an ein neues Land abverlangt, aber auch Gewalt und sexuelle Ausbeutung können ihren Gesundheitszustand darüber hinaus beeinträchtigen.

In der gesamten EU sind Komplikationen bei der Schwangerschaft bei Einwanderinnen bis heute ein großes Problem. Untersuchungen haben gezeigt, dass die Migrantinnen nur unzureichende oder gar keine vorgeburtliche Betreuung erhalten, und sie deshalb höhere Raten von Totgeburten und Säuglingssterblichkeit aufweisen als der Bevölkerungsdurchschnitt.¹³⁴ Eine Studie in Großbritannien stellte fest, dass soziale Ausgrenzung und nichtweiße Hautfarbe zu den wichtigsten Ursachen für eine hohe Sterblichkeitsrate bei Müttern gehören.¹³⁵ Weitere Untersuchungen brachten zutage, dass Babys von Asiatinnen ein geringeres Geburtsgewicht hatten und dass die perinatalen und postnatalen Sterblichkeitsraten bei karibischen und pakistanischen Einwanderinnen höher waren als im Bevölkerungsdurchschnitt.¹³⁶ Studien auf der Basis klinischer Daten zeigen auch, dass bei Afrikanerinnen, die in Frankreich und Deutschland entbinden, häufiger Schwangerschaftskomplikationen und perinatale Sterbefälle auftreten als bei einheimischen Frauen.¹³⁷ Türkische Einwanderinnen in Deutschland wiesen außerdem höhere Sterblichkeitsraten kurz vor, während und kurz nach der Geburt auf. Generell war die Müttersterblichkeit unter Immigrantinnen tendenziell höher.¹³⁸ In Spanien treten Frühgeburten, geringes Geburtsgewicht und Komplikationen bei der Entbindung besonders häufig unter Einwanderinnen aus Afrika, Mittel- und Südamerika auf.¹³⁹

Aufgrund ihres schlechten Zugangs zu oder mangelnder Informationen über Verhütungsmittel werden Einwanderinnen häufiger ungewollt schwanger. Studien in Lateinamerika zufolge berichten Migrantinnen häufiger von ungewollten Schwangerschaften, benutzen seltener Verhütungsmittel und nehmen generell weniger Dienstleistungen der reproduktiven Gesundheit in Anspruch als einheimische Frauen.¹⁴⁰ In ganz Westeuropa ist es

10 FAMILIENPLANUNG: MIGRATION UND VERHÜTUNG

Viele Migrantinnen ergreifen die Gelegenheit, sich Zugang zu Angeboten der Familienplanung zu verschaffen, mit so großem Eifer, dass dadurch ihr relativ benachteiligter Status in den Herkunftsländern deutlich wird. In Belgien etwa (und ebenso in mehreren anderen Ländern) wenden Einwanderinnen häufiger Verhütungsmittel an als die Frauen in ihren Herkunftsländern, wobei die traditionellen Methoden von den modernen abgelöst werden. Dies wird durch eine Untersuchung bestätigt, die zeigte, dass von den 25- bis 29-jährigen verheirateten türkischen und marokkanischen Immigrantinnen 79 beziehungsweise 71 Prozent verhüteten, gegenüber nur 44 beziehungsweise 35 Prozent in ihren Herkunftsländern.[1]

2001 ergab eine Umfrage unter Frauen aus Mali in Paris, dass fast ebenso viele von ihnen verhüten wie Frauen aus Frankreich, nämlich 70 Prozent. Dies steht in krassem Gegensatz zu Frauen in Mali, wo der Anteil nur sechs Prozent beträgt. 60 Prozent der interviewten Frauen berichteten, sie hätten in Frankreich zum ersten Mal etwas von Familienplanung gehört. Zudem gaben annähernd 60 Prozent an, dass sie die Verhütungsmittel gegen den Widerstand ihres Ehemannes anwenden.[2]

genauso.[141] In Deutschland schreiben Wissenschaftler die geringe Nutzung von Verhütungsmitteln der Tatsache zu, dass entsprechende Aufklärungsprogramme an Deutsch sprechende Frauen gerichtet sind und Immigrantinnen häufig aus Ländern kommen, in denen es keine Informationen zur Familienplanung gibt.[142] Auch soziokulturelle Zwänge können Migrantinnen davon abhalten, entsprechende Dienstleistungen in Anspruch zu nehmen. Sie haben Angst, dass dies von Familienmitgliedern entdeckt wird.

Höhere Abtreibungsraten unter Einwanderinnen spiegeln ihre eingeschränkte Entscheidungskompetenz und ihren mangelhaften Zugang zu hochwertigen Dienstleistungen der Familienplanung wider. In Spanien ist die Nachfrage nach Schwangerschaftsabbrüchen unter Einwanderinnen etwa doppelt so hoch wie in der übrigen Bevölkerung – besonders unter Frauen aus Nordafrika und aus Afrika südlich der Sahara.[143] In Norwegen werden mehr als ein Viertel aller Anträge zum Schwangerschaftsabbruch von Frauen nicht-westlicher Herkunft gestellt, obwohl diese nur 15 Prozent der Bevölkerung ausmachen.[144] Eine Studie in einer Region Italiens stellte fest, dass sich im Ausland geborene Frauen dreimal häufiger einem Schwangerschaftsabbruch unterzogen als einheimische Frauen.[145]

KULTURELL ANGEPASSTE GESUNDHEITSFÜRSORGE

Soziokulturelle Faktoren können die reproduktive Gesundheit von Migrantinnen beeinflussen, darunter auch die Gesundheitsversorgung bei Schwangerschaft und Geburt sowie den Zugang zu Dienstleistungen der Familienplanung. Frauen mit traditionellem Hintergrund sind oft peinlich berührt, wenn sie es beim medizinischen Personal mit Männern zu tun haben. Dies wird zum Problem, sobald es um Dienstleistungen der Familienplanung sowie die Versorgung rund um Schwangerschaft und Geburt geht.[146]

Untersuchungen in Dänemark zeigen, dass eine mangelhafte Kommunikation zwischen Migrantinnen und Gesundheitsdienstleistern gepaart mit unzureichender Inanspruchnahme von ausgebildeten Dolmetschern, eine wichtige Ursache für schlechte und verzögerte gynäkologische Versorgung ist.[147] In Schweden stellten Experten fest, dass sich junge, allein stehende Einwanderinnen mit Kindern oft erst zu spät bei den Zentren für vorgeburtliche Betreuung melden. Daraufhin wurde das Personal in interkultureller Kommunikation fortgebildet und der Einsatz von Dolmetschern bei der Betreuung verbessert.[148]

In São Paulo berichten Ärzte von stark erhöhten Mütter- und Kindersterblichkeitsraten bei Migrantinnen aus Bolivien gegenüber einheimischen Frauen. Allein die Kindersterblichkeit ist drei- bis viermal so hoch. Der Kaiserschnitt – eine lebensrettende Maßnahme bei Komplikationen – wird von Migrantinnen häufig abgelehnt, weil er in einigen Kulturen als Verlust der Weiblichkeit gilt. Dies kann für den Ehemann ein Grund sein, seine Frau zu verlassen.[149] Das städtische Gesundheitsamt versucht deshalb, sein Programm zu verbessern. Unter anderem sollen Dienstleistungen nun auch in den Sprachen Quechua und Aymara angeboten werden.

Trotz höherer Risiken und Hindernissen beim Zugang zur Gesundheitsversorgung kann die Auseinandersetzung mit neuen Normen in Bezug auf Schwangerschaft und Geburt die Stellung von Frauen verbessern. In einigen Fällen erhalten Migrantinnen zum ersten Mal Zugang zu

> **11** **IM TRANSITLAND GESTRANDET: PROSTITUIERTE UND JUGENDLICHE FINDEN HOFFNUNG UND UNTERSTÜTZUNG**
>
> Die kleine Grenzstadt Tecún Uman in Guatemala, gleich hinter Mexiko, zieht viele Migranten an. In „Little Tijuana" breiten sich Prostitution, Alkoholismus, Kriminalität und Drogenhandel im gleichen Tempo aus, in dem die Zahl der Migranten wächst. Im letzten Jahrzehnt hat sich die Bevölkerung auf heute 32.000 Einwohner verdoppelt. Fast die Hälfte von ihnen ist jünger als 24 Jahre alt und kommt aus Mittel- und Südamerika sowie Asien. Die meisten versuchen, weiter in die USA zu kommen oder sind gerade nach einem ihrer fehlgeschlagenen Versuche aus Mexiko ausgewiesen worden.
>
> 2002 wurde in einer Studie des Gesundheits- und Sozialministeriums unter den Prostituierten – zumeist jungen Frauen – eine HIV-Infektionsrate von 3,13 Prozent ermittelt. Viele dieser Frauen verlassen ihre Heimat und stranden dann ohne jegliche Verdienstmöglichkeiten außer der Prostitution. Die Gewalt ist allgegenwärtig, sodass junge Frauen oft gezwungen sind, ihren Körper im Tausch gegen Schutz anzubieten.
>
> *„Ich habe große Angst, aber es hilft mir, dass ich wegen meiner Kinder auswandern muss. Meine ganze Familie braucht vor allem viel Hilfe."*
> — 21-jährige Frau aus El Salvador bei ihrem ersten Versuch, die Grenze zu überwinden.
>
> *„Ich habe kein Geld. Das bisschen, das ich bei mir hatte, hat man mir gestohlen. Ich bin angegriffen worden und man hat mir das Geld und meine Papiere weggenommen."*
> — 24-jährige Frau aus Honduras bei ihrem zweiten Versuch, die Grenze zu überwinden.
>
> Aus Sorge, das HI-Virus könnte sich unter den Migrantinnen immer weiter ausbreiten und angesichts der Notwendigkeit von Präventionsmaßnahmen für die lokale Bevölkerung hat sich UNFPA mit den NRO *EDUCAVIDA* und *La Casa del Migrante* (Haus des Migranten) zu einer Initiative zusammengefunden, die von der Organisation Erdöl exportierender Länder (OPEC) finanziert wird. *La Casa del Migrante* wird von einem Orden der katholischen Kirche betrieben und bietet Migrantinnen drei Tage Obdach, während sie auf Geld warten, das ihnen die Weiterreise Richtung Norden ermöglichen soll. Dadurch erhalten Helfer Gelegenheit, das Problembewusstsein bezüglich HIV/Aids zu schärfen. Von August bis Dezember 2005 gingen 32.597 Migranten (darunter 2.484 Prostituierte) durch die Türen der Einrichtung. Angeboten werden unter anderem Bildungsveranstaltungen über HIV-Prävention, freiwillige Beratung und Tests, die Verteilung von Kondomen, die Behandlung von sexuell übertragbarer Krankheiten und medizinische Versorgung – auch für schwangere Frauen. Mit den Präventionsmaßnahmen wird auch die ortsansässige Bevölkerung erreicht, indem Gemeindevorsteher und Organisationen vor Ort den Kampf gegen HIV/Aids nun an vorderster Front unterstützen.¹

Informationen und Dienstleistungen der reproduktiven Gesundheit (siehe **Kasten 10**).

HOFFNUNG BRINGEN, GESUNDHEITSFÜRSORGE AUSWEITEN
Immer mehr Staaten bemühen sich um die Verbesserung der reproduktiven Gesundheit von Migrantinnen. Nach dem Tsunami im Jahr 2004 stellten Wissenschaftler in einer Studie fest, dass jede vierte Entbindung bei Einwanderinnen aus Myanmar in zwei Provinzen Thailands ohne ausgebildete Geburtshelfer stattfand. 55 Prozent aller Neugeborenen waren nicht geimpft worden, und nur die Hälfte der verheirateten Frauen nutzten eine Form der Familienplanung. In der Umfrage wurde außerdem festgestellt, dass 50 Prozent aller befragten Erwachsenen keine grundlegenden Kenntnisse über HIV hatten – obwohl relativ viele unverheiratete Männer angaben (30 Prozent), mit Prostituierten zu schlafen und dabei nicht immer Kondome zu benutzen. Die Hilfsorganisation *World Vision* erweiterte deshalb mit Unterstützung von UNFPA vor kurzem ein Programm für Immigranten-Gemeinschaften. Es wurden mobile Gesundheitskliniken eingerichtet, eine Kampagne zur Gesundheitsbildung gestartet und burmesisch sprechendes medizinisches Personal eingestellt.[150]

Im Lauf der Zeit haben auch Australien, Kanada und Schweden auf breiter Basis politische Strategien entwickelt, die helfen sollen, kulturelle und sprachliche Barrieren zu überwinden. Dabei handelt es sich nicht nur um Maßnahmen zur Ausbildung und Anwerbung von kulturell angepassten Dienstleistern, sondern auch um die Förderung der sozialen und politischen Integration von Einwanderern und Flüchtlingen. Der Ansatz hat sich als wirksam erwiesen. Untersuchungen zeigten, dass sich der Gesundheitszustand von Schwangeren und deren Kindern in der Gruppe der Migrantinnen dem unter einheimischen Frauen anglich.[151]

MIGRANTINNEN UND HIV

Über HIV-Infektionsraten unter internationalen Migranten gibt es nur wenig Datenmaterial. Die alarmierende „Feminisierung" der Pandemie ist jedoch gut dokumentiert. Sie zeigt, was passieren kann, wenn die Rechte von Frauen ignoriert werden.

Physiologische, soziale und kulturelle Faktoren führen für Migrantinnen zu einem besonders hohen Risiko, sich mit HIV und anderen sexuell übertragbaren Infektionskrankheiten (STIs) zu infizieren. Migrantinnen ohne Papiere, die auf dem Weg in ihr Zielland in einem Transitland stranden und nicht in der Lage sind zu arbeiten, können zum *survival sex* gezwungen sein: zu Sex im Austausch gegen Lebensmittel oder Waren des täglichen Bedarfs. Dies erhöht die Wahrscheinlichkeit einer Infektion.[152]

Noch stärker gefährdet sind Migrantinnen durch sexuelle Gewalt: In einer südafrikanischen Untersuchung wurde festgestellt, dass eingewanderte Feldarbeiterinnen aus Mosambik und Simbabwe aufgrund sexueller Gewalt besonders anfällig für HIV-Infektionen sind. Etwa 15 Prozent der Befragten berichteten, sie seien vergewaltigt worden oder wüssten von einer Frau, die bei der Feldarbeit vergewaltigt oder sexuell belästigt wurde. Die meisten wollten die Tat aus Angst um ihren Arbeitsplatz nicht anzeigen. Die Befragten gaben an, die meisten Täter seien Simbabwer.[153]

Die Gefährdung von Migrantinnen wird auch in einigen düsteren Statistiken deutlich. Zahlen von UNAIDS, dem UN-Programm gegen HIV/Aids, zufolge wurden in Frankreich 69 Prozent aller positiven HIV-Diagnosen aus dem Jahr 2003, die auf heterosexuelle Kontakte zurückzuführen sind, bei Einwanderern festgestellt; 65 Prozent von ihnen waren Frauen.[154] In Costa Rica stellte eine Organisation, die Gesundheitsdienstleistungen anbietet, fest, dass 40 Prozent der wegen sexuell übertragbarer Infektionskrankheiten behandelten Frauen Migrantinnen waren.[155] In Sri Lanka berichtete die Regierung, im Jahr 2002 kamen auf jeden männlichen Migranten mit positivem Testergebnis sieben Migrantinnen. Obwohl die Ursachen des stark erhöhten Infektionsrisikos von Migrantinnen bislang nicht sicher festgestellt werden konnten, gehen Wissenschaftler davon aus, dass sexueller Missbrauch durch Arbeitgeber und Ausbeutung in so genannten „Zufluchtsorten" für Hausangestellte dazu beitragen könnten.[156] Um das Infektionsrisiko zu minimieren, bietet die Regierung (mit Unterstützung durch UNAIDS und die WHO) Orientierungskurse zur Aufklärung über HIV/Aids an, die sich an Migrantinnen richten und bereits vor deren Ausreise stattfinden.[157]

Saisonbedingte und zirkuläre Migration, bei der die Migranten ihre Heimat verlassen und nach einiger Zeit wieder zurückkommen, kann ebenfalls die Ausbreitung der Immunschwächekrankheit fördern.[158] Eine Untersuchung im Senegal ergab, dass Migranten im Ausland ungeschützten Sex praktizieren und dann nach der Rückkehr ihre Ehefrauen infizieren. Frauen wiederum, die von ihren ausgewanderten Ehemännern nicht angemessen unterstützt werden, wenden sich der Prostitution zu, während ihre Männer im Ausland sind.[159]

Infizieren sich männliche Migranten mit HIV, bleiben deren Rücküberweisungen oft aus – entweder weil sie ihren Job verlieren oder weil sie einen höheren Anteil ihres Einkommens für die Gesundheitsversorgung ausgeben müssen. UNAIDS zufolge wenden sich Frauen dann oft dem gewerbsmäßigen Sexgeschäft zu oder wandern selbst aus, um die niedrigen Rücküberweisungen zu kompensieren und für Familienmitglieder zu sorgen.[160] Botswana, ein Land mit einer der höchsten HIV-Infektionsraten der Welt (33,5 Prozent), registriert momentan geringere Rücküberweisungen von Ehemännern mit Aids-bedingten Erkrankungen. Den – meist alten – Frauen bleibt dann nichts anderes übrig, als die Sorge für die verwaisten Kinder zu übernehmen.[161]

GEWALT GEGEN FRAUEN UND GESUNDHEITSSCHÄDLICHE PRAKTIKEN

Geschlechtsspezifische Gewalt ist die schlimmste Ausprägung ungleicher Beziehungen zwischen Männern und Frauen. Entsprechend ihrer Stellung als Frauen und als Ausländerinnen (zusätzlich zu ihrer ethnischen Zugehörigkeit) sind Frauen zu Hause, auf der Straße und am

> *Geschlechtsspezifische Gewalt ist nicht nur ein Verstoß gegen die Menschenrechte. Sie bedroht auch die Gesundheit, die Produktivität sowie die soziale und wirtschaftliche Integration im Gastland.*

Arbeitsplatz überproportionalen Risiken körperlicher Misshandlung und Gewalt ausgesetzt. Das Problem greift so tief, dass der Generalsekretär der Vereinten Nationen heute Berichte veröffentlicht, die sich ausschließlich mit diesem Thema beschäftigen.[162]

Geschlechtsspezifische Gewalt ist nicht nur eine Menschenrechtsverletzung, sondern bedroht auch die Gesundheit, die Produktivität sowie die soziale und wirtschaftliche Integration in die Gesellschaft des Gastlandes. Manche Einwanderer kommen auch aus Kulturen, in denen schädliche Praktiken wie die weibliche Genitalverstümmelung, Zwangsheirat und so genannte „Ehrenmorde" praktiziert werden.

Migrantinnen mit Kindern, die von ihren Ehepartnern abhängig sind, sehen sich oft gezwungen, sich zwischen ihrer persönlichen Sicherheit und der Aufrechterhaltung ihres Rechtsstatus zu entscheiden.

Es besteht zwar ein deutlicher Mangel an Daten über Gewalt gegen Migrantinnen, doch zeigen Untersuchungen in kleinerem Rahmen, dass Misshandlungen sehr häufig vorkommen (siehe auch **Kapitel 3**). Kürzlich ergab eine Studie in Mexiko, dass 46 Prozent aller Migrantinnen Opfer irgendeiner Form von Gewalt geworden waren. 23 Prozent der Frauen nannten Zollbeamte als häufigste Täter. Dem folgten die Bundespolizei, Beschäftigte bei den Gerichten und der städtischen Polizei mit jeweils zehn Prozent und schließlich die Armee mit sechs Prozent der berichteten Übergriffe.[163] Das Arbeitsamt von Sri Lanka meldete im Jahr 2001, mehr als 1.600 Frauen hätten von Schikanen an ihren Arbeitsplätzen im Ausland berichtet.[164]

WENN DAS ZU HAUSE DORT IST, WO DER SCHMERZ IST

Häusliche Gewalt kennt keine Grenzen. Sie durchdringt weltweit jede Gesellschaft, jede Gruppe und jedes Einkommensniveau: Zwischen zehn und 69 Prozent der Frauen in den einzelnen Ländern sind Opfer häuslicher Gewalt.[165] Die Belastungen durch den Umzug in eine neue Umgebung, durch Arbeitslosigkeit, unzureichende Löhne und Rassismus kann zu Frustrationen führen, die dann in die Misshandlung der Partnerin münden.[166]

In einer Umfrage berichteten 31 Prozent der misshandelten Einwanderinnen aus Lateinamerika von verstärkter Gewalt durch ihre Partner seit dem Umzug in die USA, und neun Prozent gaben an, die Misshandlung habe erst nach der Migration begonnen.[167] Untersuchungen legen nahe, dass häusliche Gewalt unter Einwanderern deutlich häufiger ist als in der allgemeinen US-amerikanischen Bevölkerung.[168] Zwischen 30 und 50 Prozent der befragten Immigrantinnen aus Lateinamerika, Südasien und Korea gaben an, Opfer sexueller und körperlicher Misshandlungen zu sein.[169] Eine Studie über hoch qualifizierte Frauen südasiatischer Herkunft aus der Mittelschicht Bostons ergab, dass fast 35 Prozent von ihnen körperliche Gewalt und 19 Prozent sexuellen Missbrauch durch ihren Lebenspartner erlitten hatten.[170] Und in einem Gesundheitsbericht der Stadt New York heißt es, 51 Prozent aller Frauenmorde werden vom Lebensgefährten ausländischer Frauen begangen – verglichen mit 45 Prozent unter der einheimischen Bevölkerung.[171] In Deutschland stellte sich durch eine Untersuchung der Bundesregierung heraus, dass 49 Prozent der verheirateten türkischen Frauen Opfer körperlicher oder sexueller Gewalt waren.[172]

Migrantinnen, die aus Gesellschaften stammen, in denen häusliche Misshandlung weitgehend als „normaler" Aspekt der Geschlechterbeziehungen hingenommen wird, suchen selten Hilfe bei der Polizei oder anderen Helfern – besonders wenn sie sich vor Ausweisung oder Vergeltungsaktionen der Täter fürchten. Daten über häusliche Gewalt in Kolumbien, Nicaragua und Peru bestätigten, dass Migrantinnen im Vergleich zu den einheimischen Frauen seltener Hilfe bei der Polizei und Gesundheitsdiensten suchen. Keine Frau, die angab, misshandelt worden zu sein, bemühte sich um medizinische Betreuung welcher Art auch immer.[173] Ein ähnliches Ergebnis erbrachte eine landesweite repräsentative Umfrage in Kanada. Es stellte sich heraus, dass Einwanderinnen und Frauen, denen man ihre Zugehörigkeit zu einer Minderheit äußerlich ansieht (von denen wiederum 68 Prozent Einwanderinnen sind) und die angaben, misshandelt worden zu sein, seltener Hilfe in Anspruch nahmen als die übrige Bevölkerung.[174] Andere Faktoren wie zum Beispiel kulturelle, sprachliche und soziale Isolation verhindern zusätzlich, dass Migrantinnen um Hilfe bitten – oft sogar dort, wo sozialer Schutz und Rechtshilfe vorhanden sind. Dies ist besonders dann der Fall, wenn sie ihre Rechte nicht kennen. Untersuchungen in den USA zeigen, dass Einwanderinnen tendenziell länger in von Gewalt geprägten Beziehungen verharren als einheimische Amerikanerinnen und deshalb schwerere körperliche und emotionale Folgeschäden erleiden.[175]

Frauen mit Kindern, die bei der Migration von ihren Ehepartnern abhängig sind, sehen sich oft gezwungen, sich zwischen ihrer persönlichen Sicherheit und der Aufrechterhaltung ihres Rechtsstatus zu entscheiden. Die USA haben ihre Gesetzgebung dahingehend ergänzt, dass der Rechtsstatus von Migrantinnen, die Opfer häuslicher Gewalt geworden sind, unabhängig von ihrem Partner erhalten bleibt.[176] Schweden gewährt Einwanderinnen, die von ihrem schwedischen Partner misshandelt werden, ein dauerhaftes Aufenthaltsrecht. Im Jahr 2003 wurden 99 Prozent der Anträge von Opfern häuslicher Gewalt auf eine Aufenthaltserlaubnis genehmigt.[177]

Aserbaidschan, Belize, El Salvador, Indonesien und Jamaika berichten von Weiterbildungsmaßnahmen für Staatsbeamte, Polizeibeamte, Sozialarbeiter, Gemeindevorsteher und andere Funktionsträger, um das Problem der Gewalt gegen Arbeitsmigrantinnen wirkungsvoller zu bekämpfen.[178] Auch Nichtregierungsorganisationen (NRO) in Ländern, in denen viele Einwanderer leben, bemühen sich, besser auf die verschiedenen Bedürfnisse der weiblichen Opfer häuslicher Gewalt einzugehen. Ein Beispiel dafür ist die Organisation MOSAIC in Vancouver, die sowohl mit Männern als auch mit Frauen daran arbeitet, Misshandlungen zu verhindern und die mentalen, physischen und psychischen Bedürfnisse weiblicher Opfer zu thematisieren. Die Organisation bietet auch Kleingruppentreffen in den Sprachen Hindi, Punjabi, Urdu und Englisch für männliche Migranten indischer und pakistanischer Herkunft an, um ihnen dabei zu helfen, die Verantwortung für ihr Verhalten zu übernehmen und die Misshandlungen einzustellen.[179]

WEIBLICHE GENITALVERSTÜMMELUNG

Fast zwei Millionen Frauen und Mädchen werden jedes Jahr Opfer der weiblichen Genitalverstümmelung (FGM). Es handelt sich um eine traditionelle Praxis, bei der die äußeren Genitalien der Frauen teilweise oder ganz entfernt werden. Ausgehend von 28 Ländern in Afrika und weiteren Ländern in Südasien und dem Nahen Osten hat sich FGM durch die Migration weiter nach Europa, Nord- und Südamerika, Australien und Neuseeland verbreitet.[180] Allein in Großbritannien werden Schätzungen zufolge jedes Jahr annähernd 3.000 bis 4.000 Mädchen „beschnitten". Dazu kommen noch einmal 86.000 Frauen und Mädchen der ersten Einwanderergeneration, die diese Prozedur bereits hinter sich haben."[181] Laut der US-amerikanischen Volkszählung aus dem Jahr 2000 kommen 881.300 afrikanische Zuwanderer aus Ländern, in denen FGM weit verbreitet ist. Flüchtlinge und Asylbewerber (deren Gesamtzahl im Jahr 2000 auf 50.000 geschätzt wurde) sind darin noch nicht eingerechnet. Viele von ihnen kommen aus Eritrea, Äthiopien, Somalia und dem Sudan, Ländern, deren FGM-Raten zu den höchsten der Welt gehören.[182] Weibliche Genitalverstümmelung ist eine Menschenrechtsverletzung, die kurz- und langfristige Störungen der körperlichen und psychischen Gesundheit zur Folge haben kann, darunter ein höheres Risiko für Schwangerschaftskomplikationen und Säuglingssterblichkeit.[183]

Politiker in Ländern, die Einwanderinnen aus FGM-Ländern aufnehmen, stehen vor der Herausforderung, kulturell angepasste Strategien zu entwickeln, die geeignet sind, diese Praxis zu unterbinden. Mindestens elf Industriestaaten haben bereits Gesetze erlassen, die FGM verbieten.[184] Viele Organisationen, wie die *British Medical Association*, das dänische Gesundheitssystem und dortige Hebammenschulen sind bestrebt, dafür zu sorgen, dass Gesundheitsdienstleister für die Betreuung von Frauen, die dieser Prozedur unterzogen wurden, gut ausgestattet sind.[185] Auch Belgien, Deutschland und Schweden haben medizinische Richtlinien erlassen.[186] Außerdem arbeiten NRO mit Einwanderinnen und deren Gemeinschaften, um das Recht auf körperliche Unversehrtheit zu schützen. Das in den USA ansässige *Sauti Yetu Center* für Afrikanerinnen fährt eine umfassende Strategie, die unter anderem kulturübergreifende Weiterbildungsmaßnahmen für Dienstleister und die Einrichtung eines Zentrums zur Dokumentation der Praxis in westlichen Ländern umfasst.[187]

VERBRECHEN IM NAMEN DER „EHRE"

Verbrechen, die im Namen von „Ehre" und „Leidenschaft" begangen werden, sind sozial sanktionierte Handlungsweisen, die es einem Mann erlauben, eine Verwandte oder Partnerin wegen vermutetem oder tatsächlichem „unmoralischen" Verhaltens – also eines Verhaltens, das gesellschaftlich so definiert ist, dass es „Schande" über die Familie bringt oder die Autorität des Mannes in Frage stellt – zu töten, zu vergewaltigen oder anderweitig zu misshandeln.

Im Jahr 2000 haben Staaten der ganzen Welt bei der ersten UN-Generalversammlung, die speziell diesem Thema gewidmet war, zum wiederholten Male bekräftigt, welche ungeheuerlichen Menschenrechtsverletzungen Verbrechen im Namen der „Ehre" und der „Leidenschaft" sind. Sie haben erneut ihre Entschlossenheit bekundet, gegen solche Verbrechen vorzugehen – wie dies in internationalen Menschenrechtsvereinbarungen niedergelegt ist.[188]

Im Jahr 2003 verabschiedete die parlamentarische Versammlung des Europarats eine Resolution, in der alle Mitgliedsstaaten aufgerufen werden, „das nationale Asyl- und Einwanderungsrecht dahin gehend zu ändern, dass gewährleistet wird, dass bei der Einwanderungspolitik anerkannt wird, dass eine Frau das Recht auf Aufenthaltsgenehmigung oder sogar auf Asyl hat, um Verbrechen wegen verletzter Ehre und der Gefahr einer Ausweisung oder Verschleppung zu entkommen, falls die akute Gefahr eines Verbrechens aus Gründen der Familienehre besteht oder bestanden hat". Außerdem werden die Mitgliedsstaaten aufgerufen, unter anderem „die Gesetze zur strafrechtlichen Verfolgung aller im Namen der verletzten Ehre begangenen Verbrechen" wirksamer durchzusetzen.[189]

In Großbritannien führt die Polizei eine Neuuntersuchung von Berichten über 117 Morde aus der Vergangenheit durch, um festzustellen, welche davon im Namen der „Ehre" begangen wurden.[190] Die schwedische Regierung bezieht den Bildungssektor, die staatlichen Behörden, Orientierungskurse für Einwanderer und NRO in die Präventionsmaßnahmen ein. In den Berichten aus den schwedischen Regionen wurde festgestellt, dass sich im Jahr 2001 in jedem der drei Verwaltungsbezirke mindestens 200 Mädchen an soziale Dienste, andere Behörden oder NRO gewandt und um Hilfe zum Schutz gegen Gewalt im Namen der Ehre nachgesucht hatten.[191]

* * *

Regierungen, Parlamentarier, Organisationen der Zivilgesellschaft, die Medien und die Vereinten Nationen richten ihre Aufmerksamkeit in zunehmendem Maße auf die sozialen, kulturellen, wirtschaftlichen und politischen Implikationen der internationalen Frauenmigration. Der wachsende – wenngleich noch immer begrenzte – Fundus an Daten und Forschungsergebnissen macht es möglich, die große Bedeutung und das bislang noch wenig erforschte Potenzial von Migrantinnen zu erfassen, das zur sozialen und wirtschaftlichen Entwicklung und zur Gleichberechtigung der Geschlechter beiträgt.

Migrantinnen leben mit hohem Risiko und stehen vor Hindernissen mit möglicherweise schwerwiegenden Auswirkungen, die in den schlimmsten Fällen ihr nacktes Überleben bedrohen. Doch die Migrationserfahrung, die sich für so viele Millionen Menschen als positiv erwiesen hat, muss nicht zwangsläufig gefährlich sein. Viele Risiken lassen sich durch konsequente Maßnahmen vermeiden, die darauf abzielen, die politische, wirtschaftliche und soziale Teilhabe von Migrantinnen zu fördern und ihre Menschenrechte zu schützen.

Es gibt weitere Herausforderungen, die immanenter Bestandteil der Migrationserfahrung sind. Sie verlangen nach einem größeren sozialen und kulturellen Verständnis und der Veränderung von Normen hinsichtlich der Rollenverteilung zwischen Männern und Frauen. Ein sich ausweitendes, internationales und kulturell angepasstes Gefüge zur Sicherung der Menschenrechte bietet hierfür immer bessere Möglichkeiten. Obwohl sie sich weitgehend noch im Aufbau befinden und nicht umfassend und weitreichend genug sind, bieten diese Bestrebungen Einsichten in die Art und Weise, wie Migrationsprozesse zum Vorteil von Frauen, Kindern, Familien und der globalen Gemeinschaft verbessert werden können.

3 Vom Traum zum Albtraum:
Frauenhandel und die Ausbeutung von Hausangestellten

Sylvias Abstieg in die finstere Welt des Menschenhandels begann, als ein Nachbar der 19-Jährigen sagte, er könne ihr einen Job als Verkäuferin in Moskau beschaffen. Sylvia (Name geändert) war arbeits- und mittellos. Sie musste ihre kleine Tochter allein versorgen, hatte weder einen Ehemann noch die Aussicht auf Arbeit in ihrer Heimatstadt Ungheni. Deshalb nahm die junge Mutter das Angebot an und machte sich auf den Weg in die moldawische Hauptstadt Chisinau. Dort traf sie zwei Männer, die ihre Weiterreise nach Moskau organisieren sollten. Damit begann für Sylvia ein Albtraum aus Schlägen, Vergewaltigung, Erniedrigung und Krankheit. Die junge Frau war in die Hände von Menschenhändlern geraten. Nach einiger Zeit wurde sie zusammen mit elf anderen Leidensgenossinnen nach Moskau geschafft und in die Abgründe der globalisierten Sexsklaverei gestoßen.

Obwohl es eher die Ausnahme als die Regel ist, erleiden hunderttausende Frauen und Mädchen jedes Jahr ein ähnliches Schicksal wie Sylvia. Während für viele Millionen Menschen auf der Welt die Migration der Schritt in eine bessere Zukunft ist, haben andere weniger Glück und geraten in einen Albtraum aus gnadenloser Ausbeutung und Missbrauch. Verkaufte Frauen und Hausangestellte sind die beiden Gruppen, die besonders stark unter gravierenden Menschenrechtsverletzungen und sklavenartigen Lebensumständen zu leiden haben.

Sylvia gehört zu den Opfern, die „Glück" gehabt haben. Sie hat die Qualen ihrer täglichen Ausbeutung hinter sich. Sie ist heute – über ein Jahr, nachdem sie in die Fänge der Menschenhändler geriet – wieder mit ihrem Kind zusammen. Sie lebt an einem geheimen Ort in einem von der IOM und UNFPA finanzierten „sicheren Haus". Dort wird sie psychologisch und medizinisch betreut und bereitet sich darauf vor, vor Gericht gegen ihre Peiniger auszusagen. Ob Sylvia, die unter den Folgen einer posttraumatischen Störung – ein Zustand, der mit massiven Schlafstörungen und ebenso unerklärlichen wie immer wiederkehrenden Zitter-Anfällen einhergeht – leidet, jemals wieder ein „normales" Leben wird führen können, ist ungewiss. Und das quält sie ebenso sehr wie die Erinnerungen an all die Dinge, die sie durchmachen musste.

Warum will Sylvia, dass über ihre Geschichte berichtet wird? „Früher dachte ich, die ganzen Geschichten über entführte Mädchen wären erfunden, eine Abschreckungs-

Ein 16-jähriges Mädchen, das Menschenhändlern in die Hände gefallen war.
© Mikkel Ostergaard/Panos Pictures

taktik", sagt sie. „Aber inzwischen weiß ich es besser, und ich will anderen helfen zu erkennen, dass diese Geschichten wahr sind und jedem zustoßen können."

Der Handel mit Menschen

Da der Menschenhandel im Untergrund stattfindet, sind die darüber vorliegenden Daten ungenau und nur schwer zu bewerten. Nach Schätzungen der ILO werden derzeit mindestens 2,45 Millionen Opfer des Menschenhandels unter menschenverachtenden Bedingungen ausgebeutet und alljährlich weitere 1,2 Millionen Menschen entweder innerhalb eines Landes oder über die Landesgrenzen verschleppt.[1] Das US-amerikanische Außenministerium geht von ähnlich hohen Zahlen aus. Es schätzt, dass jedes Jahr zwischen 600.000 und 800.000 Frauen, Männer und Kinder über internationale Grenzen verschleppt werden – die meisten davon zum Zwecke der sexuellen Ausbeutung.[2] Die große Mehrheit davon – bis zu 80 Prozent – sind Frauen und Mädchen. Etwa die Hälfte der Opfer sind Kinder.

Frauen werden für gewöhnlich zur Prostitution oder Sexsklaverei, zu einer arrangierten Ehe, zu typisch „weiblichen" Tätigkeiten in Haushalten und der Landwirtschaft oder zur Arbeit in Sweatshops gezwungen. Nach dem Drogen- und dem Waffenschmuggel rangiert der Menschenhandel an dritter Stelle der lukrativsten illegalen Geschäfte und stellt eine wichtige Einnahmequelle des organisierten Verbrechens dar.[3] Der Jahresumsatz der „Branche" wird mit sieben bis zwölf Milliarden US-Dollar veranschlagt, wobei es schwierig ist, Zahlen zu erheben.[4] Zudem bezieht sich diese Angabe auch nur auf die Profite aus dem ersten Verkauf der Betroffenen. Sind die Opfer erst einmal in ihrem Zielland, schätzt die ILO, dass die Menschhändler nochmals 32 Milliarden US-Dollar einnehmen – die Hälfte davon in Industrieländern und ein Drittel in Asien.[5]

Die illegalen Geschäfte stellen die dunkle „Kehrseite" der Globalisierung dar.[6] Die Öffnung der nationalen Grenzen und der Märkte hat nicht nur die internationalen Waren-, Arbeits- und Kapitalflüsse anschwellen lassen, sondern auch zur Globalisierung der organisierten Kriminalität geführt. Bessere Informationstechnologien und Transportmöglichkeiten erlauben den transnationalen Syndikaten Operationen auf einem ganz neuen Niveau. Die Mehrheit der Opfer sind Migranten auf der Suche nach einem besseren Leben, die sich von der Aussicht auf einen guten Job in die Falle locken lassen.[7] Die immer striktere Einwande-

---

12 NEUZEITLICHE SKLAVEREI

Die Sklaverei wird bereits seit 1815 von der wegweisenden Wiener Deklaration zur Abschaffung des Sklavenhandels geächtet.[1] Sklaverei ist ein Menschenrechtsverbrechen, zu dem Zwangsarbeit, Leibeigenschaft (Zwangsarbeit auf dem Land eines Leibherren)[2], Schuldknechtschaft,[3] Menschenhandel, Zwangsprostitution, sexuelle Sklaverei, Zwangsehen, der Verkauf von Ehefrauen und Kinderarbeit zählen. Zwangsarbeit[4] – Arbeit, die gegen den eigenen Willen und unter Strafandrohung geleistet wird – findet sich in der einen oder anderen Form auf allen Kontinenten und schließt Schuldknechtschaft in Südasien und Lateinamerika (von der größtenteils autochthone Völker betroffen sind) sowie traditionelle Formen der Sklaverei in Teilen Afrikas mit ein.[5]

Im Jahr 2004 beklagte die parlamentarische Versammlung des Europarats den Umstand, dass es auch heute noch, im 21. Jahrhundert, Sklaverei in Europa gibt, und legte eine Konvention über den Menschenhandel vor. Darin wird unter anderem festgestellt: „Sklaven sind vorwiegend Frauen, die als Haushaltshilfen, Aupair-Mädchen oder „Katalogbräute" ins Land gekommen sind und normalerweise in Privathaushalten arbeiten." Alle Mitgliedsländer werden dazu aufgerufen, die Verantwortlichen für Sklaverei jedweder Form zu kriminalisieren und strafrechtlich zu verfolgen. „Zumindest" sollen sie in Erwägung ziehen, misshandelten Haushaltshilfen befristete Aufenthaltsgenehmigungen zu erteilen und sie bei Anzeigen gegen Übergriffe der Ehemänner oder Arbeitgeber zu unterstützen.

Darüber hinaus wird die Verabschiedung einer Charta der Rechte von Hausangestellten gefordert.[6] Laut Angaben der ILO werden Arbeitsmigrantinnen häufig mit Angeboten für Haushaltsjobs angelockt, um dann in Schuldknechtschaft gefangen gehalten oder als Sexsklavinnen verkauft zu werden. Manche Frauen werden auch unter dem Vorwand der Eheschließung oder im Rahmen von ursprünglich zur Förderung des kulturellen Austausches gegründeten Aupair-Programmen ins Land geholt.[7]

Zwangsarbeit lässt sich grob in zwei Kategorien unterteilen: in erzwungene wirtschaftliche Ausbeutung und in kommerzielle sexuelle Ausbeutung. Bei der Mehrheit der rund 12,3 Millionen Menschen, die weltweit zur Arbeit gezwungen werden, handelt es sich um Frauen und Mädchen. Laut ILO sind 56 Prozent der Menschen, die in wirtschaftliche Ausbeutung gezwungen werden, und 98 Prozent von denen, die sexuell ausgebeutet werden, Frauen.[8]

rungspolitik vieler Länder begrenzt die Möglichkeiten zur legalen Einreise, was mehr und mehr Auswanderungswillige dazu veranlasst, sich unwissentlich in die Hände von Menschenhändlern zu begeben.[8]

Obwohl sich der Menschenhandel deutlich von anderen Formen der Migration unterscheidet, weist er erhebliche Überschneidungen sowohl mit den Bereichen der regulären als auch mit denen der irregulären Migration auf.[9] Eine Katalogbraut, die auf legalem Wege in ein Land einreist, kann beispielsweise nach ihrer Ankunft zur Arbeit gezwungen werden, illegal eingereiste Haushaltshilfen können zur Prostitution genötigt werden. Auch zwischen dem Schleusergeschäft und dem Menschenhandel gibt es Überschneidungen. Im Gegensatz zu Ersterem spielen beim Menschenhandel Zwang oder Täuschung eine Rolle, während die Beziehung zwischen Migranten und Schleusern auf einer gegenseitigen Übereinkunft basiert und mit der Ankunft am Zielort endet. In der Praxis sind die Grenzen allerdings fließend und es gibt Fälle, die Elemente von beidem enthalten.[10]

EIN GLOBALES PHÄNOMEN

Der Menschenhandel ist ein globales Phänomen, das von der Nachfrage angetrieben und von Armut und Arbeitslosigkeit gespeist wird. Viele der späteren Opfer von Menschenhändlern melden sich auf Anzeigen, in denen Babysitter, Models, Friseurinnen, Tänzerinnen oder Kellnerinnen gesucht werden, wobei nicht selten Freunde oder gar Verwandte als Anwerber auftreten. Laut Untersuchungen in Serbien und Montenegro sind die Anwerber dort in 64 Prozent aller Fälle Bekannte.[11] Kriminelle Netzwerke, die häufig mit korrupten Zollbeamten zusammenarbeiten, kümmern sich um die notwendigen Dokumente und nehmen den Opfern nach ihrer Ankunft die Pässe weg. Die meisten Frauen werden dann in die Prostitution gezwungen, um ihre „Schulden" abzubezahlen. Um den Willen der Opfer zu brechen und sie gefügig zu machen, werden sie in vielen Fällen von den Tätern vergewaltigt, isoliert und/oder unter Drogen gesetzt.[12]

Mit jährlich 225.000 beziehungsweise 150.000 Betroffenen sind Südost- und Südasien weltweit am stärksten vom internationalen Menschenhandel betroffen. Aus der ehemaligen Sowjetunion und dem früheren Osteuropa werden nach Schätzungen des US-Außenministeriums jährlich 100.000 beziehungsweise 75.000 Menschen verschleppt – in Afrika ereilt weitere 50.000 dieses Schicksal. Für Lateinamerika und die Karibik veranschlagt das US-amerikanische Außenministerium die Zahl der von Menschenhändlern außer Landes gebrachten Menschen auf rund 100.000.[13]

In Asien stammten die meisten verschleppten Frauen aus der Region selbst.[14] Die *Greater Mekong Subregion* (China, Burma, Laos, Thailand, Kambodscha, Vietnam) sowie Indonesien gelten als die Zentren des Frauenhandels.[15] Thailand dient sowohl als Zielland als auch als Ursprungs- und Transitland des Menschenhandels für andere asiatische Länder, Australien, die USA und Europa.[16] Indien und Pakistan sind nicht nur wichtige Zielländer für verkaufte Frauen und Mädchen, durch sie verlaufen auch bedeutende Transitrouten in den Nahen und Mittleren Osten.[17] In Südasien, wo Kinderarbeit und die Ausbeutung von Mädchen als Haushaltshilfen weit verbreitet sind, stellt der Kinderhandel ein großes Problem dar.[18]

Obwohl die Opfer aus allen Teilen der Welt kommen, stammen in Europa die meisten aus Osteuropa und es deutet alles darauf hin, dass sich dieser Trend weiter verstärkt.[19] Seit dem EU-Beitritt Litauens im Jahr 2004 registrieren Experten einen spürbaren Anstieg der Zahl der aus dem Land geschleusten Frauen. Die IOM geht davon aus, dass pro Jahr rund 2.000 litauische Frauen und Mädchen aus den armen und ungebildeten Bevölkerungsschichten außer Landes geschafft und in die Prostitution gezwungen werden.[20] Auch Deutschland und die Niederlande haben in den letzten Jahren eine höhere Anzahl von Opfern aus Litauen registriert.[21]

Die Türkei ist nach Angaben der IOM zu einem der größten „Märkte" für Frauen geworden, die aus den angrenzenden ehemaligen Sowjetrepubliken verschleppt wurden. Allein im Jahr 2005 sollen die dort aktiven Verbrechenssyndikate schätzungsweise bis zu 3,6 Milliarden US-Dollar am Frauenhandel verdient haben. Von den 2005 offiziell registrierten Opfern des Sexhandels in der Türkei stammten 60 Prozent aus Moldawien und der Ukraine, und über die Hälfte waren zwischen 18 und 24 Jahre alt. Vor diesem Hintergrund hat die türkische Regierung schärfere Maßnahmen im Kampf gegen den Menschenhandel beschlossen.[22]

In Südosteuropa dagegen scheint der Menschenhandel zurückzugehen – oder findet zumindest weniger sichtbar statt. Das Beispiel Bosnien-Herzegowina steht stellvertretend für die sich abzeichnenden Trends und die notorischen Probleme, mit denen der Kampf gegen den Menschen-

Abbildung 6: Herkunftsländer nach Ausmaß der gemeldeten Fälle von Menschenhandel

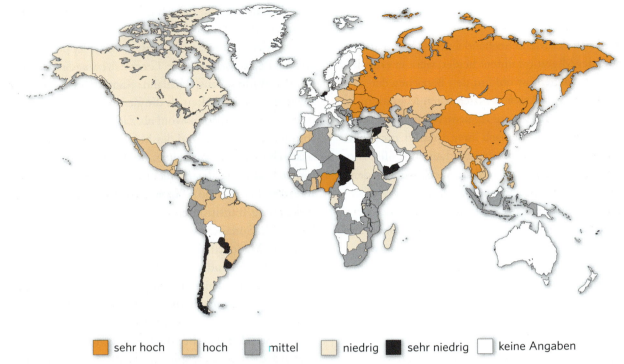

Quelle: Büro der Vereinten Nationen für Suchtstoff- und Verbrechensbekämpfung (UNODC). 2006. *Trafficking in Persons: Global Patterns*, S. 38.

Abbildung 7: Zielländer nach Ausmaß der gemeldeten Fälle von Menschenhandel

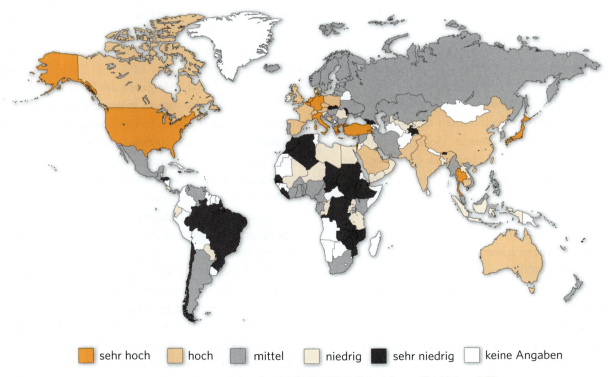

Quelle: Büro der Vereinten Nationen für Suchtstoff- und Verbrechensbekämpfung (UNODC). 2006. *Trafficking in Persons: Global Patterns*, S. 39.

handel zu tun hat. Laut Angaben des UN-Sonderberichterstatters für den Menschenhandel mit Frauen und Kindern, hat sich der Menschenhandel in Bosnien-Herzegowina 2005 „seinem Ausmaß und seiner Natur" nach verändert: Die Menschenhändler haben ihre Arbeitsweise an die von der Regierung verfolgte Politik zur Bekämpfung des Handels angepasst.[23] Nach groß angelegten Polizeirazzien haben sich die kriminellen Netzwerke weiter in den Untergrund und aus Nachtclubs in Privatwohnungen zurückgezogen. Auch die Zahl der verschleppten Frauen, die sich bei den Behörden melden, ist zurückgegangen. Doch ob dahinter ein Rückgang des Menschenhandels steht, lässt sich nur schwer sagen, da manche Frauen aus Angst vor einer Deportation schweigen und wieder andere zögern, mit der Polizei zu sprechen, die gelegentlich selbst beschuldigt wird, die Dienste der Frauen in Anspruch zu nehmen.

Ein weiterer Brennpunkt des Menschenhandels und der Sklaverei ist das südliche Afrika und insbesondere Südafrika, in das Frauen und Kinder aus Osteuropa, Malawi, Mosambik, China und Thailand verschleppt werden. Laut einer im Jahr 2005 von der IOM in Südafrika durchgeführten Untersuchung werden weiterhin Frauen aus Maputo und ländlichen Gebieten Mosambiks ins Land gebracht und „als unbezahlte Sexpartner und Haushaltssklaven" an die Arbeiter in den Goldgruben verkauft.[24] In Westafrika betrifft der Menschenhandel vor allem Mädchen, die als Haushaltssklaven verkauft werden. Darüber hinaus sind, wie die ILO anmerkt, mehrere bewaffnete Gruppen auch im Kinderhandel aktiv.[25] In Äthiopien betreiben viele Menschenhändler Kleinunternehmen wie Reiseagenturen und Import-Export-Firmen – Aktivitäten, die häufige Reisen in den Nahen Osten erfordern.[26]

In Lateinamerika und der Karibik stammen die meisten verschleppten Frauen aus Brasilien, Kolumbien, der Dominikanischen Republik, Guatemala und Mexiko. Sie werden in die sexuelle Ausbeutung nach Nordamerika, Westeuropa und in andere Länder der Region verkauft.[27] Man schätzt, dass bis zu 70.000 – zumeist von Menschenhändlern verschleppte – Brasilianerinnen als Prostituierte in anderen südamerikanischen Ländern und in weit entfernten Ländern wie Spanien und Japan arbeiten.[28] Kinder aus der Region werden als Sexsklaven verkauft, als Kuriere im Drogenhandel missbraucht oder als Haushaltshilfen ausgebeutet.[29]

Die in die USA geschmuggelten Opfer des Menschenhandels stammen aus nicht weniger als 50 Ländern und werden – von Textilfabriken in den Außenbezirken von Los Angeles über Bordelle in San Fransisco, Bars in New Jersey und Sklavenfarmen in Florida – in die unterschiedlichsten Branchen verkauft.[30] Nach Aussage der US-Behörden werden jedes Jahr zwischen 14.500 und 17.500 Menschen zum Zweck der Ausbeutung ins Land geschmuggelt.[31]

MENSCHENHANDEL: EIN VERSTOSS GEGEN DIE MENSCHENRECHTE

Unter internationalem Recht gelten die Menschenrechte – das Recht auf Leben, Sicherheit und Freiheit, das Recht darauf, nicht zum Zweck einer Eheschließung verkauft zu werden – und das Verbot von Sklaverei, Folter, unmenschlicher oder erniedrigender Behandlung und Kinderarbeit für alle Menschen innerhalb der Grenzen eines Landes, unabhängig von ihrem rechtlichen Status oder nationalen Herkunft. Über die zahlreichen internationalen und regionalen Konventionen und Abkommen hinaus, die den Handel mit und die Versklavung von Menschen verbieten, hat der Menschenhandel eigene spezifische Menschenrechtsverträge und Prinzipien nach sich gezogen.

Das in Ergänzung zum Übereinkommen der Vereinten Nationen gegen die grenzüberschreitende organisierte Kriminalität im Jahr 2003 verabschiedete Zusatzprotokoll zur Verhütung, Bekämpfung und Bestrafung des Menschenhandels, insbesondere des Handels mit Frauen und Kindern, ist das wichtigste internationale Rechtsinstrument in diesem Bereich.[32] Das Protokoll schließt neben dem Menschenhandel zum Zweck der Zwangsprostitution auch neue Varianten wie die erzwungene Haushaltsarbeit und den Verkauf zum Zweck der Eheschließung mit ein. Hauptanliegen des Protokolls sind

> *„Ich habe die Geschichten über Frauen gehört, die wie ein Stück Vieh gekauft und verkauft wurden, aber ich habe sie nicht geglaubt – und nicht im Traum daran gedacht, dass es mir selbst einmal so ergehen würde."*
>
> — Rumänin, ehemaliges Opfer der Sexsklaverei.

die „Verhinderung und Bekämpfung des Menschenhandels unter besonderer Berücksichtigung von Frauen und Kindern", der Schutz von und Beistand für Opfer, die Bestrafung der Täter und die Förderung der internationalen Zusammenarbeit. Alle 97 Staaten, die das UN-Protokoll zum Menschenhandel bisher unterzeichnet haben, sind verpflichtet, den Menschenhandel als Straftat zu verfolgen.[33] Die im Jahr 2005 verabschiedete Konvention des Europarats gegen Menschenhandel[34] ist das jüngste regionale Abkommen, deckt alle Formen des Menschenhandels ab (auch die innerhalb der Grenzen eines Landes) und sieht die Errichtung eines Überwachungssystems vor. Daran sollen sowohl Vertreter der Ministerien beteiligt werden als auch unabhängige Experten, die für die Bewertung der Umsetzung und die Ausarbeitung von Verbesserungsempfehlungen verantwortlich sind.[35]

Seit den 1980er Jahren hat die gegen den Menschenhandel gerichtete internationale Politik an Bedeutung gewonnen, unter anderem durch mehrere UN-Konferenzen, Menschenrechtsmechanismen und -berichte.[36] In jüngster Vergangenheit wurde die Entschlossenheit, den Handel mit Menschen zu beenden, auf mehreren Regierungsversammlungen auf höchster Ebene bekräftigt – unter anderem auf dem Treffen der Afrikanischen Union[37] im Jahr 2004 und auf dem Weltgipfel 2005 der Staats- und Regierungschefs der UN-Mitgliedsstaaten.[38]

STRAFVERFOLGUNG UND RÜCKFÜHRUNG

Opfer des Menschenhandels wagen aus Angst vor Bestrafung häufig nicht, mit den Behörden zu kooperieren. Zu den staatlichen Maßnahmen, die dem entgegenwirken können, gehören die Gewährung von „Bedenkzeiten" oder temporären Aufenthaltsgenehmigungen. Diese geben den Opfern Gelegenheit, sich zu erholen und ihre Optionen zu überdenken. Das UN-Protokoll zum Menschenhandel empfiehlt, den Opfern befristeten oder dauerhaften Aufenthalt zu gewähren. Darüber hinaus fordert es die Unterzeichner-Staaten auf, die Sicherheit der Opfer zu gewährleisten, ihre Privatsphäre und Identität zu schützen und folgende Leistungen für die Opfer „in Erwägung zu ziehen": Unterkunft, Rechtsinformationen und -beratungen in einer Sprache, die die Opfer verstehen, medizinische Versorgung und Unterstützung in den Bereichen Bildung, Ausbildung und Beschäftigung.[39] Außerdem wird den Regierungen empfohlen, gesetzliche Instrumente einzuführen, mit deren Hilfe Opfer Schadensersatz für erlittenes Unrecht einklagen können. So wurden einer Frau in einem Verfahren gegen einen internationalen Heiratsvermittler über 400.000 US-Dollar Schadensersatz zugesprochen und ein Bußgeld in Höhe von 300.000 US-Dollar verhängt. Der Vermittler hatte es unterlassen, sie über ein Gesetz zu informieren, demzufolge sie ihren gewalttätigen Ehemann verlassen konnte, ohne eine automatische Abschiebung fürchten zu müssen.[40]

Auch die vom UN-Hochkommissar vorgelegten Empfehlungen zu Prinzipien und Richtlinien über Menschenrechte und Menschenhandel legen einen Schwerpunkt auf den Opferschutz: Danach sollte die Unterstützung und Betreuung nicht von der Bereitschaft oder Fähigkeit der verschleppten Frauen zur Kooperation mit den Justizbehörden abhängig gemacht werden.[41] Die Opfer des Menschenhandels müssen vor weiterer Ausbeutung geschützt werden und Zugang zu medizinischer und psychologischer Betreuung einschließlich freiwilliger und vertraulicher Beratungen und HIV-Tests erhalten.[42]

Seit dem Jahr 2000 gibt es unter US-amerikanischem Recht das so genannte „T-Visum" für Opfer des Menschenhandels, die mit den Strafverfolgungsbehörden kooperieren. Dieses Visum gewährt ihnen ein bis zu dreijähriges Aufenthaltsrecht und das Recht, im Anschluss eine dauerhafte Aufenthaltsgenehmigung zu beantragen.[43] Die Konvention des Europarats gegen Menschenhandel räumt Opfern ohne Papiere eine obligatorische Erholungs- und Bedenkzeit von mindestens 30 Tagen ein, eine Vorgabe, die von den Mitgliedsländern allerdings mit variierenden Fristen und Voraussetzungen zu ihrer Gewährung umgesetzt wurde. Eine Bedenkzeit ermöglicht es den Opfern, sich dem Einfluss der Menschenhändler zu entziehen, wieder zu Kräften zu kommen und in Ruhe darüber zu entscheiden, ob sie mit den Strafverfolgungsbehörden zusammenarbeiten.[44] Allerdings kritisieren einige Experten und Menschenrechtsgruppen diese Maßnahmen, da sie sich ihrer Ansicht nach zu sehr auf die Strafverfolgung und zu wenig auf den Opferschutz konzentrieren.[45] So sind laut der Menschenrechtsorganisation *Anti-Slavery International* Länder wie Italien[46], die unabhängig von der Kooperationsbereitschaft Bedenkzeiten oder befristete Aufenthaltsgenehmigungen gewähren, „außerordentlich erfolgreich bei der Strafverfolgung von Menschenhändlern".[47] Solche Modelle belegen, dass sich Schutz und Unterstützung der Opfer und eine effektive Strafverfolgung keineswegs ausschließen.

▲ Teenagerinnen in einem Waisenheim für obdachlose Kinder in Moldawien. Diese Kinder sind einem besonders hohen Risiko ausgesetzt, in die Hände von Menschenhändlern zu fallen.
© Andrew Testa/Panos Pictures

Nach Ablauf der Bedenkzeit oder befristeten Aufenthaltsgenehmigung werden die Opfer üblicherweise in ihr Herkunftsland oder das Land, in dem sie ihren permanenten Wohnsitz haben, zurückgebracht. Solche Rückführungen sollen, wie das UN-Protokoll zum Menschenhandel fordert, auf freiwilliger Basis erfolgen und die Sicherheit der Opfer berücksichtigen. Besteht der begründete Verdacht auf eine Verfolgung im Heimatland, kann das Flüchtlingsrecht den Opfern des Menschenhandels zugute kommen: So befand das Berufungsgericht für Einwanderungsfragen im Fall Dzyhgun gegen Großbritannien, dass die Klägerin als Angehörige einer bestimmten sozialen Gruppe, namentlich „ukrainischen Frauen, die gegen ihren Willen zur Prostitution gezwungen werden", einen Anspruch auf Asyl hat.[48]

Viele der Opfer sind auch deshalb nicht zur Kooperation mit der Justiz bereit, weil die Behörden in vielen Ländern korrupt sind und die verschleppten Frauen ihnen misstrauen. Nicht selten warnen die Täter ihre Opfer, dass sie über beste Beziehungen zur Polizei verfügen – eine Drohung, die durchaus glaubwürdig ist. Vor allem dann, wenn die Opfer bei der Verschleppung aus ihrem Land bereits erlebt haben, wie Zoll- und andere Beamte mit den Menschenhändlern kooperieren.[49]

Ungeachtet der in den meisten Ländern verstärkten Anstrengungen im Kampf gegen den Menschenhandel stehen wir weiterhin vor großen Herausforderungen: Dazu gehören eine unzureichende Datenlage, ungenügende oder fehlende staatliche Programme, Korruption und die Flexibilität der kriminellen Syndikate, die ihre Taktiken beständig verändern und ihre Geschäfte in zunehmendem Maße hinter der Fassade legaler Unternehmen und Mechanismen betreiben. Der 2005 vom US-Außenministerium zum Menschenhandel vorgelegte *Trafficking in Persons Report* listet nach Regionen aufgeschlüsselt relevante neue Strafverfahren, Gerichtsurteile und neu erlassene oder ergänzte Gesetze auf.[50] Länder, die keine angemessenen Maßnahmen zur Umsetzung der von Washington im *Trafficking Victims Protection Act* zum Schutz der Opfer des Menschenhandels festgelegten Mindeststandards ergreifen, können von den USA mit Sanktionen (allerdings nicht in den Bereichen Entwicklungshilfe und Handel) belegt werden. Beispielsweise könnte Washington Unterstützungsleistungen internationaler Finanzinstitutionen wie des Internationalen Währungsfonds an solche Länder blockieren.[51] Auch in den Berichten des Generalsekretärs an die UN-Generalversammlung werden die Anstrengungen der einzelnen Länder zur strafrechtlichen Verfolgung des Menschenhandels dokumentiert.

SCHUTZ, BETREUUNG UND WIEDEREINGLIEDERUNG

Opfer, die den Menschenhändlern entkommen, sind in der Phase ihrer sozialen und wirtschaftlichen Wiedereingliederung auf Schutz, Unterstützung und Betreuung angewiesen. Sie leiden nicht nur an den häufig auf ihr Martyrium folgenden Depressionen, sondern auch unter sozialer Stigmatisierung. Dies trifft insbesondere diejenigen, die sexuell ausgebeutet wurden.

Laut dem Bericht des Generalsekretärs zum Frauen- und Mädchenhandel von 2004 haben mehrere Länder Maßnahmen zur Unterstützung der Opfer ergriffen. In Belgien und den USA werden sie beispielsweise in gewissem Umfang finanziell unterstützt, andere Länder haben telefonische Hotlines eingerichtet, darunter Bangladesch, Dänemark, Italien, Litauen, Türkei, die USA und Usbekistan. Rechtsberatungen bieten unter anderem China, Indonesien, Portugal und die USA. Darüber hinaus haben mehrere Länder soziale Programme – einschließlich solcher zur psychologischen und medizinischen Betreuung – aufgelegt und sichere Unterkünfte und Krisenzentren eingerichtet. Allerdings sind sie in den meisten Fällen unterfinanziert und können den Bedarf nicht decken. Zum Beispiel bietet eine von UNFPA unterstützte und von der IOM betriebene, sichere Unterkunft in Bosnien-Herzegowina verkauften Frauen und Mädchen Dienstleistungen der reproduktiven Gesundheit an.[52]

Aus Angst vor korrupten Polizisten und einer möglichen Verhaftung und Abschiebung wenden sich die Opfer in vielen Fällen eher an NRO als an staatliche Behörden. In der philippinischen Hauptstadt Manila betreibt die auf einer öffentlich-privaten Partnerschaft basierende NRO *Visayan Forum Foundation* Zufluchtsstätten für Opfer des Menschenhandels und arbeitet mit der Polizei, Frachtgesellschaften und der Hafenbehörde zusammen, um Menschenhändler aufzuspüren.[53] In Kolumbien unterstützt die in Medellin ansässige NRO *Espacios de Mujer* gehandelte Frauen und Mädchen mit psychologischen, sozialen und medizinischen Diensten sowie mit Bildungsangeboten und bietet Möglichkeiten zum Einkommenserwerb.[54]

Im Grenzbezirk Mae Sai in der nordthailändischen Provinz Chiang Rai wurde mit Hilfe japanischer Sozialarbeiter das *Self-Empowerment Program for Migrant Women* (SEPOM) mit dem Ziel aufgebaut, ehemaligen, nach Japan verschleppten Prostituierten berufliche Qualifikationen zu vermitteln und ihnen zur wirtschaftlichen Unabhängigkeit zu verhelfen. In den von SEPOM organisierten Selbsthilfegruppen können die Frauen in einer vorurteilsfreien Umgebung ihre Geschichten austauschen und ihr Selbstvertrauen und Selbstwertgefühl wieder aufbauen.[55] Auf den Philippinen ist seit dem Jahr 2000 das *Survivor's Networks of Filipino Women* aktiv, eine Selbsthilfeinitiative, in der Opfer des Menschenhandels zusammenkommen, um über Fragen des finanziellen und gesellschaftlichen Empowerments zu diskutieren.[56]

DEN HANDEL MIT FRAUEN UND KINDERN STOPPEN

Laut Aussage des UN-Sonderberichterstatters für Gewalt gegen Frauen „ist der Mangel an Rechten, die Frauen zugestanden werden, die primäre Ursache, die die Migration von und den Handel mit Frauen antreibt".[57] Eine wirksame Bekämpfung des Menschenhandels setzt voraus, die ihm zugrunde liegenden Ursachen wie Armut und anhaltende Chancenungleichheit anzugehen.[58] Frauen, die unter wirtschaftlicher Unsicherheit leiden, stellen eine leichte Beute dar, weil sie auf der Suche nach Arbeit eher bereit sind, ins Ausland zu gehen. Die Beendigung der Diskriminierung von Frauen ist also nicht nur eine Menschenrechtsfrage, sondern leistet auch einen zentralen Beitrag im Kampf gegen den Menschenhandel.

Um dem effektiv vorzubeugen, bedarf es umfassender Maßnahmen. Dazu gehören neben Bildungsprogrammen auch Aufklärungskampagnen, bürgerrechtliches Engagement, Initiativen zur Armutsbekämpfung und das Schaffen von Einkommensmöglichkeiten. Weitere zentrale Punkte sind eine gerechtere Einkommensverteilung und der Aufbau von Gesellschaften nach Kriegen und Bürgerkriegen.[59] Gesetzesreformen, die Frauen die gleichen Rechte auf den Besitz von und die Verfügung über Eigentum und Land gewährleisten, können für Frauen in ländlichen Gemeinden das Risiko vermindern, Opfer des Menschenhandels zu werden.⁶⁰

Es gibt zahlreiche Beispiele für Entwicklungsprogramme, die darauf abzielen, die Verwundbarkeit armer Gemeinden zu reduzieren. Die Asiatische Entwicklungsbank betrachtet den Handel mit Frauen und Kindern als eine große Herausforderung bei ihren Anstrengungen zur Armutsbekämpfung.⁶¹ Die Bank unterstützt die am stärksten gefährdeten Bevölkerungsgruppen mit Notkrediten, Beihilfen zum Wiederaufbau nach Konflikten und sozialen Schutzmaßnahmen. In Myanmar hilft die Regierung armen Frauen und Mädchen mit Berufsbildungsmaßnahmen und Krediten beim Aufbau von Mikrounternehmen. In Kirgisien gibt es spezielle Hilfsprogramme für Arbeitslose in kleinen Dörfern und ländlichen Gebieten.⁶² Die nepalesische Regierung hat 2005 angekündigt, innerhalb der nationalen Menschenrechtskommission den Posten eines Nationalen Berichterstatters zum Menschenhandel einzurichten.⁶³

Viele Länder, NRO und UN-Organisationen haben Projekte zur Sensibilisierung der Gemeinschaften initiiert – darunter etliche, die sich auf arme, ländliche Regionen konzentrieren, in denen Mädchen und Frauen einem besonders hohen Risiko ausgesetzt sind, verschleppt zu werden (siehe **Kasten 13**). In Brasilien hat die Regierung eine Kampagne gestartet, die unter anderem mit Radiospots und an Flughäfen aufgehängten Plakaten Frauen auf die Gefahren aufmerksam macht, die aus besonders vom Menschenhandel betroffenen Bundesstaaten ausreisen.⁶⁴ In Bangladesch wurde die Bevölkerung im Rahmen einer einmonatigen Kampagne über den Menschenhandel und damit zusammenhängende Verbrechen gegen Frauen informiert und über die Maßnahmen zur Reintegration der Opfer aufgeklärt.⁶⁵ In Kambodscha unterstützt das Kinderhilfswerk der Vereinten Nationen (UNICEF) zivilgesellschaftliche Netzwerke mit Freiwilligen, die die Menschen vor Ort darüber aufklären, wie die Menschenhändler arbeiten und wie man sich vor ihnen schützen kann.⁶⁶ In Indonesien unterstützt die *Asia Foundation* das *Fahmina Institute* bei der Entwicklung und Verteilung von Lehrmaterialen über

---

13 AUSSER REICHWEITE UND AUSSER GEFAHR: UNFPA BIETET MÄDCHEN IN NEPAL SCHUTZ VOR MENSCHENHÄNDLERN

Jedes Jahr werden schätzungsweise 12.000 nepalesische Frauen und Mädchen von Menschenhändlern nach Indien verschleppt. Die Asiatische Entwicklungsbank geht davon aus, dass zwischen 100.000 und 200.000 Nepalesinnen, davon 25 Prozent unter 18 Jahren, gegen ihren Willen in indischen Bordellen festgehalten werden. Die Menschenhändler locken die meist aus armen Familien stammenden Mädchen mit der Aussicht auf eine Arbeitsstelle in einer Stadt oder im Ausland. Manche werden aber auch von Eltern, die ihre Töchter als Bürde empfinden, wissentlich an Bordelle verkauft. Viele dieser Frauen und Mädchen sind Analphabetinnen und wissen nicht einmal, dass man sie außer Landes gebracht hat. Nachdem die nepalesische Regierung 26 Bezirke identifiziert hat, aus denen Frauen und Mädchen verschwunden sind, hat die *Reproductive Health Initiative for Youth in Asia* (RHIYA), ein Gemeinschaftsprojekt der EU und UNFPA in Zusammenarbeit mit regionalen NRO, in 19 „stark gefährdeten" Bezirken ein Projekt gestartet. Das Projekt klärt Eltern, lokale Führer, Gesundheitsbeamte und junge Menschen über die Gefahren des Menschenhandels auf und bietet Ausbildungsmöglichkeiten und andere Angebote an, um Mädchen und junge Frauen zu stärken. Um heimkehrenden Opfern des Menschenhandels die Reintegration in ihre Gemeinschaften zu erleichtern, bemüht sich das Projekt, Vorurteile und Stigmatisierung zu reduzieren und verweist die Mädchen zur weiteren Unterstützung an soziale und Rechtseinrichtungen.

Mit Erfolg: Im Distrikt *Prasauni VDC* konnte eine Jugendberaterin der RHIYA drei Mädchen am Tag ihrer Abreise retten. Wie die Beraterin erfahren hatte, handelte es sich bei den jungen Männern, die den Mädchen Arbeit versprochen hatten, in Wahrheit um Menschenhändler. Nachdem sie Alarm geschlagen hatte, fingen die Dorfbewohner die Männer ab und übergaben sie der Polizei. Ein anderer Fall: Eine junge Frau aus dem Bezirk Rupandehi wurde von ihrem Schwager zu einem Shoppingtrip nach Gorakhpur eingeladen, eine indische Stadt direkt an der Grenze zu Nepal. Als sie am Grenzübergang eintraf, stellte ihr Schwager sie zwei weiteren Mädchen vor und bat sie, die beiden nach Indien zu begleiten. Er selbst, erklärte er, müsse noch ein paar Dinge erledigen und würde sich später mit ihnen treffen. Das Mädchen, das ein Seminar der Initiative über Menschenhandel besucht hatte, erkannte, dass ihr Schwager ein Menschenhändler sein musste. Ohne zu zögern suchte sie Hilfe in einer Grenzkontrollstation der NRO *Maiti Nepal*, und alle drei Mädchen wurden sicher nach Hause zurückgebracht.¹

die Gefahren des Menschenhandels für islamische Koranschulen *(Pesantren)* mit einem hohen Anteil an Schülerinnen aus armen Landesteilen. Nach einem Treffen der Rektoren gründeten in Ostjava 32 *Pesantren* eine Allianz zur Eliminierung des Menschenhandels.[67] In Indien engagieren sich in dem vom UN-Entwicklungsfonds für Frauen geförderten *Inter-Faith Religious Leaders Forum of Bihar* islamische, hinduistische, buddhistische und christliche Religionsführer gemeinsam dafür, ihre Anhänger über die Gewalt gegen Frauen aufzuklären. Das von dem Forum verfasste *Fact Book on Human Trafficking* enthält aus religiösen Schriften abgeleitete Botschaften, die die Unvereinbarkeit des Menschenhandels mit den Grundsätzen ihres Glaubens hervorheben und die Glaubensgemeinschaften zum Kampf gegen den Menschenhandel aufrufen. Inzwischen wird die Initiative auch auf andere indische Bundesstaaten und auf Bangladesch und Nepal ausgeweitet.[68] In Nigeria klärt die *Girl's Power Initiative* sowohl Mädchen wie auch ihre Eltern über die Notwendigkeit des Empowerment der Mädchen und die Gefahren des Menschenhandels auf.[69]

Tränen und Torturen:
Die Ausbeutung von Hausangestellten

Die meisten volljährigen Haushaltshilfen[70] fallen in die Kategorie der freiwilligen Wirtschaftsmigranten. Die beständig steigende Nachfrage nach ihrer Arbeitskraft hat Millionen von Frauen zu einem höheren Lebensstandard verholfen und ihren Kindern mehr Chancen eröffnet. Manchen Frauen hat die Arbeitsmigration sogar erlaubt, aus einer unglücklichen oder von Missbrauch geprägten Beziehung zu fliehen. Auf der anderen Seite müssen jedoch auch viele Hausangestellte unter unerträglichen Bedingungen Schwerstarbeit leisten, werden ausgebeutet, wie Sklaven physisch und psychisch missbraucht.

Berichte über missbrauchte und ausgebeutete Haushaltshilfen kommen aus der ganzen Welt. Die aktuelle Nachfrage nach Haushaltshilfen deutet darauf hin, dass sie weiterhin parallel zur internationalen Migration wachsen wird. Umso wichtiger ist es, den Schutz der Menschen- und Arbeitsrechte auch auf Haushaltshilfen auszuweiten.

Asiatische Hausangestellte wandern auf der Suche nach Arbeit hauptsächlich in den Nahen Osten, nach Nordamerika, Westeuropa und in die wohlhabenden ostasiatischen Länder aus. So schätzt man, dass derzeit allein 1,5 Millionen Philippinos in anderen asiatischen Ländern arbeiten. Die Mehrheit von ihnen sind Frauen, die sich als Haushaltshilfen verdingen.[71] In den 1990er Jahren waren 84 Prozent aller Migranten aus Sri Lanka in den Nahen Osten weiblich, die Mehrheit davon Hausangestellte.[72] Nach Schätzungen der ILO arbeiteten 2003 in Hongkong (SAR) 200.000 und in Malaysia 155.000 ausländische Haushaltshilfen.[73] In Saudi-Arabien beläuft sich die Zahl der zumeist aus Indonesien, den Philippinen und Sri Lanka stammenden Ausländerinnen, die im Niedriglohnbereich arbeiten, auf mindestens eine Million – und auch von ihnen ist die große Mehrheit in privaten Haushalten beschäftigt.[74] Im Jahr 2003 gewährten die Vereinigten Arabischen Emirate, wo auf jeden Haushalt im Durchschnitt drei Haushaltshilfen kommen, 300 Arbeitsvisa pro Tag, größtenteils für Frauen, die aus Süd- und Südostasien einreisten.[75] In Singapur beschäftigt jeder siebte Haushalt eine im Haus lebende ausländische Hilfskraft.[76]

In Lateinamerika nehmen Frauen aus ärmeren Ländern (Bolivien, Paraguay und Peru) häufig eine Tätigkeit im Haus einer Familie in den wohlhabenderen Nachbarländern (beispielsweise Argentinien oder Chile) an. Bis zu 60 Prozent sämtlicher Binnen- und internationalen Migranten aus Lateinamerika arbeiten als Hausangestellte, viele davon in Europa oder Nordamerika.[77] In Spanien arbeiten 70 Prozent der überwiegend aus Südamerika stammenden Migrantinnen in Privathaushalten oder im Pflegebereich.[78] Auch Frauen aus den Ländern Afrikas südlich der Sahara drängen verstärkt in diesen globalen Markt, wie zum Beispiel Äthiopierinnen, die vor allem in den Libanon und nach Italien gehen oder Kapverdierinnen, die hauptsächlich Italien ansteuern.[79]

SCHUTZLOS HINTER HÄUSERWÄNDEN

„Haushaltshilfen sind", stellt die ILO fest, „in einem Maße Risiken ausgesetzt wie keine andere Berufsgruppe."[80] Der Umstand, dass die Arbeit in Haushalten im privaten Bereich stattfindet, macht die dort Beschäftigten besonders anfällig für Ausbeutung. Da viele von ihnen außerhalb der Reichweite von Arbeitsschutzgesetzen stehen, haben sie kaum Möglichkeiten, sich gegen Missbrauch, Nichtbezahlung oder die willkürliche Zurückhaltung des Lohns zu wehren. Laut einer ILO-Studie, in der 65 Länder untersucht wurden, existierten nur in 19 dieser Länder spezielle Gesetze oder Verordnungen zur Haushaltsarbeit.[81]

In Privathaushalten arbeitende Migrantinnen sind oft von anderen Beschäftigten, Freunden oder der Familie isoliert. Viele können sich in der Sprache des Gastlandes nicht ausdrücken und haben keine Papiere oder ordentlichen Arbeitsverträge. Selbst wenn sie Papiere haben, kann ihr Aufenthaltsrecht von ihrem Arbeitgeber abhängen – eine Abhängigkeit, die sie noch hilfloser gegenüber Ausbeutung macht. Das in den Ländern des Golfkooperationsrates *(Gulf Cooperation Council)* geltende System der Bürgschaft *(Kafala)*, nach dem die Arbeitgeber die Pässe und alle anderen offiziellen Dokumente ihrer ausländischen Haushaltshilfen verwahren, bis diese das Land wieder verlassen, zwingt Migranten in die totale Abhängigkeit.[82] Wenn sie – wie das in einigen arabischen und asiatischen Ländern häufig der Fall ist – über private Arbeitsagenturen vermittelt werden, behalten diese Agenturen die Löhne zur Begleichung der Vermittlungs-, Reise- und Verwaltungskosten in vielen Fällen über mehrere Monate nach der Ankunft hinweg ein. Falls Haushaltshilfen gegen ihren Arbeitsvertrag verstoßen, werden sie – selbst in Fällen von Misshandlungen – häufig gezwungen, ihren Lohn abzugeben und, wenn sie sich das überhaupt leisten können, ihren Heimflug zu bezahlen.[83] Denen, die das nicht können, bleibt keine andere Wahl, als zu fliehen und illegal im Land zu bleiben.

Selbst wenn ihre Menschenrechte massiv verletzt werden, bleiben die meisten Hausangestellten bei ihrem Arbeitgeber, weil sie eine Abschiebung oder den Verlust ihres Aufenthaltsrechts fürchten und Angst um den Job haben, mit dem sie ihre Familien zu Hause unterstützen. Und sie haben Angst davor, von Arbeitgebern und Vermittlungsagenturen auf eine schwarze Liste gesetzt zu werden und nie mehr eine Arbeit zu bekommen.

MISSHANDLUNGEN DURCH ARBEITGEBER

Die Liste dessen, was Haushaltshilfen von ihren Arbeitgebern angetan wird, ist lang: psychische Misshandlung, körperliche Misshandlung, sexuelle Gewalt, Einschränkung der Bewegungsfreiheit durch den Entzug des Passes oder das Verbot, das Haus zu verlassen, Verbot der Kontaktaufnahme zu Fremden oder Nachbarn, extrem lange Arbeitszeiten (14 bis 19 Stunden täglich ohne einen freien Tag), Einbehaltung des Lohns, Löhne, die weit unter dem Mindestlohn liegen und Verweigerung jeglicher Privatsphäre und des Zugangs zu medizinischen Einrichtungen.

In extremen Fällen stehen am Ende von Ausbeutung und Misshandlung schwere Verletzungen oder gar der Tod. Nach Angaben der ILO sind „viele, darunter auch Arbeitsmigranten aus Sri Lanka, den Philippinen und Indonesien, unter ungeklärten Umständen zu Tode gekommen."[84] Zwischen 1999 und 2005 sind in Singapur 147 Haushaltshilfen eines unnatürlichen Todes gestorben – die meisten durch Stürze aus Gebäuden oder Selbstmord.[85] Im Jahr 2004 legte das *Asia Pacific Forum on Women, Law and Development* (APWLD) einen Bericht über ausländische Haushaltshilfen im Libanon, in Kuwait und Saudi-Arabien vor, die Opfer von Gewalttaten geworden oder gewaltsam zu Tode gekommen waren.[86] In Saudi-Arabien flohen allein im Jahr 2000 rund 19.000 Haushaltshilfen vor ihrem Arbeitgeber.[87] In Israel vertrat 2005 die NRO *Kav La'Oved* (Arbeitnehmerhotline) eine Pflegerin aus Moldawien, die körperlich misshandelt wurde. Als sie einen Tag frei nehmen wollte und die volle Auszahlung ihres Lohns verlangte, wurde sie mit Gewalt bedroht.[88]

Mehrere andere Organisationen haben Fälle von Misshandlungen in Ländern mit einem hohen Anteil an ausländischen Haushaltshilfen dokumentiert.[89] 2005 berichteten die NRO *Global Rights* und die US-amerikanische Bürgerrechtsorganisation *American Civil Liberties Union* über mehrere Fälle von Misshandlungen, in die UN-Diplomaten und andere UN-Mitarbeiter verwickelt waren.[90] In ihren Empfehlungen wiederholen sie den Aufruf des UN-Sonderberichterstatters für die Menschenrechte von Migranten an die Mitgliedsstaaten, ihre Regelungen zu Visabürgschaften zu überprüfen.[91] Arbeitgeber, die ihre Angestellten misshandeln, werden nur selten strafrechtlich verfolgt und noch seltener verurteilt – auch wenn in Hongkong und Singapur in letzter Zeit mehrere Fälle von Misshandlungen vor Gericht verhandelt wurden.[92]

> *„Ich durfte das Haus nicht verlassen… Ich kam mir nicht nur vor wie in einem Gefängnis, ich war wahrhaftig in einem Gefängnis… Die Welt draußen bekam ich nur zu Gesicht, wenn ich die Wäsche zum Trocknen aufhängte."*
>
> — Haushaltshilfe in Singapur.

ZUGANG ZUR GESUNDHEITSVERSORGUNG, REPRODUKTIVE RECHTE UND HIV-RISIKO

In Privathaushalten beschäftigte Migrantinnen sind einem erhöhten HIV-Infektionsrisiko und Verstößen gegen ihre reproduktiven Rechte ausgesetzt. In Sri Lanka etwa, wo sich Migranten häufig auf HIV/Aids testen lassen, entfällt nahezu die Hälfte aller neu festgestellten HIV-Infektionen auf Haushaltshilfen, die aus dem Nahen Osten zurückkehren.[93] Bei einer 2002 durchgeführten Umfrage unter Hausangestellten in Hongkong klagten die Befragten über eine Vielzahl sexueller und reproduktiver Gesundheitsprobleme, die einen begrenzten Zugang zu entsprechenden Gesundheitsinformationen und -diensten widerspiegeln. Am häufigsten wurden Genital- und Harnwegsinfektionen (44 Prozent), chronische Beckenentzündungen (17 Prozent), ungewollte Schwangerschaften (13 Prozent) und Abtreibungen (10 Prozent) genannt.[94] Laut Aussage des UN-Sonderberichterstatters für die Menschenrechte von Migranten erlauben manche Arbeitgeber ihren Haushaltshilfen nicht einmal dann einen Arzt aufzusuchen, wenn sie offenkundig krank sind. Andere lassen ihre Hausangestellten auch ohne deren Zustimmung auf HIV testen und kündigen ihnen, wenn der Test positiv ausfällt.[95]

In Singapur verbieten die Einwanderungsgesetze Eheschließungen zwischen ausländischen Hausangestellten und Einheimischen. Weibliche Hausangestellte müssen sich zudem halbjährlich medizinisch untersuchen lassen, was Schwangerschafts- und HIV-Tests einschließt. In anderen Bereichen arbeitende Migranten sind dazu nur alle zwei Jahre verpflichtet. Wer schwanger ist, wird häufig gekündigt und abgeschoben.[96]

Eine im Jahr 2003 vom saudischen Gesundheitsministerium erlassene Verordnung verbietet schwangeren Haushaltshilfen den Zugang zu Gesundheitsdiensten, es sei denn, sie werden von ihrem Mann begleitet. Das bringt Frauen, deren Männer im Ausland sind oder die nach einer Vergewaltigung schwanger geworden sind, in eine sehr prekäre Situation. Da Frauen, die in einem Krankenhaus ohne ihren Mann um eine medizinische Behandlung nachsuchen, in „speziell eingerichteten Räumen" untergebracht werden müssen, um sie an der Flucht zu hindern, verzichten viele Schwangere und Mütter ganz darauf, Dienstleistungen rund um Schwangerschaft und Geburt in Anspruch zu nehmen.[97]

INOFFIZIELLE VERMITTLUNGSAGENTUREN

Mit der steigenden Nachfrage hat auch die Zahl der Arbeitsvermittlungsagenturen zugenommen. In Singapur und auf den Philippinen gibt es nach offiziellen Schätzungen zwischen 600 und 1.000 Agenturen, die Arbeitskräfte ins oder aus dem Ausland vermitteln – viele davon für Tätigkeiten in Privathaushalten.[98] In Indonesien sind offiziell rund 400 Agenturen registriert, die hauptsächlich Frauen aus ländlichen Regionen vermitteln.[99] Dass die entsprechenden Zahlen in anderen Ländern niedriger sind, dürfte unter anderem auch daran liegen, dass solche Agenturen häufig nicht registriert sind und ihren Geschäften ohne staatliche Aufsicht nachgehen.

Eine ganze Reihe ansonsten respektabler Vermittlungsagenturen diskriminiert weibliche Migranten oder beutet sie schamlos aus. Wie eine im Jahr 2000 unter äthiopischen Haushaltshilfen in Dubai durchgeführte Umfrage ergab, mussten sie ihren Vermittlern bis zu 1.186 US-Dollar für einen Job im Emirat bezahlen. Eine immense Summe im Vergleich zum durchschnittlichen Pro-Kopf-Bruttoinlandsprodukt in Äthiopien, das gerade einmal bei 130 Dollar pro Jahr liegt.[100] Auch aus anderen Ländern liegen zahlreiche Berichte über Haushaltshilfen vor, die zur Bezahlung der Vermittlungsgebühren oft monatelang ihr Gehalt abtreten müssen.[101]

In den Verträgen zwischen Vermittlungsagenturen und Arbeitgebern werden in vielen Fällen Vertragsstrafen für Arbeitsmigranten festgelegt, die ihren Arbeitsplatz vorzeitig verlassen – ein weiterer Grund, warum sich so viele Betroffene mit Ausbeutung und Misshandlungen abfinden.[102] In Singapur müssen Arbeitgeber eine hohe Kaution hinterlegen. Sie verfällt, sollte eine von ihnen beschäftigte Haushaltshilfe fliehen – mit ein Grund dafür, warum Hausangestellte dort so scharf überwacht werden.[103] Die Menschenrechtsorganisation *Human Rights Watch* wirft einigen Vermittlungsagenturen vor, gefährdete Haushaltshilfen nicht zu schützen oder von Ausbeutung und Misshandlung geprägte Arbeitsverhältnisse zu tolerieren oder zu unterstützen. In einem Fall wurden in Privathaushalten beschäftigte Migrantinnen, die sich auf der Suche nach Hilfe an ihre Vermittlungsagentur wandten, von den Vermittlern beleidigt, geschlagen, selbst für die Probleme verantwortlich gemacht und schließlich aufgefordert, zu ihren Arbeitgebern zurückzukehren.[104] Aus Singapur liegen Berichte über mehrere Vermittlungsagenturen vor, die misshandelte Haushaltshilfen abwiesen, die um Hilfe baten. Zum Teil – so belegen Berichte von ausländischen Hausangestellten in Singapur und Malaysia – sind Migranten Misshandlungen sogar schon vor der Abreise während des Anwerbungsprozesses und ihres Aufenthalts in den Ausbildungszentren ausgesetzt. In anderen Fällen werden sie über Monate hinaus in völlig überfüllten Unterkünften festgehalten, bekommen nur wenig zu essen und werden mit körperlicher und sexueller Gewalt bedroht.[105]

ARBEITS- UND MENSCHENRECHTE SCHÜTZEN: ERMUTIGENDE ENTWICKLUNGEN

Die Arbeit von Hausangestellten sollte wie jede andere Dienstleistung anerkannt und behandelt sowie durch angemessene Gesetze und Verordnungen geregelt werden. So hat der UN-Sonderberichterstatter für die Menschenrechte von Migranten im Jahr 2004 gefordert, die Haushaltsarbeit als eine „verdienstvolle Beschäftigung" anzuerkennen.[106] Zu den empfohlenen Maßnahmen in diesem Bereich gehören bilaterale Arbeitsschutzabkommen zwischen Herkunfts- und Zielländern zum Schutz der Arbeitnehmerrechte während Anwerbung, Training und Stellenvermittlung. Solche Abkommen sollten zudem Normverträge enthalten, die Arbeitszeiten, Pausen, Löhne und Entschädigungen für Arbeitsunfälle regulieren und die Rechte auf Versammlungsfreiheit, Freizügigkeit, freie

Junge Haushaltshilfen in Hongkong (SAR), China, die sich an ihrem freien Tag vor einem malerischen Hintergrund im Victoria Park in Causeway Bay fotografieren lassen, wo sie sich jeden Sonntag treffen.
▼ © Mark Henley/Panos Pictures

Ausübung der eigenen Religion sowie das Recht darauf gewährleisten, an Wahlen im Herkunftsland teilzunehmen. Vermittlungsagenturen sollten überwacht, Sammel- und Ausbildungseinrichtungen regelmäßig inspiziert und Beschwerdemechanismen für ausländische Haushaltshilfen, die Gewalt ausgesetzt sind, eingerichtet werden.[107] Vor der Abreise aus ihrer Heimat sollten Migrantinnen in Orientierungsseminaren über den weiteren Ablauf sowie über Gesundheits- und Menschenrechtsfragen aufgeklärt werden. Migrantinnen, die vor der Abreise Informationen zu Rechten und Risiken erhalten, sind, Experten zufolge, eher in der Lage, gefährliche Situationen zu erkennen und zu vermeiden.[108] Angebote zur Unterstützung ausländischer Haushaltshilfen umfassen Telefonhotlines, Notunterkünfte und wirksame Beschwerde- und Strafverfolgungsmechanismen für Verstöße durch Arbeitgeber und Vermittlungsagenturen. Von besonderer Bedeutung ist es, Haushaltshilfen die Möglichkeit zu geben, im Falle unüberwindlicher Probleme oder von Misshandlungen den Arbeitgeber zu wechseln, ohne dass sie Angst vor Bestrafung oder dem Verlust ihrer Aufenthaltsgenehmigung haben müssen.

> *Haushaltsarbeit sollte wie jede andere Beschäftigung behandelt werden – mit angemessenen Gesetzen und Regulierungen.*

Mehrere Länder und NRO bemühen sich um eine bessere Behandlung von Migranten und um einen wirksameren Schutz ihrer Menschenrechte. Die Arbeitsgesetze von Hongkong garantieren Mindestlohn, Mutterschutz, einen arbeitsfreien Tag pro Woche, bezahlte öffentliche Feiertage und bezahlten Urlaub.[109] Malaysia und die Philippinen haben einen Normvertrag für in Malaysia arbeitende philippinische Hausangestellte vereinbart, der ähnliche Rechte und Garantien festschreibt.[110] Jordanien hat 2003 mit Unterstützung des UN-Entwicklungsfonds für Frauen (UNIFEM) einen staatlich vorgeschriebenen Einheitsvertrag entwickelt, der die Arbeitgeber darüber hinaus zur Übernahme der Reisekosten und sonstigen mit der Vermittlung zusammenhängenden Ausgaben verpflichtet. Vermittlungsagenturen, die diese Mindeststandards nicht einhalten, riskieren den Verlust ihrer Lizenz oder hohe Bußgelder. Außerdem wurde ein Gesetz verabschiedet, nach dem das jordanische Arbeitsministerium Vermittlungsagenturen überprüfen und überwachen kann, inwieweit diese die geltenden Vorschriften und Maßnahmen zum Schutz der Menschenrechte erfüllen.[111]

Singapur hat das gesetzliche Mindestalter für Hausangestellte auf 23 Jahre heraufgesetzt, die Strafverfolgung intensiviert, ein obligatorisches Orientierungsprogramm für Haushaltshilfen und deren Arbeitgeber eingeführt und einen telefonischen Informationsdienst eingerichtet, der Migranten Auskünfte über ihre Rechte und die Prozeduren beim Wechsel des Arbeitgebers erteilt. Darüber hinaus arbeitet der Stadtstaat derzeit an einem Genehmigungsverfahren zur Regulierung der Vermittlungsagenturen.[112] Die Türkei vergibt seit kurzem Arbeitsvisa für ausländische Arbeitnehmer, die nicht an einen bestimmten Arbeitgeber geknüpft sind. Das macht es ausländischen Haushaltshilfen sehr viel leichter, einen Haushalt zu verlassen, in dem sie misshandelt oder ausgebeutet werden.[113]

Ebenfalls von höchster Bedeutung ist es, dass Haushaltshilfen Zugang zu staatlicher Hilfe und Rechtsorganen haben. Bahrain startete im Jahr 2003 einen nationalen Plan zur Unterstützung misshandelter Migranten, der unter anderem eine Telefonhotline und sichere Unterkünfte umfasst.[114] Die Botschaften Indonesiens, der Philippinen und Sri Lankas unterhalten Stellen, über die ihre Bürger Klagen einreichen können. Dort werden sie – unter anderem durch Hilfe bei der Suche nach einem Rechtsbeistand oder medizinischer Versorgung – unterstützt.[115] In Hongkong und Italien haben ausländische Haushaltshilfen inzwischen das Recht, Gewerkschaften zu gründen. Das bedeutet, dass sie besser geschützt sind und über eine organisierte Basis zum Kampf um ihre Rechte verfügen.[116]

In den letzten Jahrzehnten sind in vielen Teilen der Welt nationale, regionale und internationale NRO-Netzwerke entstanden, die sich für die Menschenrechte von Hausangestellten engagieren (siehe auch **Kapitel 5**). So setzt sich in Asien die Organisation CARAM *(Coordination of Action Research on AIDS and Mobility)* für die Stärkung der Rechte von Migranten ein. In Sri Lanka verabschiedeten im Jahr 2002 Vertreter von Haushaltshilfen, Gewerkschaften, Regierungen, NRO und internationalen Organisationen aus 24 Ländern auf dem

Regionalen Gipfel für als Haushaltshilfen arbeitende Migranten die *Colombo Declaration*. Im Folgeprozess startete CARAM eine auf zwei Jahre angelegte Kampagne zum Thema Haushaltshilfen. Ziel der Aktion war es, Informationen über die Menschenrechte und Gesundheitsthemen zu verbreiten, den gesetzlichen Schutz für Haushaltshilfen zu stärken und einen besseren Zugang zu Dienstleistungen der reproduktiven und sexuellen Gesundheit zu erwirken.[117] Darüber hinaus haben CARAM und ihre NRO-Partner unlängst zu Sofortmaßnahmen zur Bekämpfung von HIV/Aids unter mobilen Bevölkerungsgruppen aufgerufen, darunter die Abschaffung von obligatorischen Aids-Tests, den Verzicht auf die Abschiebung von HIV-positiven Migranten und die Gewährleistung ihrer Rechte auf medizinische Behandlung und Pflege.[118]

In Europa setzt sich das RESPECT-Netzwerk *(Rights, Equality, Solidarity, Power, Europe Cooperation Today)* für die Rechte von Migranten und Migrantinnen ein, die in Privathaushalten in der EU arbeiten.[119] In Costa Rica unterstützt die Organisation ASTRADOMES *(Asociación de Trabajadoras Domésticas)* – sie ist der Vereinigung der Hausangestellten in Lateinamerika und der Karibik angeschlossen – in Privathaushalten arbeitende Migrantinnen mit unterschiedlichen Angeboten, von Rechts- und Sozialberatungen über Notunterkünfte bis hin zu Dienstleistungen der sexuellen und reproduktiven Gesundheit.[120] In den USA bringt die *Break the Chain Campaign* zahlreiche Organisationen zusammen, die sich für die Rechte von Opfern des Menschenhandels und Migranten engagieren, die „in den Häusern, in denen sie arbeiten, versklavt worden sind".[121]

* * *

Die Welt hat heute die Chance, die Übel einer „irregeleiteten Migration" zu korrigieren und Menschen zu helfen, die mit zu den am stärksten marginalisierten und ausgebeuteten Arbeitskräften überhaupt gehören: Opfer des Menschenhandels und als Haushaltshilfen arbeitende Migranten. Dies zu erreichen, erfordert jedoch multilaterale, globale, regionale und nationale Maßnahmen zur Umsetzung der sich auf Migranten beziehenden internationalen und nationalen Menschenrechtsstandards. Nur so wird die Welt in der Lage sein, gegen diese sich vor allem im Verborgenen abspielenden, ungeheuerlichen Verstöße gegen die Menschenrechte vorzugehen. Die Sklaverei blüht und gedeiht auch im 21. Jahrhundert noch. Der Kampf gegen sie muss mit aller Entschlossenheit geführt werden.

4 Zur Migration gezwungen: Flüchtlingsfrauen und Asylbewerberinnen

Mit leiser Stimme und halb geschlossenen Augen erzählt Hajja ihre Geschichte: Vor fünf Monaten, als sie im vierten Monat schwanger war, floh sie aus ihrem Dorf – vor einem Konflikt, der das Leben zahlloser Menschen in der Provinz Darfur im Sudan noch immer zur Hölle macht. Sie, ihr Mann und ihre sieben Kinder erreichten nach einem 55 Kilometer langen Marsch unter der sengenden Wüstensonne das Lager Kalma – ein sicheres Lager, das sich am Fuß des Eisenbahndamms an der Grenze zwischen dem Tschad und dem Sudan befindet. Die Familie hat alles verloren: ihr Heim, ihre Freunde und ein Leben, zu dem sie vielleicht nie wieder werden zurückkehren können.

Kalma, das mehr als 100.000 Binnenvertriebenen Zuflucht bietet, ist das größte Lager in Darfur. Viele seiner Bewohner werden irgendwann in anderen Ländern auf anderen Kontinenten Schutz suchen. Doch vorher, am 10. Mai 2005, brachte Hajja in einer von UNFPA mitfinanzierten Frauenklinik der Organisation Ärzte der Welt ein gesundes Baby zur Welt. Das Mädchen heißt *Hope* (Hoffnung). Ein Spitzname, der sowohl eine Beschwörung der Zukunft darstellt als auch ein Zeichen für alles, was ihre Familie verloren hat. Es ist die Hoffnung, die Millionen Frauen, Männer und Kinder in die Lage versetzt, vor Konflikten, Verfolgung und Menschenrechtsverletzungen zu fliehen – trotz Elend, Unsicherheit, Angst und Gewalt. Doch es ist nicht ihre freie Entscheidung, ihre Familien, ihr Heim, ihre Gemeinschaft und selbst ihr Heimatland zu verlassen. Flüchtlinge werden zu diesem einschneidenden Schritt gezwungen.

Flucht und Vertreibung birgt für alle Menschen Risiken. Frauen und Mädchen sind mit besonderen Gefahren konfrontiert: während der Flucht, am vorläufigen Zufluchtsort und bei der endgültigen Wiederansiedlung. Weltweit gab es im Jahr 2005 annähernd 12,7 Millionen Flüchtlinge, und 773.500 Personen suchten Asyl.[1] Etwa die Hälfte von ihnen waren Frauen. Außer Risiken und Gefahren bietet die Flucht jedoch auch die Chance, der Ausbeutung, Diskriminierung und Verfolgung zu entkommen. Der Zusammenbruch einer Gesellschaft kann die Möglichkeit eröffnen, eine neue Gesellschaft aufzubauen, die auf der Gleichberechtigung der Geschlechter und der Achtung der Menschenrechte basiert. Nach dem Ende eines Konflikts spielen Flüchtlingsfrauen eine entscheidende Rolle beim Aufbau eines dauerhaften Friedens und der Wiederherstellung einer sozialen und wirtschaftlichen

◀ *Auf einem Busbahnhof im iranischen Teheran treten afghanische Einwanderer nach jahrelanger Flucht vor den Taliban die Rückreise mit dem Bus nach Afghanistan an. Nach fünf Jahren im Exil können sie es kaum erwarten, nach Hause zurückzukehren.*
© Alexandra Boulat/VII

Ordnung.² Für viele Flüchtlingsfrauen bietet der Wiederaufbau die Gelegenheit, der Diskriminierung zu entkommen und eine neue Autonomie zu erlangen. Viele andere haben diese Chance allerdings nicht.

Frauen und Mädchen sind auf der Flucht mit vielen Gefahren und Hindernissen konfrontiert. Wenn Schulen und medizinische Einrichtungen schließen, Arbeitsplätze verloren gehen und bewaffnete Gruppen die Macht an sich reißen, sind es meist Frauen und Mädchen, die die Versorgung der Kinder, Schwachen und Alten übernehmen. Viele werden ungewollt oder infolge einer Vergewaltigung schwanger und brauchen Zugang zu reproduktiven Gesundheitsdiensten. Häufig tragen sie auch einen unverhältnismäßig hohen Anteil an Pflichten und Lasten. Bestimmte Gruppen von Frauen – zum Beispiel diejenigen, die einen Haushalt führen, aber auch ehemalige Soldatinnen, Alte, Behinderte, Witwen, junge Mütter und unbegleitete junge Mädchen – sind schwächer als andere und benötigen besonderen Schutz und Unterstützung. Obwohl unter den älteren Flüchtlingen im Verhältnis

14 ASYLGRÜNDE: ANERKENNUNG DER VERFOLGUNG AUS GESCHLECHTSSPEZIFISCHEN GRÜNDEN

Wenn sie versuchen ihre Verfolgung glaubhaft zu machen, stoßen auch heute noch viele Frauen auf erhebliche Schwierigkeiten. Das ist ein wesentlicher Grund dafür, dass sie – anders als bei Flüchtlingen – unter Asylbewerbern normalerweise unterrepräsentiert sind. Aus historischen Gründen und weil die ausschließlich mit Männern besetzten Gremien nicht auf die Idee kamen, dass Verfolgung auch geschlechtsspezifische Gründe haben kann, wurden diese Gründe 1951 von der Flüchtlingskonvention und dem dazu gehörenden Protokoll von 1967 nicht zur Anerkennung des Flüchtlingsstatus erfasst.[1]

Im Jahr 2002 veröffentlichte der UNHCR eine Reihe internationaler Richtlinien. Sie bestätigen, dass die internationale Definition des Flüchtlingsstatus auch „Ansprüche aufgrund geschlechtsspezifischer Verfolgung abdeckt".[2] Dazu gehören Formen der Verfolgung, die speziell oder vor allem Frauen betreffen – zum Beispiel schwere Formen geschlechtsspezifischer Diskriminierung (etwa afghanischer Frauen unter den Taliban).[3] Unter anderem können sexuelle und häusliche Gewalt, Frauenhandel, erzwungene Familienplanung, erzwungener Schwangerschaftsabbruch, weibliche Genitalverstümmelung (FGM), Ehrenmorde, Zwangsheirat, Bestrafung wegen eines Verstoßes gegen gesellschaftliche Moralvorstellungen und Diskriminierung gleichgeschlechtlicher Partnerschaften geschlechtsspezifische Asylgründe sein.[4] In allen Fällen müssen Personen, die Asyl aus Gründen geschlechtsspezifischer Verfolgung beantragen, die in der Konvention definierten Kriterien für den Flüchtlingsstatus erfüllen.

Trotz dieser Entwicklung neigen Beamte zu einer engen Auslegung der Definition des Flüchtlingsstatus. Das bedeutet, dass sie manchmal nur widerstrebend bereit sind, geschlechtsspezifische Verfolgung als Asylgrund anzuerkennen – insbesondere, wenn die Täter Privatpersonen sind oder wenn der Staat nicht in der Lage ist, Schutz zu gewähren.[5] Einige argumentieren, Gewalt gegen Frauen habe einen zu persönlichen Charakter, um als Verfolgung zu gelten. Andere befürchten, dass sämtliche Bewerber, die aus Gründen der Diskriminierung oder wegen tätlicher Angriffe Asyl beantragen, anerkannt werden müssten, wenn Frauen als „besondere soziale Gruppe" betrachtet würden. Die Erfahrungen in Kanada und den USA haben jedoch gezeigt, dass das nicht der Fall ist.[6]

1993 war Kanada der erste Staat der Welt, in dessen Richtlinien Frauen gemäß den Ausführungen der Konvention von 1951 als „besondere soziale Gruppe" definiert wurden. Diese dienten wiederum als Vorbild für die Gender-Richtlinien anderer Länder, darunter Australien, Südafrika, Großbritannien und die USA.[7] 1995 gewährte die US-Regierung einer Frau Asyl, die vor FGM geflohen war. Damit war ein wichtiger Präzedenzfall geschaffen und in der Folge gewährte die Regierung auch bei Ehrenmorden und Zwangsheirat Asyl.

Im Jahr 2004 verabschiedete der Europarat eine Direktive, in der unter anderem kinder- und geschlechtsspezifische Formen der Verfolgung anerkannt wurden, darunter auch sexuelle Gewalt. Das Statut hat für fast alle Mitgliedstaaten der Europäischen Union (EU) Gültigkeit. Es ruft die Staaten dazu auf, die Direktive durch die Verabschiedung nationaler Gesetze bis Oktober 2006 umzusetzen.[8] Zwar strebt die EU bis 2010 eine gemeinsame Asylgesetzgebung aller Mitgliedstaaten an, doch bisher verfolgt jeder Staat seine eigene Politik. So ist zum Beispiel sexuelle Gewalt in nur 17 von 41 europäischen Staaten, die in einer Untersuchung des UNHCR im Jahr 2004 befragt wurden, ausdrücklich als Verfolgung anerkannt. In nur knapp mehr als der Hälfte der Mitgliedsstaaten wird Diskriminierung als Verfolgung anerkannt, drei Viertel dagegen akzeptieren in ihren Asylverfahren sexuelle Ausbeutung oder Zwangsprostitution nicht als Asylgründe. In zwei Drittel der Mitgliedsstaaten wird jedoch die Verfolgung durch nichtstaatliche Täter anerkannt.[9]

mehr Frauen sind, werden ihre besonderen Bedürfnisse oft vernachlässigt.³ Viele der Frauen sind zudem verwitwet und sorgen für Waisen oder Kinder, die von ihren Eltern getrennt wurden.

Mehr Schutz und Anerkennung

Nachdem die internationale Gemeinschaft viele Jahre lang die unterschiedlichen Bedürfnisse, Rollen und Erfahrungen von Frauen und Männern ignoriert hat, unternimmt sie nun wichtige Schritte zum Schutz von Flüchtlingsfrauen und -mädchen und zur Förderung ihrer Rechte.

Das UN-Abkommen über den Rechtsstatus von Flüchtlingen aus dem Jahr 1951 und das dazugehörige Protokoll von 1967 definieren Flüchtlinge als Personen, die sich „aus der begründeten Furcht vor Verfolgung wegen ihrer Rasse, Religion, Nationalität, Zugehörigkeit zu einer bestimmten sozialen Gruppe oder wegen ihrer politischen Überzeugung" außerhalb des Landes befinden, dessen Staatsangehörigkeit sie besitzen.⁴ Den internationalen Menschenrechten zufolge sind Regierungen ver-

---

Großbritannien ist einer der fortschrittlichsten europäischen Staaten hinsichtlich seiner Politik zum Schutz von Asylbewerberinnen. 2004 hat die Regierung die *Gender Issues in the Asylum Claim* erlassen. Zudem wird in der Rechtssprechung die Rolle nichtstaatlicher bewaffneter Gruppen bei der Anstiftung zu sexueller Gewalt anerkannt.¹⁰ Doch selbst in Staaten, die eine progressivere Politik verfolgen, hinkt die praktische Umsetzung manchmal hinterher.¹¹ Die Vereinheitlichung der Asylpolitiken innerhalb der EU bietet Gelegenheit, die Richtlinien für Asylbewerberinnen auszuweiten und zu standardisieren.

Trotz allem haben Männer mehr Chancen als Frauen, einen Asylantrag zu stellen und Asyl zu bekommen. Im Jahr 2000 stammten nur 33 Prozent aller in Kanada¹² gestellten Asylanträge von Frauen.¹³ Gründe dafür sind, dass Frauen normalerweise nicht die primären Antragssteller sind (sondern männliche Verwandte) oder dass geschlechtsspezifische Asylgründe die Falldarstellung erschweren können (zum Beispiel Scham über schmerzvolle Erfahrungen wie Vergewaltigung oder Folter sowie Verlegenheit, wenn Männer nach persönlichen Informationen fragen). Es gibt noch mehr Probleme: Sofern Frauen nicht selbst die Anträge stellen, werden sie zumeist in Gegenwart ihrer Ehemänner oder Lebensgefährten befragt – obwohl letztere oft für die Verfolgung verantwortlich sind. Mitunter wissen die Beamten, die die Fragen stellen, gar nicht, wie sehr kulturelle Unterschiede in den Verhaltensweisen von Frauen das Ergebnis einer Befragung beeinflussen können (zum Beispiel die Scheu vor Blickkontakt).¹⁴

Dazu kommt, dass die Asylrichtlinien mancher Staaten mit höherer Wahrscheinlichkeit auf solche Personen zugeschnitten sind, die von staatlicher Seite verfolgt werden (häufiger Männer), als die Opfer nichtstaatlicher Verfolgung (dies sind häufiger Frauen, die oft von Familienmitgliedern oder der Gemeinschaft bedroht werden – wie zum Beispiel im Fall von „Ehrenmorden", FGM oder Gewalt in der Ehe).¹⁵ Selbst wenn Frauen politisch aktiv sind, findet ihr Engagement normalerweise auf „unteren Ebenen" statt und ist weniger profiliert als das von Männern. Häufig arbeiten sie dabei von zu Hause aus, weshalb Beweise für den Asylgrund manchmal schwerer beizubringen sind. So entsprechen Asylbewerberinnen unter Umständen nicht den herkömmlichen Vorstellungen über politisch motivierte Verfolgung und haben deshalb häufiger Schwierigkeiten, Asyl zu beantragen.¹⁶

Die Nicht-Anerkennung geschlechtsspezifischer Verfolgungsgründe führt – neben der Verschärfung der Unsicherheit und Angst, erneut in eine bedrohliche Situation abgeschoben zu werden – auch oft zu irregulärer Migration und höherem Ausbeutungsrisiko. Manche Frauen mit legitimen Asylgründen geben das Verfahren auf und tauchen statt dessen als illegale Einwanderinnen unter. Zudem verweigern viele Staaten Asylbewerbern die Möglichkeit, Arbeit aufzunehmen. So sind viele Frauen gezwungen, jeden Job anzunehmen, der sich ihnen bietet – selbst wenn dieser das Risiko erhöht, zum Opfer von Ausbeutung und Frauenhandel zu werden.¹⁷

Doch auch wenn Politiken und ihre Umsetzung nach wie vor inkonsequent sind und sich von einem Staat zum anderen unterscheiden, gibt es gute Ansätze, die Schule machen sollten: Dazu gehören gender-sensible und kulturübergreifende Fortbildungskurse für Beamte, die so lernen, dass und wie sie Asylbewerberinnen über ihre Rechte aufklären müssen. Dazu gehört nicht zuletzt das Recht, allein und vertraulich befragt zu werden und einen eigenen, unabhängigen Antrag zu stellen. Der UNHCR empfiehlt, dass die Befragung von Frauen durch eine Beamtin erfolgen soll, und zwar getrennt von anderen Familienmitgliedern, damit ihre Privatsphäre besser geschützt und ihr Recht auf Redefreiheit gewahrt bleibt.¹⁸

pflichtet, Flüchtlinge vor Gewalt zu schützen und ihre Rechte zu wahren, darunter die Rechte auf Bildung, Arbeit, Freizügigkeit und Religionsfreiheit.[5] Außerdem sind sie dem *non-refoulement*-Prinzip verpflichtet. Das heißt, sie dürfen Flüchtlinge nicht zwingen, in ihr Herkunftsland zurückzukehren, wenn diese eine begründete Furcht haben, dass dort ihr Leben in Gefahr ist.

Heute gibt es mehrere internationale Abkommen zum Empowerment und Schutz von Frauen. Im Jahr 1991 veröffentlichte der UNHCR eine Richtlinie zum Schutz von Flüchtlingsfrauen. Frauen sollen demnach stärker an Entscheidungsprozessen beteiligt und ihre Bedürfnisse besser berücksichtigt werden. Eine weitere Richtlinie von 2003 über sexuelle und geschlechtsspezifische Gewalt sieht Maßnahmen vor, um für den Schutz der Opfer zu sorgen und Überlebende zu unterstützen.[6] Humanitäre Hilfsorganisationen haben Dienstleistungen der reproduktiven Gesundheit für mehr Menschen zugänglich gemacht, geschlechtsspezifische Gewalt bekämpft, dafür gesorgt, dass mehr Mädchen an Schulen aufgenommen werden und Flüchtlingsfrauen an der Organisation der Auffanglager beteiligt.[7]

In den letzten Jahren hat die internationale Gemeinschaft auch wichtige Schritte zum Schutz von Frauen vor Vergewaltigung in und nach Konfliktsituationen sowie zur gerichtlichen Verfolgung der Täter unternommen.[8] Einer der bedeutendsten ist das Römische Statut des Internationalen Strafgerichtshofs (ICC), in dem sexuelle Gewalt als Kriegsverbrechen definiert wird. Das neue Recht kam erstmals bei den internationalen Kriegsverbrechertribunalen in Ruanda und im ehemaligen Jugoslawien zum Einsatz.[9] Resolutionen, die der Sicherheitsrat der Vereinten Nationen zwischen 1999 und 2003 zum Schutz von Kindern in bewaffneten Konflikten verabschiedete, benennen auch die Bedürfnisse und besondere Gefährdung von Mädchen. Und sie verurteilen sexuelle Gewalt im Verlauf von Friedenssicherungseinsätzen.[10]

Auf allen UN-Konferenzen der 1990er Jahre kamen die Regierungen überein, Flüchtlingsfrauen unter besonderen Schutz zu stellen und auf ihre Bedürfnisse einzugehen. Zu diesen Übereinkommen gehören das Aktionsprogramm der Weltbevölkerungskonferenz (ICPD) von 1994 in Kairo und die Erklärung und Aktionsplattform der Weltfrauenkonferenz von Peking aus dem Jahre 1995. Im Jahr 2000 verabschiedete der UN-Sicherheitsrat die Resolution 1325: Ein Meilenstein, der die Einbeziehung von Frauen in Friedensprozesse vorsieht sowie Schutz und Unterstützung für Frauen einfordert, die in Ländern mit bewaffneten Konflikten leben.[11] In der Abschlusserklärung der Staatsoberhäupter und Regierungen zum Weltgipfel von 2005 wird zum wiederholten Male betont, wie bedeutsam die Umsetzung der Resolution 1325 des UN-Sicherheitsrats ist.[12]

DAS LEBEN IM LAGER

Flüchtlinge landen oft in verschiedenen provisorischen Unterkünften. Manchmal bleiben sie bei Gastfamilien oder lassen sich in städtischen Gebieten nieder. Die meisten leben jedoch in Lagern. Manche Lager bieten ein paar tausend Menschen Zuflucht, andere beherbergen weitaus mehr. 2003 belief sich allein die Zahl afghanischer Flüchtlinge in pakistanischen Lagern auf über eine Million.[13] Einige Flüchtlinge bleiben nur ein paar Monate. Angesichts der chronisch instabilen Verhältnisse in den meisten Herkunftsländern ist dies jedoch die Ausnahme. Zahlen aus dem Jahr 2003 zufolge betrug die durchschnittliche Aufenthaltsdauer in einem Flüchtlingslager 17 Jahre.[14] Etliche palästinensische Lager wurden bereits 1948 und 1967 errichtet.[15]

Viele Flüchtlinge sind erschöpft, krank und traumatisiert, wenn sie ihr Ziel erreichen. Vor ihrem Eintreffen waren sie häufig Augenzeugen, wenn nicht sogar Opfer extremer Gewalt. Sogar im Lager können Flüchtlinge zwischen die Fronten rivalisierender Gruppen, Clans oder Nationalitäten geraten und Opfer grenzüberschreitender Angriffe werden. Unterscheidet sich die ethnische oder religiöse Zugehörigkeit der Flüchtlinge von der Gesellschaft des Aufnahmelandes, birgt dies Zündstoff für Ressentiments.

Besonders zu Beginn einer Katastrophe sind Unterkünfte, Wasser, Nahrung, Arzneimittel und medizinische Versorgung für die Schutz suchenden Menschen oft nicht in ausreichendem Maße vorhanden. Große Bedeutung hat die Bildung der Kinder: Einer Schätzung aus dem Jahr 2000 zufolge besuchten zu diesem Zeitpunkt nur drei Prozent der schätzungsweise 1,5 Millionen Flüchtlinge in Entwicklungsländern im Alter zwischen 12 und 17 Jahren eine Sekundarschule.[16] Vor besonders großen Schwierigkeiten stehen die Mädchen, denn Frauen und Mädchen verbringen normalerweise mehr Zeit mit Hausarbeit, beispielsweise mit der Beschaffung von Nahrung, Brennmaterial und Wasser, anstatt zur Schule zu gehen oder Geld zu verdienen.[17] Deshalb werden immer mehr Bildungsprogramme speziell auf Mädchen ausgerichtet, um dafür zu sorgen, dass sie ihre Ausbildung abschließen. Für Teenagermütter ist das manchmal besonders schwierig. In den Jahren 2003 und 2004 finanzierten der UNHCR und die Botschaft der USA das Schulgeld für junge angolanische Mütter, die als Flüchtlinge im Lager Meheba in Sambia lebten. Darüber hinaus wurde den Mädchen Kinderbetreuung und Unterstützung durch ältere Mentorinnen angeboten.[18]

In einigen Flüchtlingsgruppen können sich althergebrachte kulturelle Normen infolge der Vertreibung umso stärker festsetzen. Das kann sogar zu einer weiteren Einschränkung der Autonomie von Frauen führen: So praktizierten afghanische Flüchtlinge in Pakistan eine extreme Form der *Purda* (der Trennung von Männern und Frauen) im Exil, als sie selbst von den Taliban durchgesetzt wurde.[19] Dennoch kann die aktive Partizipation von Gemeinschaften und Frauen zur Überwindung diskriminierender Einstellungen beitragen. Dabei ist es besonders wichtig, dafür zu sorgen, dass Frauen Zugang zu Bildung und Verdienstmöglichkeiten bekommen – insbesondere Frauen, die einen Haushalt allein führen. In Pakistan bietet die Organisation *Save the Children* ein Gesundheits- und Alphabetisierungsprogramm für afghanische Flüchtlingsfrauen an, die in abgelegenen Gegenden leben. Die deutsche Gesellschaft für Technische Zusammenarbeit (GTZ) hat in den letzten 18 Jahren in vielen der von ihr unterstützten 250 Flüchtlingslagern Alphabetisierungskurse angeboten.[20] Im Jahr 2002 führte der UNHCR in Liberia einen Alphabetisierungskurs mit einer Gruppe von Frauen durch, die danach selbst andere Frauen unterrichteten. Die Organisation unterstützte zudem Programme, die Verdienstmöglichkeiten für Frauen schaffen sollten: Von 339 Flüchtlingen, die im Rahmen eines Projekts lernten, wie sie ein Einkommen generieren können, waren 80 Prozent Frauen und Mädchen.[21]

Im Lager Buduburam in Ghana führte die Organisation *Unite for Sight* ein einzigartiges Programm durch, das wirtschaftliche Alternativen für liberianische Flüchtlingsfrauen bietet. Sie waren zuvor so bettelarm, dass sie häufig zur Prostitution gezwungen waren, um etwas zu essen zu haben.[22] Nun produzieren weibliche Haushaltsvorstände handgefertigte Brillenetuis für den Vertrieb auf dem Weltmarkt. Alle Gewinne wandern in einen Fonds für eine Augenklinik für die Flüchtlinge im Lager.[23] Ein weiteres UNHCR-Programm bietet registrierten Flüchtlingen aus dem Kongo, die in der ugandischen Hauptstadt Kampala leben, eine geringfügige finanzielle Unterstützung und medizinische Betreuung. Diese Programme tragen dazu bei, dass Flüchtlingskinder zur Schule gehen können. Die meisten Flüchtlinge in Kampala sind Witwen mit mindestens drei Kindern.[24]

Gewalt gegen Frauen und Mädchen

Gewalt gehört zur Lebenswirklichkeit im Lager. Frauen und Mädchen sind besonders gefährdet, wenn sie das Lagergelände verlassen, um Feuerholz, Wasser und andere knappe Güter zu beschaffen. Von 1996 bis 1997 wurden etwa 90 Prozent der in den Lagern von Dadaab im Nordosten Kenias gemeldeten Vergewaltigungen an somalischen Frauen verübt, die das Lager verlassen hatten, um

Eine Borena-Frau in Äthiopien schnürt ein Bündel frisch geschlagenes Feuerholz auf ihrem Rücken fest. Die Straßensiedlung, in der sie und ihre fünf Kinder jetzt leben, liegt rund 20 Kilometer südlich der Stadt Moyale an der Grenze zwischen Äthiopien und Kenia.
© Indrias Getachew/UNICEF

Feuerholz zu sammeln oder sich um das Vieh zu kümmern.[25] Ende der 1990er Jahre berichteten Äthiopierinnen, dass sie sich wegen Feindseligkeiten, die durch Streitigkeiten um die knappen Ressourcen angeheizt wurden, vor dem Holzsammeln fürchteten.[26] Im Jahr 2001 erzählten Frauen in sambischen Lagern, dass sie nicht selten mit Sex für Fisch bezahlen müssen – ein wichtiges und begehrtes Nahrungsmittel.[27] Schlecht geplante Siedlungen können derartige Risiken erhöhen: In manchen Fällen wurden Latrinen und Duschen am Rand der Lager gebaut. Aus Furcht vor Vergewaltigungen werden diese von Frauen und Mädchen oft gänzlich gemieden.

Hohe Arbeitslosigkeit, Stress und Frustration bei männlichen Flüchtlingen können zu verstärkter häuslicher Gewalt führen. In sechs Lagern in Guinea wurden im Jahr 2001 fünfmal so viele Fälle häuslicher Gewalt registriert wie Vergewaltigungen.[28] Darüber hinaus sind manche Männer voller Groll darüber, dass sie von Projekten ausgeschlossen sind, die sich vor allem an Frauen und Jugendliche richten.[29]

Mädchen und junge Frauen sind besonders gefährdet. Oft schleichen bewaffnete Gruppen durch die Lager auf der Suche nach Kindern, die sie verschleppen und als Kindersoldaten oder Sexsklavinnen missbrauchen oder zur Hausarbeit zwingen. Im nördlichen Uganda berichten Helfer, Mädchen schmeichelten sich bei den Mittelsmännern im Lager ein, um nicht an bewaffnete Gruppen weitergereicht zu werden.[30] Im Osten des Tschad klagen sudanesische Mädchen darüber, dass sie von Einheimischen angegriffen und vergewaltigt werden, wenn sie Holz sammeln.[31] Auch Mitglieder der eigenen Gemeinschaft, der Familie oder einer Gruppe von Gleichaltrigen können zur Bedrohung werden. Manchmal werden Mädchen für eine finanzielle Gegenleistung oder die eigene physische Sicherheit von Verwandten zu einer frühen Heirat gezwungen.[32]

Selbst Beschützer sind schon als Täter überführt worden. Im Jahr 2002 gab es Berichte darüber, wie in westafrikanischen Flüchtlingslagern junge Frauen ausgebeutet wurden. Ausgesprochen schockierend daran war die Tatsache, dass die Täter UN- und NRO-Mitarbeiter sowie Angehörige internationaler Friedenstruppen waren – also ausgerechnet die Personen, deren Aufgabe es war, die Frauen zu schützen. Bei der Untersuchung kam heraus, dass sich das Personal humanitäre Hilfsgüter und Dienstleistungen – beispielsweise Weizen, Plastikplanen, Arzneimittel, Bezugskarten für rationierte Waren und Bildungskurse – mit sexuellen Diensten bezahlen ließ, zumeist von Mädchen im Alter zwischen 13 und 18 Jahren.[33] Unter den Opfern waren allein lebende Kinder, minderjährige Haushaltsvorstände, Pflegekinder und Kinder, die bei Verwandten lebten. Fast alle waren junge Mädchen und Frauen. Und obwohl Experten glauben, dass auch Jungen zu Opfern wurden, war jegliche Diskussion darüber aufgrund von Tabus unmöglich.[34] Die UN-Generalversammlung sah sich deshalb 2003 veranlasst, eine Untersuchung der Vorgänge zu verlangen.[35] Der UN-Generalsekretär veröffentlichte daraufhin noch im selben Jahr ein Bulletin, in dem er die internationale Gemeinschaft dringend aufforderte, zusätzliche Maßnahmen zur Unterbindung von sexueller Ausbeutung und Misshandlung zu ergreifen. UN-Mitarbeiter sowie zuarbeitende Organisationen müssten sich an internationales humanitäres Recht halten.[36] Außerdem forderte er darin, jegliche Verdachtsmomente auf sexuelle Ausbeutung oder Misshandlung zu melden. Die Null-Toleranz-

15 UND WIEDER WERDEN FRAUEN UND KINDER OPFER: MENSCHENHANDEL MIT FLÜCHTLINGEN

Eine besondere Gefahr für Frauen und Kinder bei Flucht und Vertreibung ist der Menschenhandel. Während des Tadschikistan-Konflikts und seinen Nachwehen in den 1990er Jahren wurden vertriebene Frauen und Kinder zur sexuellen Ausbeutung in Länder Ost- und Westeuropas und in die Golfstaaten verkauft.[1]

In Südafrika sind Flüchtlinge sowohl Menschenhändler als auch deren Opfer. IOM berichtet, dass männliche Flüchtlinge oft ihre eigenen Verwandten aus ihrer Heimat rekrutieren. In vielen Fällen werden Frauen und Kinder zur Prostitution gezwungen. Die Einnahmen gehen an Familienmitglieder. Manche Frauenhändler helfen ihren Opfern, einen Antrag auf Anerkennung als Flüchtling zu stellen, um eine Abschiebung zu verhindern und so ihre „Investition" zu schützen.[2]

Strikte oder unangemessene Asylpolitik kann das Risiko für Flüchtlinge zusätzlich erhöhen. In Thailand werden vertriebene burmesische Asylbewerber, denen der Flüchtlingsstatus verweigert wird, häufig in den „Untergrund" gezwungen, wo sie der Gefahr des Menschenhandels und der Versklavung verstärkt ausgesetzt sind.[3]

Politik des Generalsekretärs hat die Maßnahmen gegen sexuelle Ausbeutung und Misshandlung gestärkt und dazu geführt, dass für die Friedenstruppen Führungs- und Disziplinierungseinheiten aufgestellt wurden. Ermittlungen gegen Mitarbeiter haben außerdem zu einer Reihe von Entlassungen geführt. Zu Beginn des Jahres 2006 durchliefen überdies 70 bis 90 Prozent der Angehörigen ziviler Polizeieinheiten und der Streitkräfte entsprechende Weiterbildungsmaßnahmen.[37]

Überlebende geschlechtsspezifischer Gewaltakte können langfristige Verletzungen, ungewollte Schwangerschaften, sexuelle Störungen und posttraumatische Stress-Syndrome davontragen und sich mit sexuell übertragbaren Infektionskrankheiten (STIs) einschließlich HIV/Aids infizieren. Schätzungen zufolge steckten sich 70 bis 90 Prozent der Überlebenden, die während des Krieges in Sierra Leone zwischen 1991 und 2002 vergewaltigt wurden, mit STIs an – unter anderem mit HIV/Aids.[38] Einer Meldung des UNHCR im März 2006 zufolge waren nicht weniger als zwei Drittel der sudanesischen Flüchtlingsfrauen, die im Krankenhaus von Abeche im Tschad behandelt wurden, Vergewaltigungsopfer. Das jüngste Opfer war erst zehn Jahre alt.[39] UNFPA und der UNHCR unterstützen das Krankenhaus, in dem Frauen mit Scheidenfisteln behandelt werden, einer Folge von Wehenstillstand oder extremer sexueller Gewalt.

Weil viele Frauen nach einer Vergewaltigung aus Scham keine Hilfe in Anspruch nehmen, bemüht sich der UNHCR um den Aufbau eines Überweisungssystems, durch das die medizinische und rechtliche Hilfe koordiniert wird.[40] Mitarbeiter der Hilfsorganisation *International Medical Corps* setzen sich außerdem mit älteren Frauen und traditionellen Führern zusammen, um über die Traumatisierung nach einer Vergewaltigung zu sprechen und in der Folge kulturell angepasste Beratungsgespräche mit der gesamten Familie zu führen.[41] Aufbauend auf einem Pilotprojekt für Überlebende von Vergewaltigungen in Tansania, führten UNFPA und der UNHCR im Jahr 2005 in Kenia und Uganda Fortbildungsmaßnahmen mit Gesundheitsdienstleistern in Lagern in den Bereichen Klinikmanagement und *post-exposure prophylaxis* (PEP) durch, um das HIV-Infektionsrisiko zu minimieren.[42]

Mit Unterstützung des *Reproductive Health in Conflict Response Consortium* haben Flüchtlingsfrauen in Thailand einen Leitfaden entwickelt, der Überlebenden geschlechtsspezifischer Gewalt helfen soll. Der Leitfaden legt Behandlungsstandards für die medizinische Versorgung, Beratung, Lobbyarbeit und für das Management der Einzelfälle fest.[43] Im Bezirk Kono in Sierra Leone, wo die Flüchtlinge inzwischen langsam wieder nach Hause zurückkehren, haben der UNHCR und das *International Rescue Committee* (IRC) den Aufbau von Gemeindezentren unterstützt, die von Frauen geführt werden. Hier werden unter anderem Beratungen durchgeführt, wie man geschlechtsspezifische Gewalt vermeiden und wie man darauf reagieren kann. Frauen, Männer und Jugendliche haben sich zusammengetan und Aktionsgruppen gegründet, die ein stärkeres Problembewusstsein schaffen und eine Möglichkeit bieten sollen, über solche Themen zu diskutieren. Das Projekt ist Teil einer größeren, von der Regierung, dem UNHCR und weiteren Partnern durchgeführten Initiative zur Förderung der Gemeinschaften.[44]

In Burundi liefert der UNHCR Feuerholz und hat in den Lagern Mühlen errichtet. Zu den Sicherheitskräften der Lager gehören heute auch Frauen.[45] Außerdem wurden mehr als 70 ältere Flüchtlingsfrauen zu *mères volontaires* (freiwilligen Müttern) ernannt, die sich um junge Vergewaltigungsopfer kümmern sollen. Sie haben im Gegenzug ältere Männer als *pères volontaires* eingesetzt, weil Männern eine Schlüsselrolle bei der Verhinderung von sexueller Gewalt zuwachsen kann.[46] Ältere Menschen sind auch in Kenia aktiv. Hier haben sie sich in Anti-Vergewaltigungs-Komitees organisiert, um Angriffe auf somalische Frauen und Mädchen zu unterbinden. Die Älteren haben begonnen, mehrere praktische Maßnahmen zu ergreifen: Unter anderem pflanzen sie spezielle Dornensträucher um die Lager herum, die potenzielle Eindringlinge fernhalten sollen.[47]

Frauen spielen auch anderswo eine wichtige Rolle in punkto Sicherheit. So hat der UNHCR zum Beispiel 90 ugandische Polizeioffiziere – darunter 25 Frauen – für die Arbeit mit kongolesischen Flüchtlingen ausgebildet. In Rollenspielen übernahmen die Polizeioffiziere wechselseitig die Rolle der Opfer, die eine Vergewaltigung anzeigen. Ziel war es, die Befragungstechnik zu verbessern, zu lernen, wie man forensische Beweise sichert, Informationen gegen die stationäre Aufnahme zu vermitteln und sich die ugandischen Gesetze gegen geschlechtsspezifische Gewalt anzueignen.[48]

Reproduktive Gesundheit und HIV-Prävention

Neue Berichte von Wissenschaftlern und humanitären Organisationen lassen vermuten, dass in Lagern lebende Frauen durch den besseren Zugang zu Familienplanung, HIV-Prävention und Dienstleistungen rund um Schwangerschaft und Geburt gegenüber Frauen in ihrem Aufnahme- oder Herkunftsland tatsächlich profitieren können.[49] In Flüchtlingsgruppen gibt es oft weniger Probleme bei Schwangerschaft und Geburt als bei Frauen, die in den Aufnahme- oder in den Herkunftsländern leben. Dies ist weitgehend dem verbesserten Zugang zu medizinischer Versorgung in den Flüchtlingslagern zu verdanken.[50] Eine globale Studie von 2004, die 8,5 Millionen Vertriebene erfasste, stellte fest, dass fast alle Lager mindestens eine Methode zur Familienplanung anboten – darunter orale Kontrazeptiva (96 Prozent) und Kondome (95 Prozent). Dazu kommen Bildungsangebote zur HIV-Prävention in 89 Prozent der Lager. Diagnose und Behandlung von STIs standen in 84 Prozent der Lager zur Verfügung.[51] Ähnlich positiv wirken sich in einigen Regionen die Bemühungen zur Aufklärung über HIV/Aids und andere STIs aus. In Kenia hatten Flüchtlinge erheblich mehr Kenntnisse über HIV/Aids als die allgemeinen Bevölkerungsgruppen im Aufnahmeland oder ihre Landsleute im Südsudan: 72 Prozent der in Lagern lebenden Flüchtlinge kannten die drei wichtigsten Methoden, um sich gegen HIV/Aids zu schützen. Unter der einheimischen Bevölkerung der Region waren es dagegen nur 32 Prozent.[52]

Trotz all dieser Fortschritte können Flucht und Vertreibung die reproduktive Gesundheit und Rechte von Frauen erheblich beeinträchtigen. Angesichts der Tatsache, dass schätzungsweise 25 Prozent der Flüchtlingsfrauen im gebärfähigen Alter schwanger sind, ist das ein schwer wiegendes Problem.[53] Ohne Zugang zu Dienstleistungen der reproduktiven Gesundheit können Komplikationen bei der Schwangerschaft oder der Geburt zu erhöhter Mütter- und Kindersterblichkeit, zu einem niedrigen Geburtsgewicht der Kinder und anderen gesundheitlichen Schäden führen. Auch ungeschützter Geschlechtsverkehr und zu frühe Schwangerschaften von Mädchen sind in Flüchtlingslagern keine Seltenheit. Mädchen haben ein erhöhtes Risiko, bei der Entbindung zu sterben. Im Südsudan wurde festgestellt, dass mehr Mädchen während einer Schwangerschaft oder bei der Geburt starben als die Elementarschule abschlossen.[54]

Reproduktive Gesundheit und Rechte von Frauen können durch Flucht und Vertreibung erheblich beeinträchtigt werden – ein schwer wiegendes Problem angesichts der Tatsache, dass 25 Prozent aller Flüchtlingsfrauen zwischen 15 und 49 Jahren schwanger sind.

Flucht und Vertreibung können höhere STI- und HIV-Raten zur Folge haben. Prostitution, sexuelle Ausbeutung und Frauenhandel können die Infektionsraten in die Höhe treiben. Dies zeigt sich vielleicht am deutlichsten im anhaltenden Krieg in der Demokratischen Republik Kongo DRC. Vor dem Ausbruch der Feindseligkeiten im Jahr 1997 waren fünf Prozent der Bevölkerung HIV-positiv. 2002 war diese Zahl in den östlichen Landesteilen, wo der Konflikt am heftigsten tobte, auf 20 Prozent angestiegen.[55] In anderen Fällen können anhaltende Krisen unter Umständen dazu beitragen, die Ausbreitung von HIV zeitweise einzudämmen, weil Bevölkerungsgruppen isoliert und Transport-Routen sowie die Migration vom Land in die Städte unterbrochen werden. Dies war bei den Konflikten in Angola, Sierra Leone und im Südsudan der Fall, die viele Jahre andauerten und wo die HIV-Prävalenz schließlich niedriger war als in den benachbarten Ländern.[56] Ist eines Tages jedoch die Stabilität wieder hergestellt und können sich die Menschen wieder frei bewegen, besteht die Gefahr eines erneuten Anstiegs der HIV-Infektionsraten, sofern Präventionsprogramme ausbleiben.

Die internationale Gemeinschaft verstärkt ihre Anstrengungen weiterhin: Heute profitieren immer mehr Flüchtlinge von Programmen der reproduktiven Gesundheitsversorgung. Im Jahr 2005 bot UNFPA Flüchtlingen im Benin und Ghana, die vor den Unruhen in Togo geflohen waren, Unterstützung an. Geliefert wurden zusätzliche Nahrung und Impfstoffe für schwangere Frauen und Kinder, *maternity health kits* (Gesundheits-Pakete für Schwangere und Mütter), Kondome und Femidome, Medikamente gegen sexuell übertragbare Infektionskrankheiten, Moskitonetze mit chemischem Insektenschutz sowie Seife.[57] Im Lager Sherkole für sudanesische Flüchtlinge in Äthiopien unterstützt UNFPA das Internationale Rote Kreuz (IRC) bei der Mobilisierung von älteren Menschen, Frauengruppen und anderen Führungspersönlichkeiten, um das Problembewusstsein für Familienplanung und die Gesundheit von Müttern und Kindern zu schärfen und um Strategien zur Abschaffung gesundheitsschädlicher Praktiken zu formulieren.[58] Im Iran haben UNICEF und WHO die *Assisting Marsh Arabs and Refugees International Charitable Foundation* (AMAR) bei der Ausbildung von mehr als 100 Frauen zu freiwilligen Gesundheitshelferinnen unterstützt, um in Flüchtlingslagern lebende Irakerinnen und afghanische Flüchtlinge in städtischen Gebieten zu erreichen. Das Ziel besteht darin, Informationen über die medizinische Betreuung von Müttern sowie über Impfungen und Familienplanung zu verbreiten.[59]

Im Jemen betreibt die Organisation *Marie Stopes International* (MSI) seit 1998 Zentren für reproduktive Gesundheit für somalische Flüchtlinge und die ortsansässige Bevölkerung. Mit den von UNFPA und dem UNHCR unterstützten Kursen für Gesundheitsbildung wurden Tausende von Flüchtlingen erreicht.[60] Im Lager Yarenja für sudanesische Flüchtlinge in Äthiopien berichten das IRC und die von UNFPA unterstützten Klubs zur Bekämpfung von HIV/Aids und zur Förderung der reproduktiven Gesundheit, dass heute mindestens 55 Prozent der Flüchtlinge im Alter von 14 bis 45 Jahren wissen, wie eine Ansteckung mit STIs und HIV verhindert werden kann. Besonders erfolgreich waren dabei die Mädchenklubs.[61]

Rückführung, Integration und Wiederansiedlung

Für Flüchtlinge bieten sich auf Dauer normalerweise drei Möglichkeiten: freiwillige Rückführung in ihr Herkunftsland, Integration im Asylland oder die Wiederansiedlung in einem dritten Land.[62] Wie bereits erwähnt bleiben Flüchtlinge jedoch oft viele Jahre in Lagern und haben nur begrenzte Aussichten, eine der drei Optionen für sich zu verwirklichen.

▲ In einem Flüchtlingslager im Dreiländereck von Kongo, Burundi und Ruanda. Kinder stehen vor einem Wasserhahn Schlange, um ihre Kanister aufzufüllen.
© Ian Berry/Magnum Photos

Internationale Organisationen, insbesondere der UNHCR und die IOM, koordinieren die Rückführung und bieten medizinische Versorgung an. Außerdem begleiten sie die schwächsten Flüchtlinge. Weil sie die Flüchtlingszahlen senken wollen, favorisieren die Regierungen der Gastländer häufig die Rückführung und ignorieren die Möglichkeit der Integration vor Ort. Dies wäre vor allem dort eine praktikable kurz- und langfristige Lösung, wo die chronische Instabilität in den Herkunftsländern eine Rückkehr unmöglich macht.[63] Zu den wenigen Ausnahmen gehören Papua Neuguinea, Belize, Mexiko und Uganda.[64] 2005 gewährte Papua Neuguinea 184 Flüchtlingen aus Indonesien schon ein Jahr nach ihrer Ankunft Aufenthaltsgenehmigungen. Mehr noch: Die Regierung gewährte diese Genehmigungen sowohl Männern als auch Frauen in ausdrücklicher Anerkennung ihrer gleichen Rechte und der Chancengleichheit der Geschlechter.[65]

Viele Jahre lang standen Flüchtlingen nur wenige Staaten als Drittland zur Ansiedlung offen. Inzwischen bieten sich jedoch mehr Staaten als Alternative an.[66] Heute versucht der UNHCR, Haushalte mit weiblichem Haushaltsvorstand und Opfer von geschlechtsspezifischer Gewalt vorrangig in ein Drittland zu vermitteln.[67] 2004 unternahm das UNHCR-Büro in Guinea eine besondere Initiative und erhöhte den Anteil der Frauen bei den 2.500 Namen, die es an das Flüchtlingsprogramm der USA weiterleitete.[68] Auch Brasilien nimmt jetzt mehr Familien mit weiblichen Familienoberhäuptern auf. Nach ihrer Ankunft werden ihnen Sprachkurse, Berufsausbildungen, Hilfe bei der Arbeitssuche, Mikrokredite und Kinderbetreuung angeboten.[69]

Dennoch kann es schwierig sein, die soziale, kulturelle und wirtschaftliche Integration von Flüchtlingsfrauen zu erleichtern. Viele der Frauen tragen schwer an der Last häuslicher Pflichten und der Kinderbetreuung. Und männliche Familienmitglieder haben oft etwas dagegen, wenn Frauen außer Haus arbeiten. Isolation und mangelnde Vertrautheit mit der Gesellschaft des Gastlandes können zu Depressionen führen. Um etwas gegen diese Not zu tun, hält der kanadische Flüchtlingsrat wöchentliche Gruppentreffen für Flüchtlingsfrauen ab, wobei die Kinder während der Sitzungen betreut werden. Die Orga-

▲ *Einwandererfamilie in Kopenhagen, Dänemark.*
© Mikkel Ostergaard/Panos Pictures

nisatoren machen den Frauen Mut, sich gegenseitig zu unterstützen und unabhängiger zu werden.[70]

Programme von Immigranten für Immigranten können für Neuankömmlinge besonders hilfreich sein. In Australien kümmern sich Einwanderinnen von den Cook-Inseln um neu eintreffende Flüchtlinge vom Horn von Afrika.[71] Anderswo sind Bemühungen im Gange, den Zugang zur Gesundheitsversorgung zu verbessern und die soziokulturellen und sprachlichen Barrieren zu überwinden, durch die viele gehindert werden, Dienstleistungen in Anspruch zu nehmen. Auch in Kanada ist man bestrebt, Flüchtlinge in das vorhandene Gesundheitssystem zu integrieren. Dort helfen heute erfahrene ehemalige Flüchtlingsfrauen den Neuankömmlingen, Zugang zu Gesundheitseinrichtungen, sozialen Dienstleistungen und Bildungsmöglichkeiten zu finden.[72] In Österreich bietet das Gesundheitsbetreuungszentrum Omega gender-bezogene psychologische und soziale Beratung sowie medizinische Betreuung für Flüchtlinge und Folteropfer an.[73] In den USA arbeitet RAINBO mit Flüchtlingsgemeinschaften, um über Fragen der sexuellen und reproduktiven Gesundheit aufzuklären. Dabei bildet die weibliche Genitalverstümmelung (FGM) einen besonderen Schwerpunkt. Die Organisation arbeitet auch mit Gesundheitsdienstleistern zusammen, um die Betreuung derjenigen Frauen zu verbessern, die bereits „beschnitten" sind.[74]

Trotz der Fortschritte sind noch viele Hindernisse zu überwinden: Sowohl für die Politik als auch für die Migrantinnen selbst. In vielen Aufnahmeländern gibt es zwar Fortschritte auf verschiedenen Ebenen doch es bestehen nach wie vor erhebliche Diskrepanzen zwischen den politischen Vorgaben und ihrer Umsetzung.

5 Menschenrechte schützen, für kulturelle Vielfalt eintreten

Trotz viel versprechender Aussichten bringt die internationale Migration auch erhebliche Probleme mit sich – ob diese nun aus Fragen der Sicherheit, der Ökonomie, der Demographie, der nationalen Identität, der Gesellschaft, der Kultur oder der Menschenrechte erwachsen.

Dennoch wird die internationale Migration weitergehen: Die Menschheit, die seit den Anfängen ihrer Geschichte in Bewegung ist, wird weiterhin die Chancen ergreifen, die eine immer enger zusammenwachsende Welt mit immer umfassenderen Zukunftsaussichten bietet. Migration wird mindestens so lange stattfinden, wie ein riesiger Teil der Menschheit durch Armut und Ungleichheit benachteiligt ist. Die eigentliche Herausforderung besteht darin, die positiven Effekte der internationalen Migration – insbesondere im Hinblick auf Armutsbekämpfung und Entwicklung – zu verstärken und ihre Risiken für alle Beteiligten zu vermindern.[1]

Mit Beginn des 21. Jahrhunderts hat die internationale Gemeinschaft weitgehend verstanden, wie sie solche Spannungen bewältigen kann: durch internationale Zusammenarbeit sowie die Achtung und Förderung der Menschenrechte. Eine der großen Errungenschaften des 20. Jahrhunderts[2] ist die Entwicklung eines internationalen Menschenrechtssystems, in dem der Würde des Menschen und seinen Grundbedürfnissen – auf die alle Menschen ungeachtet ihrer nationalen Herkunft ein Anrecht haben – oberste Priorität eingeräumt wird. Entstanden ist dieses Vermächtnis schon mit der Gründung der Vereinten Nationen, denen heute 191 Staaten angehören. Ihnen fällt die Aufgabe zu, nach Lösungen für das Leben in einer globalisierten Welt zu suchen.

Das erfolgreiche Management der internationalen Migration erfordert globale, regionale und bilaterale Zusammenarbeit. In den letzten Jahren hat sich der Dialog zwischen den Regierungen intensiviert.[3] Vor dem Hintergrund der internationalen Verpflichtungen, die in letzter Zeit eingegangen wurden, ist 2006 für die internationale Migration und die Weltpolitik ein wichtiges Jahr, das seinen Höhepunkt im *High-Level Dialogue on International Migration and Development* im September haben wird. Und hierin liegt die Herausforderung: Werden die Regierungen, die Parlamentarier, die Arbeitgeber und die Zivilgesellschaft das menschenrechtliche Versprechen erfüllen, das sie den fast 200 Millionen internationalen Migranten gegeben haben? Der Blick der Welt wird auf ihnen liegen.

◀ *Ein mexikanisches Paar folgt den Gleisen auf dem Weg zu ihrer Arbeit in einer Fabrik. Viele Fabriken in der Nähe der US-amerikanischen Grenze sind* maquiladoras: *Fertigungsbetriebe, die multinationalen Konzernen gehören, und die vergleichsweise billige mexikanische Arbeiter beschäftigen. Sie montieren importierte Komponenten. Die Fertigprodukte werden dann exportiert.*
© Fernando Moleres/Panos Pictures

Die Menschenrechte von Migranten schützen

Auf globaler Ebene haben alle Regierungen die Menschenrechte von Migranten und ihren Familien immer wieder neu bekräftigt. Auf den beiden historischen Gipfeltreffen – dem UN-Millenniumsgipfel im Jahr 2000 und dem Weltgipfel 2005 – waren sich die führenden Politiker der Welt darüber einig, dass das nachhaltige Management der internationalen Migration von großer Bedeutung dafür sein wird, ob die Millennium-Entwicklungsziele erreicht werden.[4] In den Aktionsplänen, die von den UN-Konferenzen der 1990er Jahre verabschiedet wurden, wiesen die Regierungen außerdem mit besonderem Nachdruck auf die Bedürfnisse und Rechte von Migrantinnen und Flüchtlingsfrauen hin. Zu diesen Konferenzen gehören die Weltbevölkerungskonferenz von Kairo 1994 und die Weltfrauenkonferenz in Peking 1995.

Ein auf individuelle Rechte gegründeter und gender-sensibler Ansatz ist der Mindeststandard, auf den jede Einwanderungspolitik festgelegt werden sollte. Dennoch gelingt es auf globaler Ebene nur langsam, die Menschenrechte von internationalen Migranten zu schützen und die besonderen menschenrechtlichen Probleme von Frauen anzugehen.

Im Jahr 1990 wurde die Internationale Konvention zum Schutz der Rechte aller Wanderarbeiter und ihrer Familienangehörigen verabschiedet. Doch es dauerte dreizehn Jahre, bis sie 2003 in Kraft treten konnte. Erst dann hatte die erforderliche Anzahl von Staaten die Konvention ratifiziert.[5] Bis zum Januar 2006 waren es erst 34 von 191 Staaten. Auf dieser Liste steht jedoch kein einziges der zehn wichtigsten Aufnahmeländer – obwohl dort zusammen die Hälfte aller Migranten der Welt leben.[6] Aus Sorge darüber, dass der Schutz der Menschenrechte von Migranten nicht ausreichend vorangetrieben wird, haben mehrere Partner, darunter führende internationale NRO und UN-Organisationen die „Globale Kampagne zur Ratifizierung der Konvention" gestartet.[7]

Viele international anerkannte Menschenrechte sind innerhalb eines Landes gleichermaßen für Staatsbürger als auch für Menschen ohne Staatsbürgerschaft gültig. Die Rechte auf Freiheit, Freiheit von Folter und unmenschlicher Behandlung, Bildung und Gesundheit, auf Gleichbehandlung am Arbeitsplatz, Beitritt zu einer Gewerkschaft und arbeitsfreie Tage[8] sind beispielsweise Menschenrechte, zu deren Achtung, Schutz und Einhaltung jeder Staat nach internationalem Recht wenigstens minimale Anstrengungen zu unternehmen verpflichtet ist – ungeachtet der Richtlinien und des Rechtsstatus des Einzelnen. In der Praxis sichern die Staaten manche Menschenrechte nur für ihre Staatsbürger und machen Unterschiede zwischen legalen Einwanderern und Migranten ohne Papiere.[9] Dies liegt im Rahmen ihrer Hoheitsrechte. Die ILO-Konventionen setzen außerdem Richtlinien fest und geben Empfehlungen hinsichtlich angemessener Arbeitsbedingungen, der Merkmale von Zwangsarbeit und Mindeststandards für den Arbeitsplatz. Zwei von ihnen beziehen sich ausdrücklich auf Migranten.[10]

Besonders wichtig sind diese Instrumente für die Millionen Arbeiter – auch Wanderarbeiter –, deren Arbeit die hohe Lebensqualität ermöglicht, an die sich viele Aufnahmeländer heute gewöhnt haben. Diese Einwanderer übernehmen oft sehr anstrengende und unterbezahlte Arbeiten in der Landwirtschaft, bei der Müllabfuhr oder im Reinigungsdienst. Damit helfen sie, die Menschen zu ernähren und die Städte funktionstüchtig und sauber zu halten. Während die meisten Arbeitsmigranten bereit waren und es noch immer sind, gewisse Kompromisse einzugehen – niedrige Löhne und sozioökonomische Probleme im Tausch gegen die Chance, im Ausland mehr zu verdienen und in Frieden zu leben – haben die Abgabe- und Aufnahmeländer ihren Teil des stillschweigenden Handels, bei dem es um die Menschenrechte geht, nicht immer erfüllt.

Im Großen und Ganzen stellt das jeweilige Arbeitsrecht für die meisten der arbeitenden Migrantinnen keinen wirksamen Schutz dar – selbst dann nicht, wenn sie einen legalen Rechtsstatus genießen. Das Problem wird noch durch die Tatsache verschärft, dass viele Migranten keinen Zugang zu Informationen über ihre Rechte haben oder darüber, wie sie sie in Anspruch nehmen können. Zudem mangelt es an adäquaten Daten, auf denen man eine wirkungsvolle Politik aufbauen könnte. Menschenrechtsverletzungen werden oft nicht angezeigt, weil Einwanderer zum großen Teil illegale Arbeit verrichten.[11] Ein wichtiges Ziel ist deshalb die Regulierung der derzeit unregulierten Sektoren, in denen viele Migrantinnen beschäftigt sind. Darin eingeschlossen ist die Verbesserung von Überwachungssystemen, durch die Arbeitgeber rechenschaftspflichtig gemacht werden.

Dies ist ein großer Schritt auf dem Weg zur Vermeidung und Beendigung von Missbrauch, dessen extremste Form die moderne Sklaverei darstellt. Durch Einwirkung auf die Arbeitgeber (einschließlich öffentlicher Institutionen und multinationaler Unternehmen) sowie durch deren Bindung an Gesetze und Verhaltensnormen lassen sich die Menschenrechte von Arbeitsmigranten zusätzlich schützen. Derzeit sind mehrere Initiativen in Vorbereitung, die Unternehmen in die Verantwortung nehmen sollten. Einige dieser Initiativen wurden von den Vereinten Nationen und anderen Institutionen initiiert.[12]

Besonders wichtig sind das Recht auf Bildung und das Recht auf Gesundheit – nicht nur für Migranten und ihre Familien, sondern auch im Interesse der Aufnahmeländer. Das Recht eines Kindes auf Bildung ist, ungeachtet des Rechtsstatus des Kindes oder der Eltern, von grundlegender Bedeutung für seine Zukunft als Bürger oder Bürgerin dieser Welt. Gesundheit ist ein Grundrecht, das im Internationalen Pakt über wirtschaftliche, soziale und kulturelle Rechte verankert ist.

Das UN-Abkommen wurde von mehr als 150 Staaten ratifiziert oder unterzeichnet.[13] Außerdem ist Gesundheit auch die Voraussetzung für ein produktives Leben. In einigen Aufnahmeländern stellen die Arbeitsmigranten einen bedeutenden Anteil des gesamten Arbeitskräftepotenzials, daher kann sich ihr gesundheitlicher Zustand merklich auf die Gesamtwirtschaftsleistung eines Landes auswirken. Um die Gesundheit von Migrantinnen sicherzustellen und sie zu stärken, ist es notwendig, reproduktive Gesundheit und Rechte zu fördern. Wenn es nicht gelingt, Einwanderern und ihren Familien den Zugang zu Bildung und Gesundheitsversorgung zu ermöglichen, bringt dies auch Nachteile für deren Integration mit sich. Ein geringes Bildungsniveau und ein schlechter Gesundheitszustand verstärken die Diskriminierung von Migranten und tragen zu deren sozioökonomischer Marginalisierung bei.

Verschiedene Länder erkennen ihre Verpflichtungen, die sich häufig auch in ihren eigenen Verfassungen wieder finden, nach internationalem Recht an – und bekräftigen die Grundrechte aller Personen auf ihrem Staatsgebiet, ungeachtet ihres jeweiligen Rechtsstatus. In etlichen Fällen gewähren Staaten allen Migranten Zugang zu medizinischer Versorgung, allerdings ist sie für Einwanderer ohne Papiere oft auf medizinische Notfälle eingeschränkt. Im September 2005 verkündete die Regierung Mexikos die Ausweitung der Gesundheitsversorgung auf alle mexikanischen Einwanderer und ihre Familien, die aus den USA einreisen. Das Prinzip der „Volksversicherung" soll zukünftig eine Million Menschen erfassen und eine Reihe von Krankheiten abdecken, unter anderem Krebs, Leukämie, HIV/Aids, Augenerkrankungen und Nierenfunktionsstörungen.[14] Die von der EU finanzierte Initiative für migrantenfreundliche Krankenhäuser wurde in 12 Mitgliedsstaaten umgesetzt. Sie soll eine Einschätzung ermöglichen, welche Funktionen Krankenhäuser übernehmen können, um eine kulturell angepasste medizinische Versorgung für Migranten und ethnische Minderheiten zu fördern.[15]

Die meisten Arbeitsmigranten sind bereit, Kompromisse einzugehen. Sie akzeptieren niedrige Löhne und sozioökonomische Probleme im Tausch gegen die Chance, im Ausland mehr Geld zu verdienen und in Frieden zu leben. Im Gegensatz dazu haben die Herkunfts- und Aufnahmeländer ihren Teil des stillschweigenden Handels, bei dem es um die Menschenrechte geht, nicht immer erfüllt.

Dennoch sind die Fortschritte beim Schutz der Rechte von Migranten noch immer uneinheitlich, insbesondere in Bezug auf Einwanderer ohne Papiere. Selbst da, wo es gesetzliche Regelungen gibt, begegnen Immigranten ohne Papiere Hürden und Risiken und haben Angst, angezeigt und ausgewiesen zu werden. Außerdem sind ihre Ansprüche in manchen Fällen eingeschränkt.

Das Recht auf Gesundheit ist ein solcher Fall in Zeiten, in denen Regierungen mit wachsenden Immigrantenzahlen, leeren Staatskassen, wachsenden Sicherheitsproblemen und der öffentlichen Meinung zu kämpfen haben. In Großbritannien hatten Einwanderer ohne Papiere bis zum Jahr 2004 im Großen und Ganzen Zugang zu medizinischer Versorgung, obwohl es damals keine eigene Gesetzgebung dafür gab. Seither wurden die Verordnungen zum staatlichen Gesundheitssystem überarbeitet. Darin wird nun ausdrücklich Bezug auf „illegale" Einwanderer genommen und deren Meldung an die Behörden vorgeschrieben. Von Migranten wird gefordert, einen Nachweis über ihren legalen Aufenthalt vorzulegen."

Ebenso wurde 2002 in Frankreich ein Gesetz erlassen, nach dem Einwanderer ohne Papiere verpflichtet werden, ihre medizinische Behandlung teilweise selbst zu bezahlen. Wer nicht beweisen kann, dass er oder sie seit mehr als drei Monaten im Land lebt, kann nur im Notfall oder zur Behandlung einer lebensbedrohlichen Erkrankung staatliche medizinische Hilfe in Anspruch nehmen. Als Reaktion darauf reichte die *International Federation for Human Rights* eine Beschwerde beim Komitee für soziale Rechte des Europarats ein. Im Jahr 2004 verfügte das Komitee: „Gesetze oder Verfahren, die ausländischen Staatsangehörigen innerhalb des Staatsgebiets eines Mitgliedsstaates, selbst wenn diese sich dort illegal aufhalten, den Anspruch auf medizinische Hilfe verweigern, stehen im Widerspruch zur Europäischen Sozialcharta."[17]

Im Jahr 1996 wurde in Berlin das Büro für medizinische Flüchtlingshilfe gegründet. Es ist eine nichtstaatliche Anlaufstelle, die zweimal wöchentlich kostenlose und anonyme medizinische Behandlung für Einwanderer und Flüchtlinge ohne Papiere anbietet. Heute gibt es in ganz Deutschland Büros, die im Rahmen der Kampagne „Niemand ist illegal" untereinander lose verbunden sind. Zudem weiten einige kirchliche Organisationen und Wohlfahrtsverbände medizinische Hilfsdienste auf Einwanderer ohne Papiere aus. Nach dem „Infektionsschutzgesetz" (2000) bieten staatliche Gesundheitsämter Zugang zu anonymer und kostenloser Diagnose sowie Behandlung bei Tuberkulose und einigen sexuell übertragbaren Infektionskrankheiten (STIs). Auch Krankenhäuser, Notfallpraxen und praktische Ärzte sind gesetzlich verpflichtet, medizinische Behandlungen durchzuführen – ungeachtet des Nachweises einer Krankenversicherung oder des Aufenthaltsstatus.[18] Allerdings ist die Umsetzung der Politik in der Praxis hier wie anderswo keine einfache Aufgabe. Viele Einwanderer ohne Papiere kennen ihre rechtlichen Ansprüche nicht. Sowohl sie selbst als auch die Gesundheitsdienstleister sind sich manchmal über die Auswirkungen neuer Gesetze und Verfahren nicht im Klaren.

Solange Politiker und die Öffentlichkeit nicht erkennen, wie beide Seiten von der Einwanderung profitieren, ist es unwahrscheinlich, dass selbst nachhaltige Anstrengungen zum Schutz der Menschenrechte von Migranten greifen.

Dies schließt das Verständnis dafür ein, dass Migration oftmals Notwendigkeiten entspringt – obwohl dies von Regierungen inzwischen immer stärker anerkannt wird. Migranten sind in der gesellschaftlichen und wirtschaftlichen Sphäre unverzichtbar. Trotzdem erfährt ihr Beitrag zur Gesellschaft nicht immer die angemessene Wertschätzung. Große – wenn auch oft unausgesprochene – Hindernisse für die Akzeptanz im Gastland sind Fremdenfeindlichkeit und geschlechtsspezifische, ethnische, soziale oder andere Formen der Diskriminierung. Sie vergrößern die Schwierigkeiten, mit denen Einwanderer zu kämpfen haben, zusätzlich.

Gender-spezifisches Migrationsmanagement

Die sozialen Errungenschaften und die finanziellen Rücküberweisungen von Migrantinnen bedeuten viel für die Familien und Gemeinschaften in ihrer Heimat. Ihre Arbeit ermöglicht einen sozioökonomischen Gewinn für die Aufnahme- und Herkunftsländer. Und doch nehmen Migrationspolitiken nur selten Rücksicht auf das Geschlecht.

Dies ist zum Teil dem Mangel an Studien über die unterschiedlichen Chancen, Risiken, Beiträge und Erfahrungen von Frauen und Männern zuzuschreiben. Das kann dazu führen, dass die Gelegenheit versäumt wird, die wirtschaftlichen und sozialen Potenziale der Migration optimal zu nutzen. Verbesserte Datenerhebung und vermehrte Forschung würden zum Beispiel klären, wie Frauenmigration und Rücküberweisungen zu Armutsbekämpfung und Entwicklung beitragen können.[19] Staatliche Strategien zur Bekämpfung der Armut in den Herkunftsländern und die Entwicklungszusammenarbeit der Geberländer können von einer höheren Aufmerksamkeit für das wachsende Phänomen der internationalen Frauenmigration nur profitieren.[20]

Manche Länder ergreifen Maßnahmen, um auf die Feminisierung der Migration zu reagieren. Zur Verbesserung der Politik ist eine nach Alter und Geschlecht differenzierte Datenerhebung notwendig. Um eine bessere Datenlage zu erreichen, können die Staaten auf vorhandene Datenerhebungen zurückgreifen – etwa auf Volkszählungen und Umfragen zu Demographie, Gesundheit und Haushaltsführung. Staaten, die sehr viele Einwanderer aufnehmen, können außerdem Umfragen starten, die speziell auf die Untersuchung des sozioökonomischen Status von Immigranten abzielen. Politische Maßnahmen haben eher

Erfolg, wenn sie auf aussagekräftigen und genauen Daten und Analysen aufbauen.

Norwegen ist eines der wenigen Länder, die versuchen, dem Mangel an nach Geschlechtern differenzierten Statistiken abzuhelfen: Das Land erhebt detaillierte, bildungs- sowie arbeitsbezogene, demographische und wirtschaftliche Daten über Migranten der ersten und zweiten Generation, einschließlich Flüchtlingen.[21]

Eine weitere Ausnahme ist Kanada: Kanada hat als erstes Land überhaupt seine Migrationspolitiken einer umfassenden Gender-Analyse unterworfen. Eine Konsequenz daraus waren Veränderungen bei den Einreisebedingungen, die wiederum dafür sorgten, dass mehr ausgebildete ausländische Frauen ins Land kamen. Ihr Anteil an der Gesamtzahl der Arbeitsmigranten stieg von 24,5 Prozent im Jahr 2001 auf 34 Prozent in 2002.[22] Auf regionaler Ebene führt auch das *Statistical Information System on Central American Migration* nach Geschlechtern differenzierte Informationen zusammen. Es handelt sich um eine der fortschrittlichsten Datensammlungen.[23] In Nepal wurde ein wichtiger Durchbruch erzielt, als die Regierung die Belange von Arbeitsmigrantinnen in den zehnten Fünfjahresplan zur Entwicklung des Landes für die Jahre 2002 bis 2007 integrierte. Außerdem bemühen sich die Behörden in letzter Zeit, eine nach Geschlechtern differenzierte Datenbank für die Migration innerhalb des Landes zu entwickeln.[24]

Durch Politiken und Programme, die ausdrücklich auf Armutsbekämpfung, die Beendigung der geschlechtsspezifischen Diskriminierung und die Verbesserung der Chancen von Frauen in ihren Herkunftsländern abzielen, können Politiker dazu beitragen, Alternativen zur Migration zu schaffen. Diskriminierende Gesetze abzuschaffen und die Möglichkeiten der legalen Migration für Frauen zu gestalten, kann die ungeregelte Migration verringern helfen. Gleichzeitig ist dies ein Beitrag zur Bekämpfung von Schmuggel und Menschenhandel und versetzt Frauen in die Lage, ihre Familien ohne allzu große Risiken zu unterstützen.[25]

Einige Einwanderungsländer praktizieren nach wie vor das Prinzip des „Hauptantragstellers". Dies bedeutet in der Praxis, dass männliche Verdiener bevorzugt werden. Zudem schränkt es die Möglichkeiten für Migrantinnen ein, als unabhängige Personen einzureisen und einen entsprechenden Rechtsstatus zu erwerben.[26] Auch den Aufnahmeländern nützen politische Reformen zum Abbau diskriminierender Barrieren – in Form von Steuereinnahmen, Rentenbeiträgen und anderen wirtschaftlichen Leistungen von Migrantinnen. Zudem fördern sie ein humaneres und geregeltes Migrationsmanagement.[27]

Experten haben eine Reihe von Empfehlungen ausgesprochen, um die Menschenrechte von Frauen während des gesamten Migrationszyklus zu schützen. Wie bereits in den vorangegangenen Kapiteln besprochen, haben die IOM und UN-Organisationen wie die ILO und UNIFEM in Zusammenarbeit mit Regierungen und NRO Standards, Richtlinien und Regeln für die richtige Umsetzung entwickelt. Regierungen können dafür sorgen, dass Migrantinnen bereits vor ihrer Abreise Orientierung und Informationen über ihre Rechte und Risiken sowie über Kontaktpersonen für Notfälle oder bei Misshandlung erhalten. Durch bilaterale Abkommen zwischen Entsender und Aufnahmeländern können Migrantinnen besser geschützt werden und Unterstützung bei der Inanspruchnahme von Rechtsmitteln sowie bei der Rückführung erhalten. Solche Abkommen gibt es zwischen Thailand und den Herkunftsländern Laos und Kambodscha[28] sowie zwischen Jordanien und anderen wichtigen Herkunftsländern (Indonesien, Nepal, den Philippinen und Sri Lanka).[29]

Staaten können Migrantinnen auch dadurch unterstützen, dass sie Anwerbungs- und Arbeitsvermittlungsagenturen kontrollieren, auf schriftlich fixierte Verträge bestehen und diplomatische Beziehungen mit den Zielländern aufnehmen, wie es in verschiedenen südasiatischen Ländern bereits geschehen ist.[30] Soll die Rolle der Botschaften beim Schutz der Rechte von Migrantinnen gestärkt werden, dann müssen deren Ressourcen erweitert, Personal eingestellt und ihre Ausbildung verbessert werden.[31] Ein wichtiger Bereich, der genauer untersucht werden muss, sind die politischen Bestimmungen und Praktiken, die es Frauen verbieten, den Arbeitgeber zu wechseln, sobald sie im Zielland angekommen sind. Dies ist nicht nur ein Hauptgrund dafür, dass manche Migrantinnen keinen Ausweg aus von Gewalt oder Ausbeutung geprägten Arbeitsverhältnissen finden können, sondern es hindert sie auch am beruflichen Aufstieg.

Ebenso können die Regierungen die Wiedereingliederung von Migrantinnen erleichtern, wenn diese in ihre Herkunftsländer zurückkehren und die sozioökonomischen Probleme derjenigen lösen helfen, die arbeitslos oder Opfer von Misshandlungen oder Frauenhandel geworden sind.[32] Beide Seiten profitieren auch, wenn Staaten Rückkehrerinnen beim Zugang zu Investitionen, Krediten, Grundeigentum und Ähnlichem unterstützen – ein Bereich, in dem Frauen oft auf Diskriminierung und Hindernisse stoßen. Dies hilft im Gegenzug, Ersparnisse aus Rücküberweisungen für unternehmerische und entwicklungsfördernde Initiativen nutzbar zu machen. Zudem versetzt es Regierungen in die Lage, Möglichkeiten auszuloten, wie die Bildung, Erfahrungen und das Wissen qualifizierter Arbeitsmigrantinnen nutzbar gemacht werden können.

Den Philippinen wird eine der fortschrittlichsten Initiativen für Arbeiterinnen im Ausland zugeschrieben. Unter anderem gibt es ein freiwilliges Bildungsprogramm, das vor der Ausreise Aufklärung über Rechte und Gesundheitsfragen bietet.[33] Die Migrantinnen bekommen sogar Tipps zur Selbstverteidigung und für den Zugang zu Hilfsangeboten im Ausland. In Zusammenarbeit mit der IOM hat die philippinische Regierung ein Video mit dem Titel „Die Kraft zur Freiheit: Selbstverteidigung für Arbeitsmigrantinnen" produziert. Es zeigt potenziellen Auswanderinnen, wie sie Misshandlungen vermeiden und wie sie sich gegebenenfalls wehren können.[34] In Äthiopien gründete eine Frau, die zuvor im Libanon gelebt hatte, eine offiziell registrierte Arbeitsagentur für Migrantinnen namens *Meskerem*. Sie soll Frauen im Ausland vor Frauenhandel und Misshandlungen schützen und Betroffenen helfen. In Zusammenarbeit mit einer Zweigstelle im Libanon verteilt die Agentur an ihre Klientinnen Ausweise mit Informationen über Notfalladressen, die rund um die Uhr erreichbar sind. Zudem bietet die Agentur im Bedarfsfall einen Abholservice, Zuflucht oder Hilfe bei der Rückführung in das Heimatland der Frauen. Sie zahlt außerdem Löhne und Gehälter, wenn der Arbeitgeber seinen Zahlungsverpflichtungen nicht nachkommt, und erhebt anschließend Klage vor Gericht.[35] Auch andere Staaten sind bestrebt, Migrantinnen zu unterstützen. Mexiko zum Beispiel startete eine Aufklärungskampagne zum Thema Menschenrechte von Migrantinnen und der Lebensbedingungen während ihres Aufenthalts in den USA.[36]

Auch Parlamentarier können eine entscheidende Rolle spielen. Im Dezember 2005 veröffentlichte das Komitee für Chancengleichheit für Frauen und Männer der parlamentarischen Versammlung des Europarats einen Bericht über die Integration von Migrantinnen in Europa.[37] In Anerkennung der Tatsache, dass Frauen einer doppelten Diskriminierung als Frauen und als Migrantinnen begegnen, werden die EU-Mitgliedsstaaten in diesem Bericht aufgerufen, den Schutz der Menschenrechte für diese Gruppe zu verbessern. Dazu gehört:

- die Bekämpfung von Rassismus und geschlechtsspezifischen Rollenklischees;
- die Bewusstseinsbildung in den Medien und Schulen über die Leistungen, die Migrantinnen für die Aufnahmegesellschaften erbringen;
- die Beseitigung von Hindernissen für die Beschäftigung von Migrantinnen;
- die Gewährleistung eines unabhängigen Rechtsstatus für Frauen, die im Zuge der Familienzusammenführung einreisen;
- ein gesetzliches Verbot der Verweigerung von Aufenthaltsgenehmigungen oder Pässen;
- berufliche Bildungsangebote für Frauen, um ihnen Arbeitsmöglichkeiten auch außerhalb der traditionell „weiblichen" Sektoren (zum Beispiel im Haushalts- oder Gesundheitssektor) zu ermöglichen;
- sowie Unterstützungsleistungen wie Kinderbetreuung und die Förderung einer stärkeren Beteiligung der Männer an familiären Pflichten.

Angesichts der Notwendigkeit, Männer einzubeziehen, wurden die Aufnahmeländer in dem Bericht aufgerufen, sowohl männlichen als auch weiblichen Immigranten Weiterbildungsangebote über gleiche Rechte für Männer und Frauen und die Notwendigkeit der Beendigung geschlechtsspezifischer Gewalt zu machen.

Wichtig ist auch die gemeinsame Arbeit mit den Gemeinschaften in den Herkunftsländern, aus denen viele Einwanderer kommen. Einerseits kann durch Aufklärung das Risiko von Frauenhandel und Ausbeutung gemindert werden. Andererseits lernen zukünftige Migranten, was sie von ihrer Migration erwarten können, welche Chancen und Herausforderungen damit verbunden sind, und sie können sich über entsprechende Gesetze und Politiken informieren. In Tarija in Bolivien werden zum Beispiel junge zukünftige Auswanderinnen im Rahmen eines von

▲ *Wanderarbeiter in China stellen in einer Spielzeugfabrik Puppen her.*
© Mark Henley/Panos Pictures

der NRO PROMUTAR *(Promoción de la Mujer Tarija)* durchgeführten Orientierungsprogramms für junge Frauen über die Risiken der illegalen Migration aufgeklärt.[38] Bedeutsam sind partizipatorische Ansätze auch für die Entwicklung wirkungsvoller Migrations- und Entwicklungspolitiken und der Information darüber. Das Engagement von Migrantinnen-Organisationen kann in Zusammenarbeit mit Politikern, Arbeitgebern, Gewerkschaften und NRO dazu dienen, die Suche nach besseren, nachhaltigen und fairen Politiken für das internationale Migrationsmanagement zu fördern.

DIE ZIVILGESELLSCHAFT: NETZWERKE FÜR GLEICHBERECHTIGUNG

Viele NRO haben an vorderster Front für Migrantenrechte gekämpft, besonders im Hinblick auf spezielle Themen wie Frauenhandel und Flüchtlinge. Ihre Beteiligung an der Formulierung von Einwanderungspolitiken ist jüngeren Datums, gewinnt aber an Bedeutung und Wirkung.[39] Mehrere Organisationen haben die Gleichberechtigung der Geschlechter und die Rechte von Frauen teilweise oder ganz zum Schwerpunkt ihrer Arbeit gemacht.

Die Organisation *Migrants Rights International* wurde anlässlich der Weltbevölkerungskonferenz im Jahr 1994 gegründet, um die Menschenrechte von Migranten zu fördern. Zu ihren Mitgliedern zählen Organisationen und Experten aus allen Teilen der Welt.[40] In den USA stehen Einwanderern heute mehr als 3.000 Organisationen zur Seite – im Jahr 1993 waren es nur etwa 50.[41] 1999 setzten sich schätzungsweise mindestens 300 Organisationen für die Rechte von Migranten in Asien ein.[42] Mehrere Netzwerke in Lateinamerika ebenso wie in Europa (einige davon werden von der Europäischen Kommission gefördert) engagieren sich für die Rechte von Migranten und gegen Rassismus.[43] PICUM zum Beispiel, die *Platform of International Cooperation on Undocumented Migrants*, ist ein Zusammenschluss europäischer NRO, die sich für das Recht auf Wohnung, Bildung, Gesundheit, Prozesskostenhilfe, Versammlungs- und Organisationsfreiheit einsetzt.[44] Der Stiftung FIVOL (italienische Stiftung für Freiwilligendienste) zufolge arbeiten etwa 1.000 Vereinigungen zu Fragen der Einwanderung, von denen die Hälfte von Migranten geführt wird.[45]

Ein wesentlicher Grund für die Ausbeutung von Einwanderern ist, dass sie in Organisationen, die ihre Rechte vertreten, oft unterrepräsentiert sind. NRO – häufig von Arbeitsmigranten selbst gegründet – sind hier in die Bresche gesprungen. Gewerkschaften sind ein wichtiges Forum zur Verteidigung von Arbeiterrechten und haben sich in vielen Ländern – zumeist Industriestaaten – die Belange von Arbeitsmigranten auf die Fahnen geschrieben.[46] Die Internationale Vereinigung Freier Gewerkschaften (ICFTU) mit ihren weltweit 125 Millionen Mitgliedern fördert zum Beispiel durch ihre nationalen Mitgliedsverbände die Rechte von Arbeitsmigranten auf globaler und nationaler Ebene. Unter anderem lancierte sie einen Aktionsplan „Nein zu Rassismus und Fremdenfeindlichkeit".[47] Zwar ist Migranten der Gewerkschaftsbeitritt gesetzlich oft nicht erlaubt, aber es gibt einige Ausnahmen: In der Schweiz bieten Gewerkschaften Mitgliedsausweise mit Schutzfunktion für Arbeitsmigranten ohne Papiere an, die überwiegend im Haushalt beschäftigt sind.[48]

In Asien wurden mehrere Organisationen gegründet, die sich für die Rechte von Migrantinnen einsetzen. Im Jahr 1989 gelang es Einwanderinnen in Hongkong (SAR), die *Asian Domestic Workers Union* als Gewerkschaft registrieren zu lassen. Diese unterstützt heute Mitglieder aus Ländern wie Indien, Indonesien, Malaysia, Nepal, Pakistan, den Philippinen, Sri Lanka und Thailand.[49] Philippinische Frauen haben außerdem mehrere andere NRO gegründet und über die Landesgrenzen hinweg vernetzt, so zum Beispiel die NRO-Koalition *United Filipinos in Hong Kong* (UNIFIL-HK). Sie beobachtet die Lebens- und Arbeitsbedingungen ausländischer Hausangestellter und hilft Arbeitern aus Indien, Indonesien und Sri Lanka, eigene Gewerkschaften zu gründen.[50] Im Jahr 2004 haben Menschenrechts- und Frauenorganisationen sowie religiös orientierte NRO in der Republik Korea die Einführung eines Systems für die Erteilung von Arbeitsgenehmigungen erreicht, das gering qualifizierte Migranten unter gesetzlichen Schutz stellt. Dadurch erhalten Arbeitsmigranten dieselben Rechte wie einheimische Arbeiter – einschließlich des Rechts, sich einer Gewerkschaft anzuschließen, des Streikrechts, des Rechts auf Tarifverhandlungen und des Anrechts auf die staatliche Gesundheits-, Notfall- und Betriebsunfallversicherung sowie auf eine staatliche Rente.[51] Im indischen Neu-Delhi versorgt das *South Asian Study Center* schätzungsweise 200.000 Einwanderer aus Nepal mit Informationen über Bildung, Gesundheit, Arbeiterrechte, Geldangelegenheiten und Rücküberweisungen.[52]

Die Vielfalt schätzen und kulturelle Unterschiede ausgleichen

Die soziokulturellen Probleme im Umfeld der internationalen Migration sind eine Herausforderung, der sich Staaten rund um den Erdball stellen müssen. Dazu zählen unter anderem Spannungen, die entstehen, wenn Menschen mit unterschiedlichem ethnischen, kulturellen und religiösen Hintergrund sowie anderer Hautfarben einwandern. Im Brennpunkt stehen außerdem unterschiedliche Vorstellungen von traditionellen Praktiken und Bräuchen (einschließlich solcher, die gesundheitsgefährdend sind, Menschenrechtsverletzungen darstellen und nach der Gesetzgebung des betreffenden Landes verboten sind) sowie von der Stellung von Frauen in der Gesellschaft. Doch Intoleranz gegenüber „Andersartigkeit" und kulturelle Missverständnisse sind Problembereiche, die durch Führungsstärke und konzertierte Aktionen – sowohl auf Seiten der Aufnahmeländer als auch der Einwanderergruppen selbst – bewältigt werden können.

In den letzten Jahren haben Fremdenfeindlichkeit und Diskriminierung gegenüber Immigranten in Industriestaaten zugenommen, insbesondere in Europa, aber auch anderswo – beispielsweise in den Einwanderungsländern des südlichen Afrikas.[53] Oft werden Migranten und Flüchtlinge für wirtschaftliche Stagnation und hohe Arbeitslosigkeit verantwortlich gemacht. Zusätzlich belasten globale (Sicherheits-)Probleme – insbesondere seit dem 11. September 2001 – und Spannungen auf nationaler und lokaler Ebene die Wahrnehmung von Migranten und die Einstellungen ihnen gegenüber. Diese Probleme werden manchmal durch politischen Opportunismus und negative Berichterstattung in den Medien noch verschlimmert. Dies wiederum verstärkt Feindseligkeiten. Dadurch wird das gegenseitige Misstrauen zwischen Einwanderern und der Gesellschaft des Aufnahmelandes erst recht geschürt.

Ereignisse der jüngsten Zeit – wie die Pariser Unruhen des Jahres 2005, die hauptsächlich von Jugendlichen mit

Migrationshintergrund ausgingen, oder der „Karikaturenstreit" im Frühjahr 2006 – haben zu einem neuen Nachdenken über das Versagen oder das gänzliche Fehlen wirkungsvoller Integrationspolitiken geführt. Und doch berichten seit dem letzten Jahrzehnt immer mehr Länder, dass sie entsprechende Politiken eingeführt haben: 2005 waren in 75 Staaten (37 Industrie- und 38 Entwicklungsländer) integrationspolitische Regelungen in Kraft.[54] In mehreren Industriestaaten wurden die sozioökonomischen und kulturellen Leistungen der Einwanderer durch die Integration verbessert.[55]

Integration und Toleranz sind jedoch Entwicklungen, die von beiden Seiten ausgehen müssen und sowohl von den Immigranten als auch von ihrer neuen Gesellschaft Anpassungsleistungen verlangen, von denen allerdings alle Beteiligten profitieren. Dafür ist es notwendig, Verständnis und Respekt zu fördern für die Rechte und Pflichten sowohl der Migranten als auch der einheimischen Bevölkerung der Aufnahmeländer und für die Gesetze und Werte, die sie in einem gemeinsamen gesellschaftlichen System verbinden.[56] Wie es im Bericht über die menschliche Entwicklung aus dem Jahr 2004 des UN-Entwicklungsprogramms heißt: „Bei Multikulturalität geht es nicht nur um die Anerkennung unterschiedlicher Wertesysteme und kultureller Praktiken innerhalb der Gesellschaft – es geht auch um ein gemeinsames Bekenntnis zu grundlegenden, unverzichtbaren Werten wie Menschenrechten, Rechtsstaatlichkeit, Gleichstellung der Geschlechter, Vielfalt und Toleranz."[57] Integrationspolitik sollte auf die Bedürfnisse sowohl von Neuankömmlingen als auch von bereits seit längerem ansässigen Einwanderern zugeschnitten sein. Außerdem sollte sie auf Einwanderer der zweiten und dritten Generation eingehen, die vielleicht mit Ausgrenzung zu kämpfen haben. Sie sollte zudem die unterschiedlichen Bedürfnisse und Perspektiven der verschiedenen Einwanderergruppen berücksichtigen und sensibel auf sich verändernde Integrationsmuster reagieren.[58] Die Aufmerksamkeit muss sich dabei auch auf Gender- und Jugendfragen richten. Diese nicht zu beachten, kann, wie das Europäische Parlament betont, „verheerende Auswirkungen für die betroffenen Frauen wie auch für die Gesellschaft insgesamt" haben.[59]

> *„... zu bedenken ist, dass die Zuwanderer nicht als Wegwerf-Arbeitnehmer betrachtet werden dürfen, die nach Gebrauch abgeschoben werden."*
> — Resolution des Europäischen Parlaments über Einwanderung, Integration und Beschäftigung (2003).

Von entscheidender Bedeutung für das Migrationsmanagement und die Förderung der interkulturellen Verständigung sind Städte und deren Regierungs- und Verwaltungsstrukturen, denn Städte werden immer mehr die bevorzugten Anlaufstellen von Migranten aus dem In- und Ausland.[60] Die Einbeziehung von Migranten in politische Entscheidungsprozesse und Stadtplanung sowie die Pflege gemeinsamer Interessen und Verpflichtungen zusammen mit den Aufnahmeländern ist ein zentrales Moment für ihre Integration als Mitglieder der Gesellschaft. Experten empfehlen außerdem multikulturelle Weiterbildungsmaßnahmen für Journalisten, um der Tendenz vieler Beiträge in den Medien entgegenzutreten, die Einwanderern Etiketten wie „kriminell" oder „unverantwortlich" aufdrücken und die damit die negative Wahrnehmung und Fremdenfeindlichkeit in der Öffentlichkeit fördern.[61]

Die Wohnsituation von Migranten spielt eine erhebliche Rolle bei der Frage, wie sie sich im Aufnahmeland integrieren. Unmittelbar nach ihrer Ankunft im Zielland lassen sich viele Migranten im Umfeld ihrer Landsleute nieder, die den Neuankömmlingen helfen können, sich an eine neue Kultur anzupassen, eine neue Sprache zu lernen sowie Wohnung und Arbeit zu finden. Doch ethnische Enklaven von Migranten können die Ausgrenzung verstärken. In manchen Fällen sorgen Einwanderergruppen selbst dafür, dass ihre Isolation bestehen bleibt.

Mithilfe diverser Kampagnen und Programme wird versucht, Intoleranz abzubauen, Vielfalt und die Einbeziehung von Einwanderern und Flüchtlingen zu fördern und ihre erfolgreiche Integration in die Gesellschaft zu unterstützen. Die *Inclusive-City*-Kampagne des UN-Wohnungs- und Siedlungsprogramms UN-HABITAT soll alle Stadtbewohner in die Lage versetzen, die Vorteile und Chancen des städtischen Raumes zu nutzen, ohne diskriminiert zu werden.[62]

Auf der Grundlage des Einwanderungsgesetzes von 1998 führte die italienische Regierung „kulturelle Mediatoren" ein – ausländische Bürger, die die Interaktionen der Einwanderer mit Dienstleistern der öffentlichen Hand erleichtern.⁶³ In Neapel und Umgebung gaben die Behörden das Merkblatt *Ciao...!* heraus, das Lehrer dazu anleiten soll, das Thema „Mit unseren Unterschieden zusammen aufwachsen" zu besprechen und so multikulturelle Toleranz zu fördern.⁶⁴

Strategisch besonders günstig sind Integrationspolitiken, die sich auf die spezifischen Bedürfnisse und Rechte von Kindern und Jugendlichen mit Migrationshintergrund konzentrieren, und zwar nicht nur kurzfristig, sondern auch zur Förderung des langfristigen sozioökonomischen Zusammenhalts. In Berlin hilft die im Jahr 1993 gegründete Beratungsinitiative Kumulus jungen Einwanderern bei der Arbeitssuche. Die Initiative besteht aus multiethnischen Gruppen von Experten und Einwanderern, die Tausende von jugendlichen Migranten und ihre Eltern beraten haben und sich auch an Inhaber von Unternehmen und Medien mit Migrationshintergrund wenden.⁶⁵

Auch die Bekämpfung diskriminierender Einstellungen auf dem Arbeitsmarkt erleichtert die Eingliederung. In manchen Ländern haben Arbeitgeber Bedenken, dass kulturelle oder religiöse Traditionen die Arbeitsleistung beeinträchtigen könnten. In den USA bemüht sich die Regierung zusammen mit Arbeitgebern, Diskriminierungen und Schikanen gegen Muslime zu verhindern. Es sollen Wege gefunden werden, wie man ihren Bedürfnissen entgegenkommen kann – zum Beispiel im Hinblick auf Gebetszeiten und das Tragen von traditionellen Turbanen, beziehungsweise Kopftüchern bei weiblichen Gläubigen. Das Programm schärft die Wahrnehmung für Gesetze gegen Diskriminierung und für Chancengleichheit und informiert sowohl Arbeitgeber wie Arbeitnehmer über ihre jeweiligen Rechte und Pflichten.⁶⁶

Ein aussagekräftiger Indikator für die Akzeptanz der Einwanderer in der Aufnahmegesellschaft ist zudem deren Beteiligung am politischen Prozess. Auch abseits von Organisationen, die von Migranten geführt werden, haben Einwanderer ihren Weg in die Politik gefunden. Im Zuge einer Reihe hitziger Debatten über Gesetzesvorlagen zur Regulierung der Einwanderung in den USA zu Beginn diesen Jahres haben sich etliche US-Senatoren an ihren eigenen Migrationshintergrund erinnert. Hunderttausende von Einwanderern demonstrierten in Großstädten im ganzen Land, um die öffentliche Meinung zu beeinflussen und ihre Stimme zu erheben. Bei den Wahlen in Italien im April 2006 wurde eine Frau ins Parlament gewählt, die aus einer verarmten Gegend der Dominikanischen Republik eingewandert war.⁶⁷

Versuche, den Mangel an sozialer Interaktion oder Vertrautheit zwischen Neueinwanderern und ihrer sozialen Umgebung auszugleichen, können einerseits das Gefühl der Ausgrenzung und Isolation auf Seiten der Migranten abbauen und andererseits der negativen öffentlichen Wahrnehmung entgegentreten. Manche kleine Initiativen haben eine große Wirkung.

In Belgien zum Beispiel lancierte im Jahr 2005 eine Zeitung eine Kampagne, dass Bürger und Bürgerinnen an Weihnachten Asylbewerber zum Essen zu sich nach Hause einladen sollten. In knapp zwei Wochen sprachen über 100 Familien Einladungen an Asylbewerber aus. Ein Teilnehmer aus Kasachstan sagte: „Es ist wundervoll, ausnahmsweise einmal wie ein normaler Mensch behandelt zu werden. Dies ist der Beginn einer wunderschönen Freundschaft."⁶⁸

Örtliche Behörden können Einwanderergruppen auch Genehmigungen für öffentliche Veranstaltungen erteilen, bei denen die kulturelle Vielfalt gefeiert wird und verschiedene ethnische Gruppen zusammenkommen. In New York – der „Einwandererstadt" schlechthin – finden das ganze Jahr über Paraden statt, die unter anderem von brasilianischen, irischen, persisch-iranischen, chinesischen und westindischen Gruppen gesponsert werden.

In São Paolo in Brasilien feierten indigene bolivianische Immigranten 2003 ihren ersten Karneval. Seither besuchen immer mehr von ihnen Samba-Schulen. Der große bolivianische Markt ist heute zudem jeden Sonntag ein Anziehungspunkt für etwa 8.000 Menschen und bringt weitere Einwanderergruppen und einheimische Brasilianer zusammen, die sich mit Erzeugnissen, Essen und Musik aus den Anden vergnügen.⁶⁹

* * *

Migranten sind zuallererst und vor allem Mitmenschen – ungeachtet ihres Rechtsstatus. Sie abzuweisen oder schlicht als „Ausländer" oder „Illegale" zu etikettieren, entwertet ihr Menschsein und dient nur dazu, ihre Behandlung als „andersartig" oder untergeordnet zu rechtfertigen. Es macht sie außerdem zu bloßen Gegenständen, zu Waren, die man bequem benutzen kann, deren Stimmen und Interessen man jedoch ignoriert. Doch Migranten sind Töchter und Söhne, Mütter und Väter, Ehegatten, Arbeitnehmer und Flüchtlinge. Sie hegen dieselben Ambitionen und Träume wie jeder andere aus der Gesellschaft ihres Gastlandes – von einem besseren und sichereren Leben für sich selbst, für ihre Familien und alle, die sie lieben. Migrantenrechte sind Menschenrechte. Heute haben wir die Chance, die internationale Migration humaner, gerechter und ethischer zu gestalten.

Anmerkungen

Anmerkungen	88
Quellen der Kästen	103
Quellen der Zitate	106

◀ *Roma-Migrantin bei der Kartoffelernte in La Rioja, Spanien.*
© Fernando Moleres/Panos Pictures

Anmerkungen und Quellen

Anmerkungen

EINFÜHRUNG

1. UNFPA. 3. September 2004. „Immigration and Justice", S. 6. Erklärung von Thoraya Ahmed Obaid, Vizegeneralsekretärin und Exekutivdirektorin des UNFPA, auf dem Forum Barcelona, *Human Movements and Immigration: World Congress: A Challenge for the 21st Century*. New York.

2. Vereinte Nationen. 2006. „*World Population Monitoring, Focusing on International Migration and Development*": Report of the Secretary-General (E/CN.9/2006/3), Absatz 129. New York.

3. Thouez, C. 2004. „*The Role of Civil Society in the Migration Policy Debate*", S. 5. *Global Migration Perspectives* Nr. 12. Genf: GCIM; und Florini, A. M. (Hrsg.). 2000. „*The Third Force: The Rise of Transnational Civil Society*", S. 226. Tokio: *Japan Center for International Exchange* und Washington: *Carnegie Endowment for International Peace*. Zitiert in: Thouez 2004, S. 11, Anmerkung 27.

4. Vereinte Nationen. 1995. „*Population and Development*", vol. 1, Programme of Action adopted at the International Conference on Population and Development: Cairo: 5-13 September 1994, Objective 10.2(a). New York: *UN-Department of Economic and Social Information and Policy Analysis*. Deutsche Übersetzung nach: „Materialien zur Bevölkerungswissenschaft", Sonderheft 26: Internationale Konferenz 1994 über Bevölkerung und Entwicklung. Bundesinstitut für Bevölkerungsforschung. Wiesbaden 1994. S. 216.

5. Ebenda.

6. Vereinte Nationen. 2005. „*In Larger Freedom: Towards Development, Security and Human Rights for All*": Report of the Secretary-General (A/59/2005), Absatz. 8. New York.

7. Experten und Menschenrechtsorganisationen sind besorgt, dass Migranten zu bloßen Objekten werden, wenn sich die Politik nur auf die Steuerung der Migration konzentriert und die Tatsache in den Hintergrund gedrängt wird, dass Migranten Menschenrechte haben. Siehe Thouez 2004, S. 7 und 14.

8. ILO. 2001. „*The Asylum-Migration Nexus: Refugee Protection and Migration Perspectives from ILO*", Absatz 27. Genf: *International Migration Branch*. URL: http://www.unhcr.org/cgi-bin/texis/vtx/home/opendoc.pdf?tbl=RSDLEGAL&id=3f33797e6, letzter Zugriff am 20. April 2006.

9. Vereinte Nationen. 2006, Absatz 85.

KAPITEL 1

1. Vereinte Nationen. 2004. „*World Economic and Social Survey 2004: International Migration*" (E/2004/75/Rev.1/Add.1, ST/ESA/291/Add.1), S. 3. New York: UN-Abteilung für Wirtschafts- und Sozialfragen.

2. Ebenda. S. 3-4.

3. Ein internationaler Migrant wird definiert als: „Eine Person, die das Land ihres üblichen Aufenthaltsortes wechselt. Das Land des üblichen Aufenthaltsortes einer Person ist das Land, in dem diese Person lebt, d. h. es ist das Land, in dem diese Person über eine Unterkunft verfügt, in der sie normalerweise ihre täglichen Ruhephasen verbringt. Befristete Reisen ins Ausland aus beruflichen Gründen oder zum Zwecke der Freizeitgestaltung, des Urlaubs, der medizinischen Behandlung oder der religiösen Pilgerfahrt stellen keinen Wechsel des Landes des üblichen Aufenthaltsortes dar." Siehe: UN-Statistikabteilung, Abteilung für Wirtschafts- und Sozialfragen. URL: http://unstats.un.org/unsd/cdb/cdb_dict_xrxx.asp?def_code=336, letzter Zugriff am 15. Mai 2006.

4. Vereinte Nationen. 2006a. „*Trends in Total Migrant Stock: The 2005 Revision*": CD-ROM Dokumentation (POP/DB/MIG/Rev.2005/Doc). New York: UN-Bevölkerungsabteilung, Abteilung für Wirtschafts- und Sozialfragen.
Sowie Vereinte Nationen. 2006b. „*World Population Monitoring, Focusing on International Migration and Development*": Report of the Secretary-General (E/CN.9/2006/3). New York. Diese Angaben unterschlagen eine nicht bekannte Zahl von Migranten ohne Papiere, die in den offiziellen Daten nur zum Teil berücksichtigt werden.

5. Vereinte Nationen. 2006b, Absätze 1 und 23.

6. Vereinte Nationen. 2004, S. 25

7. Vereinte Nationen. 2006b, Absatz 42.

8. Ebenda. Absätze 46 und 48.

9. Vereinte Nationen. 2003. „*Trends in Total Migrant Stock: 1960-2000: The 2003 Revision*", S. 1. Diskette mit Daten und Dokumentationen. New York: UN-Bevölkerungsabteilung, Abteilung für Wirtschafts- und Sozialfragen.

10. Vereinte Nationen. 2006b, S. 3-4. Bereinigt um die Bürger der ehemaligen Sowjetunion, die 1991 nach der Unabhängigkeitserklärung der Einzelstaaten, in denen sie ihren Wohnsitz hatten, zu „internationalen Migranten" wurden, ging die Zahl von 41 Millionen im Zeitraum 1975 bis 1990 auf 36 Millionen im Zeitraum 1990 bis 2005 zurück.

11. Ebenda. S. 4.

12. Ebenda. S. 3.

13. Ebenda. Absatz 10.

14. Ebenda. S. 4.

15. IOM. 2005. „*World Migration 2005: Costs and Benefits of International Migration*", S. 173. *IOM World Migration Report Series* Nr. 3. Genf: IOM.

16. UNFPA. 2005. „*International Migration and the Millennium Development Goals*": Selected Papers of the UNFPA Expert Group Meeting: Marrakech, Morocco, 11-12 May 2005. New York.

17. GCIM. 2005. „*Migration in einer interdependenten Welt: Neue Handlungsprinzipien*": Bericht der GCIM, S. 36. Genf.

18. IOM 2005, S. 249.

19. Ebenda. S. 168.

20. Dazu siehe unter anderem: Pellegrino, A. 2004. „*Migration from Latin America to Europe: Trends and Policy Challenges*", *IOM Migration Research Series* Nr. 16. Genf: IOM; Martin, S. 2004.
Sowie „Migration", S. 447-448. Kap. 8 in: *Global Crises, Global Solutions*, herausgegeben von B. Lomborg. 2004. Cambridge, Großbritannien. Sowie *Center for Immigration Studies*. 23. November 2004. „*Immigrant Population at Record High in 2004*", *Bulletin of the Center for Immigration Studies*.

21. Robinson, R. 2005. „*Beyond the State-Bounded Immigrant Incorporation Regime: Transnational Migrant Communities: Their Potential Contribution to Canada's Leadership Role and Influence in a Globalized World*", Aufsatz erstellt für die *Walter and Duncan Gordon Foundation*. Ottawa: *The North-South Institute*.

22. Pellegrino 2003, S. 21-24; und Vereinte Nationen. 2004. S. 154.

23. Siehe dazu den Datenbestand in ausgewählten Länder-Datenbanken. Zur Migrationsneigung junger Menschen siehe: Lloyd, C. B. (Hrsg.). 2005. „*Growing Up Global: The Changing Transitions to Adulthood in Developing Countries*", S. 313. Washington, D. C.: *The National Academies Press*.

24. Castillo, M. Á. 2003. „*Migraciones en el hemisferio: Consecuencias y relación con las políticas sociales*", S. 16. Serie *población y desarrollo* Nr. 37. Santiago, Chile: *División de Población*, CELADE, Vereinte Nationen.

25. Vereinte Nationen. 2004, S. 98.

26. Adams, R. H., Jr. 2003. „*International Migration, Remittances and the Brain Drain: A Study of 24 Labor-Exporting Countries*", S. 3. *Policy Research Working Paper* Nr. 3069. Washington, D.C.: *Poverty Reduction and Economic Management Network, Poverty Reduction Group*, Weltbank.

27. Liang, Z. und andere. 2005. „*Cumulative Causation, Market Transition, and Emigration from China*", S. 8. Aufsatz präsentiert auf Session 14 der *25th International Population Conference*, Tours, Frankreich, 18.-23. Juli 2005. Paris: *International Union for the Scientific Study of Population*. URL: http://iussp2005.princeton.edu/download.aspx?submissionId=52177, letzter Zugriff am 27. März 2006.

28. Barré, R und andere. 2004. „*Scientific Diasporas: How can Developing Countries Benefit from Their Expatriate Scientists and Engineers*", *Institut de Recherche pour le Développement*, Paris: *Institut de Recherche pour le Développement*. Zitiert in: „*Brain Strain: Optimising Highly Skilled Migration from Developing Countries*", S. 9, B. L. Lowell, A. Findlay und E. Stewart. 2004. *Asylum and Migration Working Paper* Nr. 3. London: *Institute for Public Policy Research*. URL: http://www.ippr.org/ecomm/files/brainstrain.pdf, letzter Zugriff am 10. Mai 2006.
Siehe auch: Sriskandarajah, D. 1. August 2005. „*Reassessing the Impacts of Brain Drain on Developing Countries*", *Migration Information Source*. Washington, D. C.: *Migration Policy Institute*. URL: http://www.migrationinformation.org/Feature/display.cfm? ID=324, letzter Zugriff am 10. Mai 2006.

29. Adams 2003, S. 18.

30. Dovlo, D. 2005. „*Migration and the Health System: Influences on Reaching the MDGs in Africa (and other LDCs)*", S. 67-79 in: UNFPA 2005.

31. UNFPA 2005, S. 68.

32. GCIM 2005, S. 24.

33. UNFPA und das *International Migration Policy Programme*. 2004. „*Meeting the Challenges of Migration: Progress Since the ICPD*", S. 36. New York und Genf.

34. Awases, M. und andere. 2004. „*Migration of Health Professionals in Six Countries: A Synthesis*", S. 40. Brazzaville, Kongo: *World Health Organization Regional Office for Africa*.

35. GCIM 2005, S. 24.
Siehe auch: UNAIDS. 2004. „*2004 Report on the Global AIDS Epidemic*", S. 109. Genf.

36. Studie zitiert in: Thouez, C. 2005, S. 46. „*The Impact of Remittances on Development*", S. 41-52 in: UNFPA 2005.
Siehe auch: Lowell, B. L. 1. Juni 2003. „*Skilled Migration Abroad or Human Capital Flight?*", *Migration Information Source*. Washington, D.C.: *Migration Policy Institute*. URL: http://www.migrationinformation.org/Feature/display.cfm?ID=135, letzter Zugriff am 31. März 2006.

37. Vereinte Nationen. 2006b, Absatz. 78.

38. Lowell 1. Juni 2003.

39 Ratha, D. 2003. „Workers' Remittances: An Important and Stable Source of External Development Finance", S. 158. S. 157-175 in: „Global Development Finance 2003: Striving for Stability in Development Finance", Weltbank. 2003. Washington, D. C.: Weltbank.
Sowie Winters, L. A. 2003. „The Economic Implications of Liberalizing Mode 4 Trade", S. 59-92 in: „Moving People to Deliver Services", herausgegeben von A. Mattoo und A. Carzaniga. 2003. Washington, D. C.: Weltbank und Oxford University Press.

40 Lowell 1. Juni 2003.

41 UNFPA 2005, S. 8. Es sollte darauf hingewiesen werden, dass der Ausdruck *brainwaste* auch auf die Tatsache bezogen wird, dass hoch qualifizierte Migranten wie Ärzte und Krankenschwestern in ihrem Zielland später häufig als Taxifahrer oder Kellnerinnen enden. In diesem Zusammenhang wird der Begriff beispielsweise benutzt in: Özden, Ç. 2005. „*Educated Migrants: Is There Brain Waste?*" S. 227-244 in: *International Migration, Remittances and the Brain Drain*, herausgegeben von Ç. Özden und M. Schiff. 2005. Washington, D.C.: Weltbank.

42 Nach Ansicht von Forschern würden einige Länder mit einer breiten, flexiblen Basis an Humanressourcen und einer von einem niedrigen Bildungsniveau als auch einer geringen Auswanderungsrate charakterisierten Erwachsenenbevölkerung, wie beispielsweise China und Brasilien, tatsächlich von einer höheren Auswanderungsrate qualifizierter Menschen profitieren. Siehe zum Beispiel: Lowell, Findlay und Stewart 2004, S. 9. Sowie Beine, M., F. Docquier und H. Rapoport. 2003. „Brain Drain and LDCs' Growth: Winners and Losers", IZA-Diskussionspapier Nr. 819. Bonn, Deutschland: Forschungsinstitute zur Zukunft der Arbeit (IZA). Zitiert in: Vereinte Nationen. 2006b, Absatz. 79.

43 O'Neil, K. 1. September 2003. „Brain Drain and Gain: The Case of Taiwan", *Migration Information Source*. Washington, D.C.: *Migration Policy Institute*. URL: http://www.migration information.org/Feature/display.cfm? ID=155, letzter Zugriff am 31. März 2006.

44 Skeldon R. 2005. „Linkages between Migration and Poverty: The Millennium Development Goals and Population Mobility", S. 59. S. 55-63 in: UNFPA 2005.

45 IOM 2005, S. 39 und 146.

46 Wirtschaftskommission für Lateinamerika und die Karibik. 2002. „*International Migration and Globalization*", S. 230-232. Kap. 8 in: *Globalization and Development* (LC/G.2157[SES.29/3]), Wirtschaftskommission für Lateinamerika und die Karibik. 2002. Santiago, Chile.

47 GCIM 2005, S. 31.

48 Vereinte Nationen. 2004, S. 25.

49 Wirtschaftskommission für Lateinamerika und die Karibik 2002;
Vereinte Nationen. 2004, S. x.
Sowie GCIM 2005, S. 1.

50 Artikel 5 der Internationalen Konvention zum Schutz der Rechte aller Wanderarbeiter und ihrer Familienangehörigen definiert die Begriffe „offiziell" und „regulär" wie folgt: „Im Sinne dieser gelten Wanderarbeiter und ihre Familienangehörigen: a) als Personen, die über die erforderlichen Dokumente verfügen oder deren Status geregelt ist, wenn sie nach dem Recht des Aufnahmestaates und nach den internationalen Übereinkünften, deren Vertragspartei dieser Staat ist, die Erlaubnis haben, in den Aufnahmestaat einzureisen, sich dort aufzuhalten und eine Tätigkeit gegen Entgelt auszuüben; b) als Personen, die nicht über die erforderlichen Dokumente verfügen oder deren Status nicht geregelt ist, wenn sie die nach Buchstabe a) vorgesehenen Voraussetzungen nicht erfüllen." Siehe: Vereinte Nationen. 1990. „*International Convention on The Protection of the Rights of All Migrant Workers and Members of Their Families: Adopted by the General Assembly at its 45th session* am 18. Dezember 1990 (A/RES/45/158)", New York. Für die Zwecke dieses Berichts werden die Ausdrücke „irregulär" und „ohne die erforderlichen Dokumente" austauschbar verwendet.

51 Papademetriou, D. G. 1. September 2005. „*The Global Struggle with Illegal Migration: No End in Sight*", *Migration Information Source*. Washington, D.C.: *Migration Policy Institute*. URL: http://www.migration information.org/feature/display.cfm?id=336, letzter Zugriff am 27. März 2006.

52 Koser, K. 2005. „Irregular Migration, State Security and Human Security: A Paper Prepared for the Policy Analysis und Research Programme of the Global Commission for International Migration", S. 3. Genf: GCIM.

53 Europarat. 2004. *Regional Conference on Migration: „Migrants in Transit Countries Sharing Responsibilities in Management and Protection": Proceedings*, Istanbul, 30. September–1. Oktober 2004 (2004MG-RCONF [2004]9e), S. 45 und 48-49. Strassburg, Frankreich.

54 „Unmarked Graves Across the US Border", 28. Februar 2006. IPS UN Journal 14(32): 4.

55 Erzwungene Migration wird definiert als: „Eine Wanderungsbewegung, die ein Zwangselement enthält, einschließlich Gefahren für Leben und Lebensunterhalt, unabhängig davon, ob diesen natürliche oder von Menschen verschuldete Ursachen zugrunde liegen (beispielsweise Wanderungsbewegungen von Flüchtlingen oder Binnenvertriebenen sowie von Menschen, die durch Natur- oder Umweltkatastrophen, chemische oder nukleare Unfälle, Hungersnöte oder Entwicklungsprojekte vertrieben werden)." Siehe: IOM 2005, S. 459. Siehe auch: Castles, S. 1. Mai 2004. „Confronting the Realities of Forced Migration", S. 2. *Migration Information Source*. Washington, D.C.: *Migration Policy Institute*. URL: http://www.migrationinformation.org/
feature/print.cfm?ID=222, letzter Zugriff am 6. Januar 2006.

56 UNHCR. 2006a. „2005 Global Refugee Trends: Statistical Overview of Populations of Refugees, Asylums-Seekers, Internally Displaced Person, Stateless Persons, and Other Persons of Concern to UNHCR", S. 3. Genf.

57 Vereinte Nationen. 2006b, S. 3.

58 UNHCR. 2005a. „2004 Global Refugee Trends: Overview of Refugee Populations, New Arrivals, Durable Solutions, Asylum Seekers and other Persons of Concern to UNHCR", S. 2. Genf.

59 UNHCR. 2006b. „The State of the World's Refugees 2006: Human Displacement in the New Millennium", S. 70. Oxford, Großbritannien und New York: Oxford University Press.

60 UNHCR. 2005b. „Refugees by Numbers", Genf. URL: http://www.unhcr.org/cgi-bin/texis/vtx/basics/open doc.pdf?id=416e3eb24&tbl=BASICS &page=basics, letzter Zugriff am 7. April 2006.

61 Vereinte Nationen. 2006a.

62 UNHCR. 17. März 2006. „Number of Asylum Seekers Halved Since 2001, Says UNHCR", Presseerklärung. Genf. URL: http://www.unhcr.org/cgi-bin/texis/vtx/news/opendoc.htm?tbl=NEWS&id=441a7d714, letzter Zugriff am 26. März 2006.
Und UNHCR. 1. März 2005. „Asylum Levels und Trends in Industrialized Countries 2004: Overview of Asylum applications Lodged in Europe and Non-European Industrialized Countries in 2004", S. 3-4. Genf. Zitiert in: UNHCR 2006b, S. 57.

63 GCIM 2005, S. 41.

64 Castles 1. Mai 2004, S. 2.

65 Weltbank. 2006. „Global Economic Prospects 2006: Economic Implications of Remittances and Migration", S. 85 und 88. Washington, D. C.: International Bank for Reconstruction und Development und Weltbank.

66 Ebenda. S. 90.

67 Bajpai, N. und N. Dagupta. 2004. „Multinational Companies and Foreign Direct Investment in China and India", S. 15. CappD Working Paper Nr. 2. New York: *Center on Globalization and Sustainable Development, Earth Institute, Columbia University*. URL: http://www.earthin stitute.columbia.edu/cgsd/documents/bajpai_mncs_china_india_000.pdf, letzter Zugriff am 10. Mai 2006.

68 Basierend auf der Analyse der Daten von 72 Ländern. Siehe: Adams, R. H., Jr. und J. Page 2003. „The Impact of International Migration and Remittances on Poverty", Aufsatz erstellt für *DFID/World Bank Conference on Migrant Remittances*, London, 9.-10. Oktober 2003. Washington, D. C.: *Poverty Reduction Group*, Weltbank.

69 Martine, G. 2005. „A globalização inacabada: migrações internas e pobreza no século 21", São Paulo em Perspectiva 9(3): 3-22. São Paulo: Fundação Seade.
Siehe auch: UNFPA. 2003. „Population and Poverty: Achieving Equity, Equality and Sustainability", S. 115. New York.

70 Weltbank. 2003. Zitiert in: „Remittances Fact Sheet", Santo Domingo, Dominikanische Republik: *United Nations International Research and Training Institute for the Advancement of Women*. URL: http://www.uninstraw.org/en/index.php?option=content&task=blogcategory&id=76&Itemid=110, letzter Zugriff am 27. Mai 2006.

71 Belarbi, A. 2005. „Flux Migratoires au Maroc Impact Économique, Social et Culturel de la Migration: Sur le Développement du Pays", S. 192. S. 181-197 in: UNFPA 2005.

72 Wirtschaftskommission für Lateinamerika und die Karibik. November 2005. „The Number of Poor People in Latin America has Fallen by 13 Million Since 2003", S. 3. ECLAC Notes. Santiago, Chile. URL: http://www.eclac.cl/prensa/noticias/notas/0/23580/NOTAS43ING.pdf, letzter Zugriff am 19. Mai 2006.

73 Duran, J. und andere. 1996. „International Migration and Development in Mexican Communities", Demography 33(2): 249-264. Zitiert in: Vereinte Nationen. 2004, S. 103.

74 Piper, N. 2005. „Gender and Migration: A Paper Prepared for the Policy Analysis and Research Programme of the Global Commission for International Migration", S. 12. Genf: GCIM.

75 Ramamurthy, B. 2003. „International Labour Migrants: Unsung Heroes of Globalization", Sida Studies Nr. 8. Stockholm: Swedish International Development Cooperation Agency.

76 Thouez 2005, S. 43.

77 Vereinte Nationen. 2004, S. 105-107.

78 Thouez 2005.

79 Ebenda.

80 IOM 2005, S. 178.

81 GCIM 2005, S. 28.

82 IOM 2005, S. 178-179.

83 Ebenda.

84 So stellt die Weltbank fest: „Teil 1 des Bandes zeigt, dass Migration und Rücküberweisungen (a) die Armut der empfangenden Haushalte reduzieren, (b) zum Anstieg der Investitionen in Humankapital (Bildung und Gesundheit) und in andere produktive Aktivitäten führen, (c) die Kinderarbeit reduzieren und die Bildung von Kindern verbessern und (d) das Unternehmertum stärken. Zu den weiteren Erkenntnissen gehört, dass (a) der Effekt von Rücküberweisungen auf Investitionen in Humankapital und andere produktive Aktivitäten stärker ist als der aller anderen Einkommensquellen und (b) Einkommenszuwächse auch in Haushalten ohne Migranten anfallen. Auf der Grundlage dieser Studien scheinen Migration und Rücküberweisungen einen positiven Effekt auf die Entwicklung und die Wohlfahrt der Her-

kunftsländer zu haben." Zitiert in: Özden und Schiff 2005, S. 14. Siehe auch: Vereinte Nationen. 2004. Sowie Vereinte Nationen. 2005a. *2004 World Survey on the Role of Women in Development: Women and International Migration* (A/59/287/Add.1, ST/ESA/294), S. 98. New York: *Division for the Advancement of Women*, UN-Abteilung für Wirtschafts- und Sozialfragen. Sowie GCIM 2005.

85 IOM 2005, S. 178.

86 De Vasconcelos, S. 2005. „*Improving the Development Impact of Remittances*" (UN/POP/MIG/2005/10). Aufsatz erstellt für die *United Nations Expert Group Meeting on International Migration and Development*, New York, New York, 6.-8. Juli 2005. New York: UN-Bevölkerungsabteilung, Abteilung für Wirtschafts- und Sozialfragen.

87 World Bank 2006, S. 94.

88 GCIM 2005, S. 28.

89 Vargas-Lundius, R. „*Remittances and Rural Development*", Aufsatz erstellt für die 25. Sitzung des IFAD-Gouverneursrats , Rom, 18.-19. Februar 2004. Rom: Fonds für landwirtschaftliche Entwicklung. URL: http://www.ifad.org/events/gc/27/roundtable/pl/discussion.pdf, letzter Zugriff am 27. Mai 2006.

90 Regierung von Frankreich. „*Workshop 2: Co-development and Migrants' Remittances*", Internationale Konferenz über „*Solidarity and Globalization: Innovative Financing for Development and against Pandemic*", 28. Februar - 1. März 2006. URL: http://www.diplomatie.gouv.fr/de/IMG/pdf/06-0430.pdf, letzter Zugriff am 30. Mai 2006.
Sowie García Zamora, R. 2006. „*El Uso de las Remesas Colectivas en México: Avances y Desafío*", Aufsatz präsentiert auf dem von UNFPA unterstützten Seminar, „*Usos y Potencialidades de las Remesas. Efectos Diferenciales en hombres y mujeres latinoamericanos*" im Rahmenprogramm des *International Forum on the Nexus between Political and Social Sciences*, UNESCO, Regierung von Argentinien und Regierung von Uruguay, 23. Februar 2006, *Universidad Nacional de Cordoba*, Argentinien.

91 IOM 2005, S. 177.

92 Hugo, G. 1999. „*Gender and Migrations in Asian Countries*", S. 200. *Gender and Population Studies Series*. Liège, Belgien: *International Union for the Scientific Study of Population*.

93 Levitt, S. 1996. „*Social Remittances: A Conceptual Tool for Understanding Migration and Development*", Working Paper Series Nr. 96.04. Cambridge, Massachusetts: Harvard University, *Center for Population and Development Studies, Harvard University*: Zitiert in: Vereinte Nationen. 2005, S. 24. Der Ausdruck „soziale Rücküberweisungen" wird gelegentlich zur Differenzierung gegenüber „wirtschaftlichen Rücküberweisungen" verwendet und bezieht sich in diesem Kontext auf kleine „soziale" Investitionen der Diaspora im Herkunftsland – beispielsweise in Einrichtungen wie Gesundheitskliniken und Schulen, in Projekte zur Ausbesserung von Straßen oder in Kleinunternehmen.

94 IOM 2005, S. 223.

95 Martine 2005.

96 Vereinte Nationen. 2004, S. 118.

97 Siehe zum Beispiel: Ratha 2003.

98 Smith, J. S. und B. Edmonston (Hrsg.). 1997. „*The New Americans: Economic, Demographic and Fiscal Effects of Immigration*", Panel on the Demographic and Economic Impacts of Immigration, National Research Council. Washington, D. C.: National Academies Press.
Sowie Borjas, G. 2003. „*The Labour Demand Curve is Downward Sloping: Re-Examining the Impact of Immigration on the Labor Market*", The Quarterly Journal of Economics 118(4): 1335-1374. Both zitiert in: Vereinte Nationen. 2006b, Absatz 64.

99 Ratha 2003.

100 Mohanty, S. A. und andere. 2005. „*Health Care Expenditures of Immigrants in the United States: A Nationally Representative Analysis*", American Journal of Public Health 95(8): 1431-1438. Daten nach der 1998 Medical Expenditure Panel Survey (MEPS) der *Agency for Healthcare Research and Quality*.

101 Der Bericht stellt auch fest, dass die massive Einwanderung den USA klare Wettbewerbsvorteile gegenüber Europa und Japan verschafft: „Die Zurückhaltung wichtiger US-Verbündeter, ihre Einwanderungspolitik deutlich zu liberalisieren – insbesondere in Kombination mit ihrer anhaltenden Zurückhaltung, ihre Sozialversicherungs- und Rentensysteme grundlegend zu reformieren – wird ihre Wettbewerbssituation im Vergleich zu den USA schwächen." Siehe: *Director of Central Intelligence*, US-Regierung. 2001. „*Growing Global Migration and Its Implications for the United States*" (NIE 2001-02D), S. 30. „*A National Intelligence Estimate Report*", Washington, D. C.: *Director of Central Intelligence*, US-Regierung.

102 In Bezug auf eine Bewertung der Migrationsbewegungen seit der EU-Erweiterung im Mai 2004. Siehe: Kommission der Europäischen Gemeinschaft. 2006. „*Communication from the Commission to the Council, the European Parliament, the European Economic and Social Committee and the Committee of the Regions: Report on the Functioning of the Transitional Arrangements Set Out in the 2003 Accession Treaty (period 1 Mai 2004 - 30 April 2006)*", Brüssel. Sowie „*Europe's labour Mobility: When East Meets West*", S. 47. 11.-17. Februar 2006. The Economist.

103 Vereinte Nationen. 2000a. „*Replacement Migration: Is it a Solution to Declining and Ageing Populations?*" (ESA/S/WP.160) New York: UN-Bevölkerungsabteilung, Abteilung für Wirtschafts- und Sozialfragen.

104 Ebenda.

105 Ebenda.

106 Ebenda.

107 Tarmann, A. 2000. „*The Flap over Replacement Migration*", Washington, D. C.: Population Reference Bureau. URL: http://www.prb.org/Template.cfm?Section=PRB&template=/ContentManagement/ContentDisplay.cfm&ContentID=5023, letzter Zugriff am 27. April 2006.

108 Coleman, D. 2001. „*'Replacement Migration', or Why Everyone's Going to Have to Live in Korea: A Fable for Our Times from the United Nations*", Überarbeiteter Entwurf. Oxford, Großbritannien: *Department of Social Policy and Social Work*. University of Oxford.

109 McNicoll, G. 2000. „*Reflections on 'Replacement Migration'*" People and Place 8(4): 1-13.

110 Ebenda.

111 Vereinte Nationen. 2006b, Absatz 54.

112 Ebenda. Absätze 55 und 56
Sowie Balbo, M. (Hrsg.) 2005. „*International Migrants and the City: Bangkok, Berlin, Dakar, Karachi, Johannesburg, Naples, São Paolo, Tijuana, Vancouver, Vladivostok*", S. 25. Nairobi, Kenia: UN-HABITAT und *Università IUAV di Venezia*.

113 IOM 2005, S. 15.

114 Sachs, J. D. 2003. „*Increasing Investments in Health Outcomes for the Poor*": Second Consultation in Macroeconomics and Health: Oktober 2003: „*Mobilization of Domestic and Donor Resources for Health: A Viewpoint.*" Genf: WHO.

115 WHO. 2003. „*International Migration, Health and Human Rights*", S. 21. Health and Human Rights Publication Series Nr. 4. Genf.

116 Ebenda. S. 20-21. Bis heute erkennen nur zwei internationale Verträge das Recht irregulärer Migranten auf Gesundheit explizit an: Die Konvention über Landarbeiter-Organisationen (1975) und die Konvention über Wanderarbeiter (1990). Der Allgemeine Kommentar Nr. 14 zum Recht auf ein Höchstmaß an körperlicher und geistiger Gesundheit (2000) des Ausschusses für wirtschaftliche, soziale und kulturelle Rechte stellt fest: „Insbesondere unterliegen die Vertragsstaaten der Verpflichtung, das Recht auf Gesundheit zu achten, indem sie es beispielsweise unterlassen, den gleichberechtigten Zugang zu vorbeugenden, heilenden und lindernden Gesundheitsdiensten für jeden Menschen zu verweigern oder zu beschränken, einschließlich für (…) Asylsuchende und illegale Migranten." Siehe: Vereinte Nationen. 2000b. „*Substantive Issues Arising in the Implementation of the International Covenant on Economic, Social and Cultural Rights*": General Comment No. 14 (2000): „*The Right to the Highest Attainable Standard of Health*" (Article 12 Of The International Covenant on Economic, Social and Cultural Rights) (E/C.12/2000/4), Absatz 34 New York.

117 IOM, WHO und *Center for Disease Control and Prevention*. 2005. „*Health and Migration: Bridging the Gap*", S. 24. International Dialogue on Migration Nr. 6. Genf: IOM.

118 Ebenda. S. 55.

119 Anarfi, J. K. 2005. „*Reversing the Spread of HIV/AIDS: What Role Has Migration?*", S. 99-109 in: UNFPA 2005.

120 Hamers, F. F. und A. M. Downs. 2004. „*The Changing Face of the HIV Epidemic in Western Europe: What are the Implications for Public Health Policies?*" The Lancet 364(9428): 83-94. Siehe auch: Carballo, M. und M. Mboup. 2005. „*International Migration and Health: A Paper Prepared for the Policy Analysis and Research Programme of the GCIM*", Genf: GCIM.

121 UNAIDS und WHO. 2005. *AIDS Epidemic Update: December 2005* (UNAIDS/05.19E). Genf.

122 Vereinte Nationen. 2006b, Absatz. 59.

123 Auf den Philippinen sind obligatorische HIV-Tests für Migranten zwar per Gesetz verboten. Die Arbeitgeber in den Empfängerländern verlangen aber häufig solche Tests. Siehe: Osias, T. 4. April 2005. „*Philippine Declaration from Mr. Tomas Osias, Executive Director, Commission on Population and Development*", Erklärung auf der 38. Sitzung der *Commission on Population and Development*. New York: Ständige Vertretung der Republik Philippinen bei den Vereinten Nationen. URL: http://www.un.int/philippines/statements/20050404.html, letzter Zugriff am 5. April 2006.

124 Shtarkshall, R. und V. Soskolne. 2000. „*Migrant Populations and HIV/AIDS: The Development and Implementation of Programmes: Theory, Methodology and Practice*", Genf: UNESCO/UNAIDS. Zitiert in: „*International Migration and HIV/AIDS*", International Coalition on AIDS and Development. 2004. URL: http://icad-cisd.com/content/pub_details.cfm?id=126&CAT=9&lang=e, letzter Zugriff am 10. Mai 2006.

125 Basierend auf einer Umfrage, die von Juli bis September 2004 durchgeführt wurde. Siehe: Merten, M. Ohne Datum. „*Shock Figures On HIV/Aids in the Workplace*", Mail and Guardian. Siehe Website der *South African Business Coalition on HIV and AIDS*, URL: http://www.redribbon.co.za/business/default.asp, letzter Zugriff am 17. Mai 2006.

126 IOM und *Southern African Migration Project*. 2005. „*HIV/AIDS, Population Mobility and Migration in Southern Africa: Defining a Research and Policy Agenda*", S. 10 und 11. Genf.

127 UNAIDS. 2004, S. 109. Zitiert in: IOM und *Southern African Migration Project* 2005, S. 23.

128 UNAIDS und WHO 2005.

129 Ebenda.

130 Vereinte Nationen. 2001. *Resolution adopted by the General Assembly [without reference to a Main Commit-*

tee (A/S-26/L.2)]: S-26/2. Declaration of Commitment on HIV/AIDS (A/RES/S-26/2), Absatz 50. New York.

131 IOM, UNAIDS und Schwedisches Amt für Internationale Entwicklungszusammenarbeit. 2003. „*Mobile Populations and HIV/AIDS in the Southern African Region: Recommendations for Action: Deskreview and Bibliography on HIV/AIDS and Mobile Populations*", S. 16. Genf. URL: http://www.queensu.ca/samp/sampresources/migrationdocuments/documents/2003/unaids.pdf, letzter Zugriff am 14. Februar 2006.

132 IOM. März 2004. „*Staff and Inmates at Bangkok's SuanPlu Immigrant Detention Centre Learn about HIV/AIDS and TB Prevention*", S. 14-15. IOM News. Genf.

133 Vereinte Nationen. 2006b, S. 3.

134 Siehe zum Beispiel: Smith und Edmonston 1997; Massey, D. S. und andere. 1998. „*Worlds in Motion: Understanding International Migration at the end of the Millennium*", *International Studies in Demography*. Oxford: Clarendon Press; Wirtschaftskommission für Lateinamerika und die Karibik 2002; GCIM 2005, S. 98; IOM 2005; Özden und Schiff 2005; UNFPA 2005; Vereinte Nationen. 2004; Vereinte Nationen. 2005; und Weltbank 2006.

135 Grillo. R. 2005. „*Backlash Against Diversity? Identity and Cultural Politics In European Cities*", S. 3. Centre on Migration, Policy and Society. Working Paper Nr. 14. Oxford, Großbritannien: *Centre on Migration, Policy and Society*, University of Oxford.

136 Ebenda. S. 5.

137 Siehe Website des *Department of Canadian Heritage*, Regierung von Kanada, URL: http://www.canadian heritage.gc.ca/progs/multi/index_e.cfm, letzter Zugriff am 7. Juni 2006.

138 Vertovec, S. und S. Wessendorf. 2005. „*Migration and Cultural, Religious and Linguistic Diversity in Europe: An Overview of Issues and Trends*", *Centre on Migration, Policy and Society*. Working Paper Nr. 18. Oxford, Großbritannien: Centre on Migration, Policy and Society, University of Oxford.

139 Oxford Analytica. 19. Juli 2005. „*European Union: EU Struggles on Skilled Migration*", und Grillo 2005, S. 11 und 28.

140 Grillo 2005, S. 41.

KAPITEL 2

1 Vereinte Nationen. 2006. „*Trends in Total Migrant Stock: 2005 Revision*" (POP/DB/MIG/Rev.2005). Arbeitsblatt New York: UN-Bevölkerungsabteilung, UN-Abteilung für Wirtschafts- und Sozialfragen.

2 S. Chant ist anerkannte Initiatorin des ersten systematischen Versuchs im Jahr 1992 zur Erstellung einer Gender-Analyse, um das Verständnis der internationalen Migration voranzubringen. (Chant, S. 1992. „*Gender and Migration in Developing Countries*",

London und New York: Bellhaven Press). Siehe unter anderem: Kofman, E. u..a 2000. „*Gender and International Migration in Europe: Employment, Welfare and Politics*", London und New York: Rutledge. Zitiert in: Vereinte Nationen. 2005a. S. 15.

3 Vereinte Nationen. 2005a. S. 30; und Hugo, G. 20. April 2006. Persönliches Gespräch.

4 Ebenda. 2005a. S. 18.

5 O'Neil, K., K. Hamilton, und D. Papademetriou. 2005. „*Migration in the Americas: A Paper Prepared for the Policy Analysis and Research Programme of the Global Commission on International Migration*", S. 19. Genf: GCIM.

6 Tutnjevic, T. 2002. „*Gender and Financial/Economic Downturn*", InFocus Programme on Crisis Response and Reconstruction, Working Paper Nr. 9. Genf: *Recovery and Reconstruction Department*, ILO

7 Dies wurde beispielsweise bei Untersuchungen unter Emigranten aus Kerala, Indien, festgestellt. Von ihnen verfügten 28 Prozent der Migrantinnen gegenüber 9 Prozent der Migranten über einen akademischen Grad. Ebenso verhält es sich bei südafrikanischen Einwanderern aus Lesotho, Simbabwe und Mosambik und in Mexiko, wo höher qualifizierte Männer blieben, während höher qualifizierte Frauen auswanderten. Diese Angaben basieren auf einer Umfrage unter 10.000 Privathaushalten im Bundesstaat Kerala. Siehe: Wirtschaftskommission der Vereinten Nationen für Asien und Pazifik. 2003. „*Dynamics for International Migration in India: Its Economic and Social Implications*", S. 18. Treffen der Expertengruppe für Migration und Entwicklung, Bangkok, 27.-29. August 2003; Dodson, B. 1998. „*Women on the Move: Gender and Cross-border Migration to South Africa*", S. 1. Migration Policy Series Nr. 9. Kapstadt und Kingston, Kanada: *Southern African Migration Project* und *Southern African Research Centre*, Queen's University; und Kanaiaupuni, S. M. 1999. „*Reframing the Migration Question: An Empirical Analysis of Men, Women, and Gender in Mexico*", S. 18. CDE-Arbeitspapier Nr. 99-15. Madison, Wisconsin: *Center for Demography and Ecology*, Universität Wisconsin, Madison.

8 Piper, N. 2005. „*Gender and Migration: A Paper Prepared for the Policy Analysis and Research Programme of the Global Commission on International Migration*", S. 19. Genf: GCIM.

9 Bei einer Umfrage in Moldawien stellte sich heraus, dass die Trennungs- und Scheidungsrate bei Migrantinnen höher war als bei Frauen, die in ihrer Heimat blieben. Siehe: *International Organization for Migration*. 2005. „*Migration and Remittances in Moldova*", S. 22. Genf: IOM. In Guatemala sind über 25 Prozent der Migrantinnen allein stehend, geschieden oder leben getrennt. Siehe: IOM. 2004. „*Survey on the Impact of Family Remittances on Guatemalan Homes*", Working Notebooks on Migration Nr. 19. Guatemala Stadt.

10 UNRISD. 2005. „*Gender Equality: Striving for Justice in an Unequal World*", (Bestellnr. E.05/III.Y.1), S. 113. Genf.
Und in: Vereinte Nationen. 2005. „*2004 World Survey on the Role of Women in Development: Women and International Migration*" (A/59/287/Add.1, ST/ESA/294), S. 27. New York: *UN-Division for the Advancement of Women*, UN-Abteilung für Wirtschafts- und Sozialfragen.

11 Kofman, E., P. Raghuram und M. Merefield. 2005. „*Gendered Migrations: Towards Gender Sensitive Policies in the UK*", S. 24-25. Arbeitspapier Asyl und Migration Nr. 6. London: *Institute for Public Policy Research*.

12 Das Recht, seinen Ehepartner frei zu wählen, wird in verschiedenen internationalen Menschenrechtsabkommen anerkannt, unter anderem in der Allgemeinen Erklärung der Menschenrechte (Artikel 16), dem Internationalen Pakt über bürgerliche und politische Rechte (Artikel 23), dem Internationalen Pakt über wirtschaftliche, soziale und kulturelle Rechte (Artikel 10), dem Übereinkommen über die Erklärung des Ehewillens, das Heiratsmindestalter und die Registrierung von Eheschließungen und dem Übereinkommen zur Beseitigung jeder Form von Diskriminierung der Frau (Artikel 16).

13 Regierung von Großbritannien. 27. Oktober 2004. „*Promoting Human Rights, Respecting Individual Dignity: New Measures To Tackle Forced Marriage*", Pressemeldung. London: Britisches Innenministerium . URL: http://press. homeoffice.gov.uk/press-releases/Promoting_Human_Rights_Respecti?version=1, Zugriff am 31. März 2006.

14 Regierung von Australien. 2. August 2005. „*New Laws to Protect Australian Children from Forced Marriages Overseas*", Pressemeldung. Canberra, Australien: Justizminister (Chris Elison). URL: http://www.ag.gov.au/agd/WWW/justiceministerHome.nsf/Page/Media_Releases_2005_3rd_Quarter_2_August_2005_-_New_laws_to_protect_Australian_children_from_forced_marriages_overseas, Zugriff am 27. März 2006.

15 Vereinte Nationen. 2005. „*Violence against Women*": *Report of the Secretary General* (A/60/137). New York.

16 Regierung von Frankreich. 5. November 2005. „*Latest News: Immigration: France's Minister of the Interior Presents a Plan Aimed at Tackling Illegal Immigration*", Paris: Internetportal der französischen Regierung. URL: http://www.premier-ministre.gouv.fr/en/information/latest-news_97/immigration-france-minister-of_53042.html?var_recherche=marriage, Zugriff am 17. Mai 2006.
Siehe auch: Associated Press. 24. März 2006. „*France: Marriage Age for Women Raised to 18*", The New York Times.

17 Tsay, C.-L. 2004. „*Marriage Migration of Women from China and South-East Asia to Taiwan*", S. 173-191 in: „*(Un)tying the Knot: Ideal and Reality in Asian Marriage*", herausgegeben von G. W. Jones und K. Ramdas.

2004. Singapur: Asia Research Institute, Staatliche Universität Singapur. Zitiert in: „*Recent Trends in International Migration in the Asia Pacific*" (ESID/SIIM/13), S. 12 der UN-Wirtschaftskommission für Asien und Pazifik, UNFPA, IOM, *Asian Forum of Parliamentarians on Population and Development*. 2005. Regionales Seminar über die sozialen Implikationen der Internationalen Migration, 24.-26. August 2005, Bangkok. Bangkok.

18 Wang, H., und S. Chang. 2002. „*The Commodification of International Marriages: Cross-border Marriage Business in Taiwan and Viet Nam*", *International Migration*, 40(6): 93-114.

19 Lee, H.-K. 2003. „*Gender, Migration and Civil Activism in South Korea*", *Asian and Pacific Migration Journal* 12(1-2): 127-154. Zitiert in: „*Recent Trends in International Migration in Asia and the Pacific*", S. 34, von M. M. B. Asis. 2005. *Asia-Pacific Population Journal* 20(3): 15-38.

20 Piper, N., und M. Roces. 2003. „*Introduction: Marriage and Migration in an Age of Globalization*", S. 1-21 in: „*Wife or Worker: Asian Women and Migration*", herausgegeben von N. Piper und M. Roces.2005. Lanham, Maryland: Rowman und Littlefield; und Constable, N. 2005. „*Introduction: Cross-Border Marriages*", S. 1-16 in: *Gender and Mobility in Transnational Asia*, herausgegeben von N. Constable. 2005. Philadelphia: University of Pennsylvania Press. Zitiert in: „*Transnational Migration, Marriage and Trafficking at the ChinaVietnam Border*", S. 3, von Duong, L. B., D. Bélanger, und K. T. Hong. 2005. Vorlage für das Seminar über die Defizite von Frauen in Asien: Trends und Perspektiven, Singapur, 5.-7. Dezember 2005. Paris: *Committee for International Cooperation in National Research in Demography*.

21 Vereinte Nationen. 2005a, S. 30.

22 Rybakovsky, L., und S. Ryazantsev. 2005. „*International Migration in the Russian Federation*" (UN/POP/MIG/2005/11), S. 3. Vorlage für das Treffen der UN-Expertengruppe über Internationale Migration und Entwicklung, New York, 6.-8. Juli 2005. New York: *UN-Bevölkerungsabteilung*, UN-Abteilung für Wirtschafts- und Sozialfragen.

23 Ryklina, V. 11.-17. Oktober 2004. „*Marriage on Export*", Newsweek Nr. 19: 58. Zitiert in: L. Rybakovsky und S. Ryazantsev. 2005. S. 11.

24 *Global Survival Network*, 1997. „*Bought and Sold*", Dokumentation Washington, D.C. Zitiert in: „*International Matchmaking Organizations: A Report to Congress*", Washington, D. C.: *U.S. Citizenship and Immigration Services, Department of Homeland Security*, US-Regierung. URL: http://uscis.gov/graphics/aboutus/repsstudies/Mobrept.htm, Zugriff am 9. Februar 2006.

25 Der *International Marriage Broker Act* begrenzt auch die Anzahl von Verlobungsvisa, die von einer Einzelperson beantragt werden können. Siehe: 109. US-Kongress. 2005.

„Violence Against Women and Department of Justice Reauthorization Act" (H.R. 3402.), Washington, D. C. URL: http://www.online-dating-rights.com/pdf/IMBRA2005.pdf, Zugriff am 27. April 2006.

26 Sanghera, J. 2004. „Floating Borderlands and Shifting Dreamscapes. The Nexus Between Gender, Migration and Development", S. 59-69 in: „Femmes et Mouvement: genre, migration et nouvelle division internationale du travail", Schweiz, Graduiertenkolloquium des Institute for development Studies. URL: http://www.unige.ch/iued/new/information/publications/pdf/yp_femmes_en_mvt/09-j.sanghera.pdf, Zugriff am 4. Mai 2006.

27 Pessar, P. R. 2005. „Women, Gender, and International Migration Across and Beyond the Americas: Inequalities and Limited Empowerment" (UN/POP/EGM-MIG/2005/08), S. 4. Papier für das Treffen der Expertengruppe über Internationale Migration und Entwicklung in Lateinamerika und der Karibik, Mexiko City, 30. November - 2. Dezember 2005. New York: UN-Bevölkerungsabteilung, UN-Abteilung für Wirtschafts- und Sozialfragen.

28 Ebenda.

29 Asis, M. 24. April 2006. Persönliches Gespräch.

30 Sabban, R. 2002. Vereinigte Arabische Emirate: „Migrant Women in the United Arab Emirates: The Case of Female Domestic Workers", S. 26. GENPROM Arbeitspapier. Nr. 10. Genf: Gender Promotion Programme, ILO.

31 Kofman, E., P. Raghuram und M. Merefield. 2005.

32 Boyd, M., und D. Pikkov. 2005. „Gendering Migration, Livelihood and Entitlements: Migrant Women in Canada and the United States", S. 18-19. Occasional Paper Nr. 6. Genf: UNRISD.

33 2003 stellten Philippinas 78 Prozent aller ausländischen Arbeiter, die mit Unterhaltungsvisa nach Japan einreisten. Orozco. 2005. Siehe: Omulueshi, I. 2005. „Gender, Poverty and Migration", S. 7. Washington, D. C.: Weltbank. URL:http:// http://siteresources.worldbank.org/EXTABOUTUS/Resources/Gender.pdf, letzter Zugriff am 18. Mai 2006 sowie „Gaikokujin Torokusha Tokei ni tsuite" (Statistik über ausländische Einwohner). „Number of Non-Japanese Residents by Qualification (1993-2004)", Tokio: Einwanderungsbüro, Justizministerium der Regierung Japans. URL: http://web-japan.org/stat/stats/21MIG21.html, Zugriff am 1. Mai 2006.

34 Piper, N. 2004. „Gender and Migration Policies in South-East and East Asia: Legal Protection and Sociocultural Empowerment of Unskilled Migrant Women", S. 218. Singapore Journal of Tropical Geography 25(2): 216-231.

35 Matsuda, M. 2002. „Japan: An Assessment of the International Labour Migration Situation: The Case of Female Labour Migrants", S. 3. GENPROM Arbeitspapier. Nr. 5. Series on Women and Migration. Genf: Gender Promotion Programme, ILO.

36 Lee, J. 2004. „Republic of Korea", Kap. 7 in: „No Safety Signs Here: Research Study on Migration and HIV Vulnerability from Seven South and North East Asian Countries", S. 123, von UNDP und Asia Pacific Migration Research Network. 2004. New York.

37 In den vier untersuchten Ländern variiert der Beitrag der Sexarbeit zum BIP zwischen zwei und 14 Prozent. Siehe: ILO. 19. August 1998. „Sex Industry Assuming Massive Proportions in South-East Asia", Pressemeldung. Genf und Manila: ILO. URL: http://www.ilo.org/public/english/bureau/inf/pr/1998/31.htm, Zugriff am 14. März 2006.

38 Zusammengefasst nach: Hochschild, A., und B. Ehrenreich (Hrsg.) 2002. „Global Woman: Nannies, Maids and Sex Workers in the New Economy", S. 277-280. New York: Owl Books, Henry Holt & Co.

39 Kofman, E. 2005a. „Gendered Migrations, Livelihoods and Entitlements in European Welfare Regimes", S. 32. Entwurf eines Arbeitspapiers für den Bericht des UNRISD. „Gender Equality: Striving for Justice in an Unequal World", 2005. Genf.

40 Vereinte Nationen. 2005a. S. 63.

41 UNRISD. 2005. S. 120.

42 Thomas-Hope, E. 2005. „Current Trends and Issues in Caribbean Migration, in Regional and International Migration in the Caribbean and its Impacts on Sustainable Development", ECLAC, Port of Spain, Trinidad.

43 Kofman, E., P. Raghuram und M. Merefield. 2005. S. 13.

44 Kofman, E. 2005b. „Gendered Global Migrations: Diversity and Stratification", S. 653. International Feminist Journal of Politics 6(4): 643-665.

45 Sala, G. A. 2005. „Trabajadores Nacidos en Los Paises del MERCOSUR residentes en el Brasil", S. 28. 25. Jährliche Bevölkerungskonferenz, Tours, Frankreich, 18.-25. Juli 2005. Paris: International Union for the Scientific Study of Population. URL: iussp2005.princeton.edu/download.aspx?submissionId=52266, letzter Zugriff am 23. Mai 2006.

46 Redfoot, D. L., und A. N. Houser. 2005. „We Shall Travel On: Quality of Care, Economic Development, and the International Migration of Long-Term Care Workers", S. xxi. Washington, D. C.: Public Policy Institute, American Association of Retired People.

47 Aiken, L. H., u. a. 2004. „Trends In International Nurse Migration", S. 70. Health Affairs 23(3): 69-77.

48 Buchan, J., T. Parkin, und J. Sochalski. 2003. „International Nurse Mobility: Trends and Policy Implications", S. 18. Genf: Royal College of Nurses, WHO und International Council of Nurses.

49 Auf der Grundlage der UNFPA-Analyse des Nursing and Midwifery Council. 2005. „Statistical Analysis of the Register: 1. April 2004 to 31. March 2005", S. 10. London: Nursing and Midwifery Council.

50 Redfoot, D. L., und A. N. Houser. 2005. S. xii.

51 Kofman, E., P. Raghuram und M. Merefield. 2005. S. 13. Und Piper, N. 2005. S. 9.

52 Tevera, D., und L. Zinyama. 2002. „Zimbabweans Who Move: Perspectives on International Migration in Zimbabwe", S. 4. Migration Policy Series Nr. 25. Kapstadt und Kingston, Kanada: Southern African Migration Project und Southern African Research Centre, Queen's University.

53 Struder, I. R. 2002. „Migrant Self-Employment in a European Global City: The Importance of Gendered Power Relations and Performance of Belonging of Turkish Women in London", Research Papers in Environmental and Spatial Analysis Nr. 74. London: Department of Geography, London School of Economics and Political Science. Zitiert in: E. Kofman, P. Raghuram und M. Merefield. 2005. S. 13.

54 Clean Clothes Campaign. September 2002. „Mauritius: No Paradise for Foreign Workers", Amsterdam, Niederlande: Clean Clothes Campaign. URL: http://www.cleanclothes.org/publications/02-09-mauritius.htm, Zugriff am 31. März 2006.

55 95 Prozent der Arbeitskräfte kommen aus Myanmar, von denen wiederum 70 Prozent Frauen sind. Siehe: Arnold, D. 2004. „The Situation of Burmese Migrant Workers in Mae Sot, Thailand", S. 3, 4 und 21. South-East Asia Research Centre. Working Paper Series Nr. 71. Kowloon, Hongkong (SAR): South-East Asia Research Centre, Universität der Stadt Hongkong.

56 UN-International Research and Training Institute for the Advancement of Women, ohne Datum. „Fact Sheet" Santo Domingo, Dominikanische Republik. URL: http://www.un-instraw.org/en/index.php?option=content&task=blogcategory&id=76&Itemid=110, Zugriff am 21. März 2006. Sowie IOM. 2003. „World Migration 2003: Managing Migration: Challenges and Responses for People on the Move", S. 7. Genf.

57 Die Geldüberweisungen in die Philippinen betrugen im Jahr 2005 13 Milliarden US-Dollar, Quelle: Weltbank. 2006a. „Global Economic Prospects 2006: Economic Implications of Remittances and Migration", Washington, D. C.: Internationale Bank für Wiederaufbau und Entwicklung und Weltbank. In den Jahren 1997, 1999, 2000 und 2001 beliefen sich die Rücküberweisungen auf 6 Milliarden USD. Siehe: Weltbank. 2006b. „Workers Remittances, Compensation of Employees, and Migrant Transfers (US$ Million)", Tabelle. URL: http://siteresources.worldbank.org/INTGEP2006/Resources/RemittancesData GEP2006.xls, Zugriff am 1. Mai 2006. Sowie UNIFEM. 2004a. „Women Migrant Workers' Capacity and Contribution", S. 2. Kap. 8 in: „Empowering Women Migrant Workers in Asia: A Briefing Kit", New York.

58 Murison, S. 2005. „Evaluation of DFID Development Assistance: Gender Equality and Women's Empowerment: Phase II Thematic Evaluation: Migration and Development", 2005. Arbeitspapier Nr. 13. Glasgow: Evaluation Department, Department for International Development; Sørensen, N.N. 2004. „The Development Dimension of Migrant Transfers", DIIS Arbeitspapier Nr. 16. Kopenhagen, Danish Institue for International Studies, Department for International Development and the World Bank. 2003. „International Conference on Migrants Remittances: Development Impact, Opportunities for the Financial Sector and Future Prospects: Report and Conclusions", 9.-10. Oktober 2003, London, Großbritannien, Department for International Development. Sowie Jolly, S., E. Bell and L. Narayanaswamy. 2003. „Gender and Migration in Asia: Overview and Annotated Bibliography", Bibliography Nr. 13. Erstellt für das Department of International Development, Großbritannien, Brighton, Großbritannien, BRIDGE, Institute of Development Studies, University of Sussex.

59 IOM. 2005b. „Dynamics of Remittance Utilization in Bangladesh", S. 31-32. IOM Migration Research Series Nr. 18. Genf.

60 Ebenda., S. 35.

61 Ramirez, C., M. G. Dominguez, und J. M. Morais. 2005. „Crossing Borders: Remittances, Gender and Development", S. 32-33. INSTRAW Arbeitspapier. Santo Domingo: UN-International Research and Training Institute for the Advancement of Women (INSTRAW).

62 Flynn, D., und E. Kofman. 2004. „Women, Trade, and Migration", S. 68. Gender and Development 12(2): 66-72. Siehe auch Department for International Development and the World Bank. 2003.

63 Wong, M. 2000. „Ghanaian Women in Toronto's Labour Market: Negotiating Gendered Roles and Transnational Household Strategies", Canadian Ethnic Studies 32(3): 45-74.

64 Anmerkungen von Carmen Moreno, Direktorin des UN-International Research and Training Institute for the Advancement of Women bei der 39. Sitzung der Kommission für Bevölkerung und Entwicklung am 5. April 2006. Siehe: Vereinte Nationen. 5. April 2006. „Feminization of Migration, Remittances, Migrants' Rights, Brain Drain Among Issues, as Population Commission Concludes Debate", Pressemeldung. New York. URL: http://www.un.org/News/Press/docs/2006/pop945.doc.htm, letzter Zugriff am 23. Mai 2006.

65 Siehe Website von Fonkoze: http://www.fonkoze.org, letzter Zugriff am 23. Mai 2006.

66 ADOPEM ist die Asociación Dominicana para el Desarrollo de la Mujer. Lenora Suki. 2004. „Financial Institutions and the Remittances Market in the Dominican Republic", Center on Globalization and Sustainable Development, The Earth Institute an der Columbia University. Sowie die Präsentation des Women's World Banking „Remittances and

Gender: Linking Remittances to Asset Building Products for Microfinance Clients", Washington, D.C. Washington, D.C., International Forum on Remittances des Multilateralen Investmentfonds der Interamerikanischen Entwicklungsbank am 28.-30. Juni 2005. URL: http://idbdocs.iadb.org/wsdocs/getdocument.aspx?docnum=561728, Zugriff am 3. März 2006.

67 Siehe Interamerikanische Entwicklungsbank. „MIF at Work: MIF Strategy and Program of Remittances", URL: http://www.iadb.org/mif/remittances/mif/index.cfm?language=EN&parid=1, letzter Zugriff am 28. April 2006.

68 IOM. 2005b. „Dynamics of Remittance Utilization in Bangladesh", IOM Migration Research Series Nr. 18. S. 48. Die Bank wurde von Migrantinnen gegründet, die nach Hause zurückgekehrt waren. Sie berät Migrantinnen bei der Einrichtung von Bankkonten auf ihren eigenen Namen, um sicherzustellen, dass sie selbst bestimmen können, wie das Geld nach ihrer Rückkehr verwendet wird.

69 Siehe zum Beispiel UNFPA. 2006. „Usos y Potencialidades de las Remesas; Efectos Diferenciales en Hombres y Mujeres Latinoamericanos", Seminar vom 23. Februar 2006. Gehalten im Rahmen des International Forum on the Nexus between Political and Social sciences. UNESCO, sowie die Regierungen von Argentinien und Uruguay. Nationaluniversität von Cordoba, Argentinien.

70 Ramirez, C., Dominguez, M. G. und Morais, J.M. 2005.

71 Vereinte Nationen. 2005a. S. 24.

72 Nach dem Stand von Mai 2006 wurden die Wahlen für Juli 2006 angesetzt. Bouwen, D. 13. Februar 2006. „Elections-Congo: A Lending Hand from Women in Belgium", Nachrichtenagentur Inter Press. URL: http://www.ipsnews.net/print.asp?idnews=32138, letzter Zugriff am 28. Mai 2006.

73 Hildebrandt und McKenzie. 2005. „The Effects of Migration on Child Health in Mexico", Stanford, Kalifornien: Department of Economics. Stanford University. Zitiert in Omuleniuk, I. 2005. S. 12.

74 Asiatische Entwicklungsbank. 2004. „Enhancing the Efficiency of Overseas Workers Remittances", Technical Assistance Final Report. S. 60. Manila, Philippinen.

75 Der Bericht bezieht sich auf Tendeparaqua in der Gemeinde Huaniqueo in Michoacan. Orozco, „Hometown Associations and Their Present and Future Partnerships: New Development Opportunities?" Washington, D.C.: Inter-American Dialogue, 2003. S. 38.

76 Goldring, L. 2001. „The Gender and Geography of Citizenship in Mexico-U.S. Transnational Spaces", Identities: Global Studies in Culture and Power 7(4): 501-537, 2001. Zitiert in Pessar, P. 2005. S. 7.
Sowie CEPAL. 2006. „Destinarios y Usos de Remesas: Una Oportunidad para las Mujeres Salvadoreñas?" Mujer y Desarrollo Serie Nr. 78, Santiago, Chile und Eschborn Deutschland: ECLAC und GTZ.

77 Vereinte Nationen. 2005a. S. 18.

78 Lenz, I. und H. Schwenken. 2003. „Feminist and Migrant Networking in a Globalising World: Migration, Gender and Globalisaton", S.164 -6/8 in „Crossing Borders and Shifting Boundaries: Vol. 1: Gender, Identities and Networks", herausgegeben von Lenz, I., u.a. 2003. Opladen: Leske und Budrich.

79 Biehl, J.K. 2. März 2005. „The Whore Lived Like a German", Spiegel Online. URL: http://www.spiegel.de/international/0,1518,344374,00.html, letzter Zugriff am 24. Februar 2006.

80 IOM. 2005c. „World Migration 2005: Costs and Benefits of International Migration", Band 3. S. 46.

81 Ebenda. S. 276.

82 Hugo, Graeme. 1999. „Gender and Migrations in Asian Countries", Gender and Population Studies Series, IUSSP, Liège, Belgien.
Sowie Graeme, H. 2000. „Migration and Womens Empowerment", Kapitel 12 in „Women's Empowerment and Demographic Processes: Moving Beyond Cairo", herausgegeben von H.B. Presser und G. Sen. Oxford, Großbritannien: Oxford University Press. Zitiert in Vereinte Nationen 2005a. S.2.

83 Vereinte Nationen. 2005a. S. 63.

84 Grasmuck, S., und P. R. Pessar. 1991. „Between Two Islands: Dominican International Migration", Berkeley: University of California Press. Zitiert in: Vereinte Nationen. 2005a. S. 63.

85 Hondagneu-Sotelo, P. 1994. „Gendered Transitions: Mexican Experiences of Immigration", Berkeley: University of California Press. Jones-Correa, M. 1998. „Different paths: gender, migration and political participation", International Migration Review, S. 338. Band 32(2): 326-349.

86 Jones-Correa. 1998. Zitiert in Jolly, S. 2005. „Gender and Migration: Supporting Resources Collection", S. 21. BRIDGE Gender and Migration Cutting Edge Pack. Brighton, Großbritannien: BRIDGE, Institute of Development Studies, Universität Sussex, URL: http://www.bridge.ids.ac.uk/reports/CEP-Mig-SRC.pdf, letzter Zugriff am 6. Oktober 2005.

87 Pessar, 2005. S. 4.

88 Zachariah, K.C., E.T. Mathew ans S. I. Rajan. 2001. „Social, Economic and Demographic Consequences of Migration in Kerals", International Migration 39(2),. 43-57. Genf. IOM. Zitiert in Omuleniuk, I. 2005. S. 14.

89 Adepoju, A. 1. September 2004. „Changing Configurations of Migration in Africa", Migration Information Source. Washington, D.C. Migration Policy Institute.
URL: http://www.migrationinformation.org/feature/print.cfm?ID=251, letzter Zugriff am 6. Januar 2006.

90 Rahman, M. „Migration Networks: An Analysis of Bangladeshi Migration to Singapore", Asian Profile Band 32(4): 367-390, 2004. Zitiert in Piper. 2005. S. 26.

91 Yayasan Pengembangan Pedesaan. 1996. „The Impact of Women's Migration to the Family in Rural Areas". Zitiert in C. M. Firdausy, 2005 „Trends, Issues and Policies Towards International Labor Migration: An Indonesian Case Study", S.11-12 und 16. Treffen der Expertengruppe über Internationale Migration und Entwicklung, New York, 6.-8. Juli 2005. New York: UN-Bevölkerungsabteilung, UN-Abteilung für Wirtschafts- und Sozialfragen.

92 Sørensen, N. 2004. S. 14.

93 Vereinte Nationen. 2005a. S. 16.

94 Vereinte Nationen 2000. Reports, Studien und weitere Dokumentationen für das Vorbereitungskomitee und die Weltkonferenz: „Discrimination Against Migrants – Migrant Women: In Search of Remedies", Weltkonferenz gegen Rassismus, Rassendiskriminierung, Fremdenfeindlichkeit und damit einhergehende Intoleranz. (A/CONF.189/PC.1/19). S. 12. New York.

95 Caballero, M. u.a. 2002. „Migration, Gender and HIV/AIDS in Central America and Mexico", Papier für die XIV Internationale AIDS-Konferenz, Barcelona, Spanien, 7.-12. Juli 2002.

96 Ärzte ohne Grenzen. 2005. „Violence et immigration. Rapport sur l'immigration d'origine subsaharien (ISS) en situation irrégulière au Maroc", S. 7, 14, 20. Genf.

97 BBC News. Freitag 14. Oktober 2005. „Eyewitness: Migrants Suffer in Morocco". URL: http://news.bbc.co.uk/1/hi/world/africa/4342594.stm, letzter Zugriff am 1. März 2006.

98 Vereinte Nationen. 2005a. S. 65.

99 Crush, J. und Williams, V., 2005. „International Migration and Development: Dynamics and Challenges in South and Southern Africa", Expertengruppe der Vereinten Nationen über Internationale Migration und Entwicklung. UN-Bevölkerungsabteilung, UN-Abteilung für Wirtschafts- und Sozialfragen, New York, 6.-8. Juli 2005. (Zum Weiterlesen siehe Crush, J. und V. Williams (Hrsg.), kein Datum: „Criminal tendencies: Immigrants and Illegality in South Africa", Migration Policy Brief Nr. 10, Kapstadt, Südafrika: Southern African Migration Project.)

100 Crush, J. und Williams, V. 2005. S. 15. Sowie Crush, J. und Williams, V. Kein Datum. S. 11 und 15.

101 Asis, M. M. B. 2006. „Gender Dimensions of Labour Migration in Asia", High-level Panel on the Gender Dimensions of International Migration. 50. Sitzung der Kommission der Vereinten Nationen zur Stellung der Frau, 2. März 2006, New York, Vereinte Nationen.

102 Siehe zum Beispiel Ramirez, C., Dominguez, M. G. und Morais, J.M. 2005. S. 28.

Sowie Boyd, M. und D. Pikkov. 2005. S. 9-11.

103 FASILD. 2002. „Femmes immigrées et issues de l'immigration", Paris: FASILD. Zitiert in: E. Kofman. 2005a. S. 39

104 Kofman, E. 2005a. S. 37.

105 Inglis, C. 2003. „Mothers, Wives and Workers: Australia's Migrant Women", Migration Information Source, Washington, D.C. Migration Policy Institute. URL: http://www.migration-information.org/Feature/display. cfm?ID=108, letzter Zugriff am 10. April 2006.

106 IOM 2005c. S. 110.

107 IOM. 2005b. S. 18.

108 Omuleniuk, I. 2005. S. 6.

109 Asiatische Entwicklungsbank. 2001. „Women in Bangladesh", Country Briefing Paper. S. 3. Manila, Philippinen.

110 Asis, M. 2006. S. 2.

111 US-Außenministerium. 2006. „Nepal: Country Reports on Human Rights Practices", Washington, D.C. Bureau of Democracy, Human Rights and Labour. Außenministerium der Vereinigten Staaten von Amerika. URL: http://www.state.gov/g/drl/rls/hrrpt/2005/61709.htm, letzter Zugriff am 5. Mai 2006.

112 Siehe zum Beispiel Grant, S. 2005. „International Migration and Human Rights. A paper prepared for the Policy Analysis and Research Programme of the Global Commission on International Migration", S. 12; GCIM.
Sowie Omuleniuk, I. 2006. „Trafficking in Human Beings – CEE and SE Europe", High-level Panel on the Gender Dimensions of International Migration, UN-Kommission für die Stellung der Frau. New York, 27. Februar– 10. März 2006. New York.

113 Asis, M. 2006.

114 Calavita, K. 2006. „Gender, Migration and Law: crossing Borders and Bridging Disziplines" Zitiert in: „Gender and Migration Revisited: Special Issue", International Migration Review 40(1): 104-132.
Chell-Robinson, V. 2000. „Female Migrant in Italy: Coping in a Country of New Immigration", S. 103-123 in: „Gender and Migration in Southern Europe: Women on the Move", F. Anthias und G. Lazaridis (Hrsg.). 2000. New York, Berg. Ribas-Mateus, N. 2000: „Female Birds of Passage: Leaving and Settling in Spain", S. 173-197 in Anthias und Lazaridis 2000. Und Rubio, S.P. 2003. „Immigrant Women in Paid Domestic Service: the Case of Aspain and Italy", Transfer: European Review of Labour and Research, 9(3), S. 503-5017.
Alle in Pessar, P.R. 2005. S. 4.

115 Kofman, E. 2005a. S. 7.

116 Boyd, M. und Pikkoy, 2005.

117 Vereinte Nationen. 2005c. „Good practices in combating and eliminating violence against women: Report of the Expert Group Meeting", S. 15. 17.-20. Mai 2005. New York. Division

for the Advancement of Women. Vereinte Nationen.

118 Vereinte Nationen. 2005a. S. IV.

119 OECD. 2004. „*Labour Market and Integration Remains Insecure for Foreign and Immigrant Women*", Brüssel: OECD. URL: http://www.oecd.org/documet/27/0,234,en_2649_37457_29871963_1_1_1_37457,00.html, letzter Zugriff am 11. Mai 2006.

120 Angaben beruhen auf Daten aus der Volkszählung Südafrikas im Jahr 2001. Siehe *South African Institue of International Affairs*, 2006. „*South Africa: A Response to the APRM Questionaire on Progress Towards Adressing Socio-Economic Development Challenges*", Parlamentarischer Bericht des *Joint Ad Hoc Committee on on Economic Governance and Management*. S. 35. Braamfontein. South African Institute of International Affairs. URL: http://www.iss.co.za/AF/RegOrg/nepad/aprm/saparlrep/part6.pdf, letzter Zugriff am 30. Mai 2006.

121 Kofman, E. 2005a. S. 13.

122 Sabban, R. 2002. S. 11.

123 Siehe verschiedene Untersuchungen, zitiert in UNIFEM 2005. „*Progress of the World's Women 2005: Women, Work and Poverty*", S. 34 von M. Chen u.a.. New York.

124 Grieco, E. 22. Mai 2002. „*Immigrant Women.*" *Migration Information Source*. Washington, D.C. Migration Policy Institute. URL: http://www.migration information.org/Usfocus/print.cfm? ID=2, letzter Zugriff am 20. März 2006.

125 Boyd, M., und D. Pikkov. 2005. S. 11.

126 Ebenda. S. 28.

127 Zitiert in *Age Plus Project*. 2005. „*Older Migrant Women: Facts, Figures, Personal Stories, an Inventory in Five EU Countries*", S. 14, S. 22. Utrecht, Niederlande. Age Plus.

128 Vereinte Nationen. 2005a. S. 63.

129 Rudiger, A. und Spencer, S. 2003. „*Social Integration of Migrants and Ethnic Minorities: Policies to Combat Discrimination*", S. 36. Präsentation auf der *The Economic and Social Aspects of Migration Conference*. Gemeinsam organisiert von der Europäischen Kommission und der OECD. 21.-22. Januar 2003, Brüssel, Belgien, Paris, OECD.

130 Sabban, R. 2002. S. 24.

131 Anderson, B. 2001. „*Why Madam Has So Many Bathrobes: Demand for Domestic Workers in the EU*", *Tijdschrift for Economicse en Sociale Geografie*, 92(1). S. 18-26. Zitiert in *Economic and Social Division for Aisa and the Pacific*. 2005. „*Women in International Trade and Migration: Examining the Globalized Provision of Care Services*", *Gender and Development Discussion Paper Series* Nr. 16. Bangkok. ESCAP.

132 Hondagneu-Sotelo, P. 2001. „*Domestica: Immigrant Workers Cleaning and Caring in the Shadows of Affluence*", Berkeley and Los Angeles, California. The University of California Press.

133 Siehe zum Beispiel: Bollini, P. und Siem, H. 1995. „*No Real Progress Towards Equity: Health of Migrants and Ethnic Minorities on the Eve of the Year 2000*", *Social Science and Medicine*, 41 (6): 819-828.
Sowie Bottomley, G. und de Lepervanche, M. 1990. „*The Social Context of Immigrant Health and Illness*", S. 39-46 in „*The Health of Immigrant in Australia: A Social Perspective*", von J. Reid und P. Trompf (Hrsg.) Sydney, Harcourt Brace.
Sowie Parsons, C. 1990. „*Cross-cultural Issues in Health Care*", S. 108-153 in J. Reid und P. Trompf 1990.
Sowie Venema, H.P. u a.1995. „*Health of Migrants and Migrant Health Policy: the Netherlands as an Example*", *Social Science and Medicine*, 41(6): 809-818.

134 Bollini, P. 2000. „*The Health of Migrant Women in Europe: Perspectives for the Year 2000*", S. 197-206. In „*Migration, Frauen, Gesundheit, Perspektiven im europäischen Kontext*", von David, M., T. Borde und H. Kentenich (Hrsg.) Frankfurt am Main: Mabuse Verlag,

135 Waterstone, M., S. Bewley and C. Wolfe. 2001. „*Incidence and Predictors of Severe Obstetric Morbidity: Case Control Study*", British Medical Journal, 322(7294): 1089-1093.

136 Carballo, M. und Nerukar, A. 2001. „*Migration, Refugees, and Health Risks, Emerging Infectious Diseases*", Band 3 (7th Supplement), S. 556-560.

137 Die Angaben basieren auf einer klinischen Studie an Frauen, die zwischen 1988 und 1995 in einem bestimmten Krankenhaus entbunden haben. Zeitlin, J. u.a. 1998. „*Socio-demographic Risk Factors for Perinatal Mortality: A Study of Perinatal Mortality in the French District of Seine-Saint-Denis*", *Acta Obstetricia et Gynecologica Scandinavica*, 77(8): 826-35. Zitiert in Carballo, M. u.a. 2004. „*Migration and Reproductive Health in Western Europe.*" Die Angaben beruhen auf Daten aus verschiedenen Krankenhäusern in ausgewählten Teilen des Landes. Die perinatale Sterblichkeitsrate für Babys deutscher Mütter liegt bei annähernd 5,2 Prozent und bei Babys von Ausländerinnen bei annähernd 7 Prozent. Auch Geburtsfehler treten bei Kindern von Migrantinnen häufiger auf. Siehe Carballo und Nerukar. 2001.

138 Carballo und Nerukar. 2001.

139 Die Rate der Frühgeburten ist zum Beispiel bei Einwanderinnen aus Afrika, die in Krankenhäusern entbinden, fast doppelt so hoch wie bei Spanierinnen, und auch Untergewicht bei der Geburt tritt bei ihnen fast doppelt so häufig auf wie bei Frauen, die in Spanien geboren wurden. Mehr als 8 Prozent der Babys, die von Frauen aus Mittel- und Südamerika zur Welt gebracht werden, haben Untergewicht und 6,3 Prozent werden zu früh geboren. Carballo und Nerukar. 2001.

140 Mora, L. 2003. „*Las Fronteras de la Vulnerabilidad: Género, Migración y Derechos Reproductivos*", Präsentation auf der *Hemispheric Conference on International Migration: Human Rights and Trafficking in Persons in the Americas*, 20.-22. November 2002, Santiago de Chile: ECLAC.

141 Carballo, M. u.a. 2004. S. 15.

141 Spycher, C. und Sieber, C. 2001. „*Contraception in Immigrant Women*", *Ther Umsch*, 58(9): 552-554, in Carballo, M. u.a. 2004. *Migration and Reproductive Health in Western Europe*.

143 Carballo und Nerukar. 2001.

144 Eskild, A. u.a. 2002. „*Induced Abortion among Women with Foreign Cultural Background in Oslo*", *Tidsskr Nor Laegeforen*, 122(14): 1355-57, in Carballo, M. u.a. 2004.

145 Medda, E. u.a. 2002. „*Reproductive Health of Immigrant Women in the Lazio Region of Italy*", Annali dell'Istituto Superiore di Sanità, 38(4): 357-65, in Carballo, M. u.a. 2004.

146 Rice, P. L. 1994 (Hrsg.) „*Asian Mothers, Australian Birth: Pregnancy, Childbirth and Childbearing, the Asian Experience in an English Speaking Country*", Melbourne: Ausmed Publications.

147 Carballo, M. u.a. 2004. S. 14.

148 Darj, E. und Lindmark, G. 2002. „*Not All Women Use Maternal Health Services: Language Barriers and Fear of the Examination are Common*", *Lakartidningen* 99(1-2): 41-44.

149 Balbo, M. (Hrsg.). 2005. „*International Migrants and the City: Bangkok, Berlin, Dakar, Karachi, Johannesburg, Naples, Sao Paolo, Tijuana, Vancouver, Vladivostok*", Nairobi, Kenia, UN-HABITAT und Università IUAV di Venezia.
Die Frauenkoordinationsstelle des städtischen Gesundheitsamts ist bestrebt, Verfahren zu verbessern und eine größere Reichweite zu erzielen. Zielgruppen sind unter anderem autochthone Migrantengruppen, die in ihren eigenen Sprachen Quechua und Aymara angesprochen werden sollen.
Sviluppo/Universitá IUAV di Venezia. Interview in Balbo. 2005 S. 219 und 223.

150 Ergebnisse einer Umfrage unter 700 Migranten, durchgeführt durch das *Institute for Population and Social Research* der Universität Mahidol mit finanzieller Unterstützung des *UN-Office for the Coordination of Humanitarian Affairs* und UNFPA. UNFPA. 30. August 2005. „*Survey Reveals Acute Need for Reproductive Health Care in Thailand's Migrant Communities Affected by Tsunami*", Pressemeldung. URL: http://www.unfpa.org/news/news.cfm?ID=661&Language=1, letzter Zugriff am 30. Mai 2006.

151 IOM. 2001. „*The Reproductive Health of Immigrant Women*", *Migration and Health Newsletter*, Nr. 2. Genf.

152 Brummer, Daan. 2002. „*Labour Migration and HIV/AIDS in Southern Africa*", Genf: *Regional Office for Southern Africa*.
Und Vereinte Nationen. 2005a. S. 72.

153 Die Angaben basieren auf einer Untersuchung von IOM/CARE in IOM/UNAIDS/*Swedish International Development Cooperation Agency*. 2003. „*Mobile Populations and HIV/AIDS in the Southern African Region: Recommendations for Action – Desk Review and Bibliography on HIV/AIDS and Mobile Populations*" Genf. URL: http://www.queensu.ca/samp/sampresources/migrationdocument/documents/2003/unaids.pdf, letzter Zugriff am 14. Februar 2006.

154 Lot u.a. 2004. „*Preliminary results from the New HIV Surveillance systems in France*", Eurosurveillance 9(4) Zitiert in UNAIDS und WHO. 2005. *Aids Epidemic Update: December 2005 (UNAIDS/0519e)*. S. 69. Genf.

155 FUNDESIDA ist eine Stiftung, die in einem gemeinsamen Programm mit dem Sozialversicherungsfonds von Costa Rica zusammenarbeitet. Zitiert in Garcia, A., Barahona, M., Castro, C. und Gomariz, E. „*Costa Rica: Female Labour Migrants and Trafficking in Women and Children*", ILO. GENPROM Arbeitspapier Nr. 2, S. 13. Series on Gender and Migration. Genf.

156 Weeramunda, A. 2004. „*Sri Lanka*", S. 138-139. Kapitel 8 in „*No Safety Signs Here: Research Study on Migration and HIV Vulnerability from Seven South and North East Asian Countries*", UNDP und dem *Asia Pacific Migration Research Network*. New York.

157 Dias, M. und Jayasundere, R. 2002. „*Sri Lanka: Good Practices to Prevent Women Migrant Workers from Going into Exploitative Forms of Labour*", Internationale Arbeitsorganisation GENPROM Arbeitspapier Nr. 9. S. 12-13. Series on Gender and Migration. Genf.

158 Piper, N. 2005. S. 33.

159 Thiam, M., Perry, R., und Piché, V. 2003. „*Migration and HIV in Northern Senegal*", *Population Reference Bureau*. URL: http://www.prb.org/Template.cfm?Section=PRB&template=/ContentManagement/ContentDisplay.cfm&ContentID=9699, letzter Zugriff am 10. März 2006.

160 UNAIDS. 1998. „*Gender and HIV/AIDS*", S. 2 und 4. UNAIDS *Technical Update*. Genf.
Sowie UNAIDS. 1999. „*Gender and HIV/AIDS: Taking Stock of Research and Programmes*", S. 14-15. UNAIDS Best Practice Collection. Key Material. Genf.

161 Die Angabe beruht auf Schätzungen von UNAIDS/WHO für 2005. Upton, R. 2003. „*Women Have No Tribe: Connecting Carework, Gender, and Migration in an Era of HIV/AIDS in Botswana*", In *Gender and Society*, Band 17, Nr. 2, S. 314-322.

162 Siehe zum Beispiel: Vereinte Nationen. 2005b. „*Report of the Secretary-General on Violence Against Women Migrant Workers*", (A/60/137). Resolution 58/143 der UN-Generalversammlung vom 22. Dezember 2003 über Gewalt gegen Arbeitsmigrantin-

nen. New York. Der Generalsekretär wurde gebeten, in der 60. Versammlung über das Problem der Gewalt gegen Arbeitsmigrantinnen und über die Umsetzung der Resolution zu berichten.

163 Sin Fronteras. 2005. „Sin Fronteras: Violencia contra Mujeres Migrantes en México", México City.

164 Weeramunda, A. 2004. S. 135.

165 UNFPA. 2005. „The State of World Population 2005: The Promise of Equality: Gender Equity, Reproductive Health and the Millennium Development Goals", New York.
Sowie Heise, L., M. Ellsberg, und M.Gottemoeller. 1999. „Ending Violence against Women", Population Reports. Series L Nr. 11. Baltimore, Maryland: Population Information Program, Johns Hopkins University School of Public Health. Zitiert in: „Taking Action: Achieving Gender Equality and Empowering Women", S. 113, vom UN Millennium Projekt. 2005. Task Force on Education and Gender Equality. London and Sterling, Virginia: Earthscan. Eine andere Schätzung, die auf Ergebnissen aus 48 Umfragen in der Bevölkerung beruht, setzt diese Zahl zwischen 16 und 50 Prozent an. (Siehe Krug u.a. 2002. (Hrsg.) „World Report on Violence and Health", Genf, WHO).

166 Siehe Mama, A. 1993. „Woman Abuse in London's Black Communities", in James, W. und Harris, C. (Hrsg.) „Inside Babylon: The Caribbean Diaspora in Britain", London: Verso, S. 97-134.
Und Condon, S. 2005. „Violence Against Women in France and Issues of Ethnicity", In Malsch, M. und Smeenk, W. (Hrsg) „Family Violence and Police Reaction", Aldershot: Ashford, derzeit im Druck.
Sowie Jaspard, M. u.a. 2003. „Les Violences envers les Femmes in France: Une Enquete Nationale", Paris: La Documentation Francaise.
Alle zitiert in King, R., Thompson, M., Fielding, T. und Warnes, T. 2005. „Gender, Age and Generations: State of the Art Report Cluster C8", SCMR-Sussex Centre for Migration and Population Studies, Universität Sussex. S. 38, S. 33.

167 Die groß angelegte Umfrage wurde in den 1990er Jahren von AYUDA in Washington, D.C. durchgeführt und lieferte die Grundlage, auf der die US-Kongress Schutzmaßnahmen für misshandelte Einwanderinnen in das Gesetz gegen Gewalt gegen Frauen von 1994 mit einbezog. Hass, G., Ammar, N. und Orloff, L. 2006. „Battered Immigrants and U.S. Citizen Spouses", S. 3. Washington, D.C. Legal Momentum.

168 Ebenda. S. 2; Bezüglich der Zahl von 22,1 Prozent siehe Tjaden und Thoennes, 2000. „Full Report of the Prevalence, Incidence, and Consequences of Violence Against Women: Findings from the National Violence Against Women Survey", Forschungsbericht. Washington, D. C.: National Institute of Justice and the Centers for Disease Control and Prevention.

169 Siehe die Zitate auf S. 367 in Raj, A. und Silverman, J. 2002. „Violence Against Immigrant Women: The Roles of Culture, Context, and Legal Immigrant Status on Intimate Partner Violence", Violence Against Women, Band 8, Nr. 3, März 2002. S. 367-398.

170 Die Angaben beruhen auf einer Umfrage unter 168 Frauen in den 1990er Jahren. Dasgupta, S. 2000. „Charting the Course: An Overview of Domestic Violence in the South Asian Community in the United States", Journal of Social Distress and the Homeless, Band 9, Nr. 3, S. 175.

171 Der verbliebene Prozentsatz an Frauenmorden wurde als 'unbekannt' klassifiziert. New York City Bureau of Injury Epidemiology, Department of Health and mental Hygiene. „Femicide in New York City: 1995-2002", URL: http://www.nyc.gov/html/doh/downloads/pdf/ip/femicide1995-2002_report.pdf, letzter Zugriff am 26. März 2006.

172 Regierung der Bundesrepublik Deutschland. 2004. „Health, Well-Being and Personal Safety of Women in Germany: A representative Study of Violence Against Women in germany: Summary of Central research results", S. 27. Bundesministerium für Familie, Frauen und Jugend.

173 Mora, L. 2003. S. 24.

174 Die Stichprobe bezieht sich auf 13.341 Frauen aus 10 Provinzen. Siehe Smith, E., 2003. „Nowhere to Turn: Responding to Partner Violence Against Immigrant and Visible Minority Women", S. VIII. Vorgelegt beim Department of Justice, Sectoral Involvement in Departmental Policy Development. The Canadian Council on Social Development.

175 Siehe die Zitate auf S. 2 in Hass, Ammar, und Orloff 2006.

176 US-Regierung: Gesetz über Gewalt gegen Frauen aus dem Jahr 2000, wie vom Senat und Repräsentantenhaus verabschiedet, URL: http://www.acadv.org/VAWAbillsummary.html, letzter Zugriff am 12. Februar 2006.

177 European Commission Against Racism and Intolerance. „Third Report on Sweden", verabschiedet am 17. Dezember 2004 und veröffentlicht am 14. Juni 2005, Absatz 88. Strasbourg, Frankreich. Zitiert in Parlamentarische Versammlung des Europarats. 7. Dezember 2005 „Integration of immigrant women in Europe Report Committee on Equal Opportunities for Women and Men (Doc. 10758)", Berichterstatterin: Gülsün Bilgehan, Türkei, Socialistische Gruppe. URL: http://assembly.coe.int/main.asp?Link=/documents/workingdocs/doc05/edoc10758.htm, letzter Zugriff am 12. April 2006.

178 Vereinte Nationen. 2005b.

179 Siehe die MOSAIC website. URL: http://www.mosaicbc.com, letzter Zugriff am 26. Januar 2006.

180 WHO. 2000. „Female Genital Mutilation" Fact Sheet Nr. 241.
Sowie Toubia Dooley, M. und Stephenson, R. 2005. „When Cultures Collide: Female Genital Mutilation within Immigrant Communities in Developed Countries, A Literature Review", S. 20. Department of Global Health, Rollins School of Public Health, Universität Emory.

181 Powell, R., u.a. 2002. „Female Genital Mutilation, Asylum Seekers and Refugees: The Need for an Integrated UK Policy Agenda", Forced Migration Review Nr. 14, S. 35.

182 Dooley, M. und Stephenson, R. 2005. Sowie Population Reference Bureau. 2005. „Abandoning Female Genital Mutilation/Cutting: Information from Around the World", CD-ROM Washington, D.C.

183 WHO Studiengruppe zu Female Genital Mutilation and Obstetric Outcome. 2006. „Female Genital Mutilation and Obstetric Outcome: WHO Collaborative Prospective Study in Six African Countries", The Lancet Nr. 367(9525): 1835-1841.

184 Reed Boland, Forschungsbeauftragter, Harvard School of Public Health, 3. April 2006.

185 Bosch, X. 2001. „Female Genital Mutilation in Developed Countries", The Lancet Nr. 358: 1177-1179. 6. Oktober 2001. Zitiert in Dooley, M. und Stephenson, R. 2005.
Sowie persönliche Gespräche mit dem Büro von UNFPA in Kopenhagen, 28. April 2006.

186 Thierfelder, C., Tanner, M. und Bodiang, C. 2005. „Female genital mutilation in the context of migration: Experience of African Women with the Swiss Health Care System", European Journal of Public Health, Band 15, Nr. 1. S. 86.

187 Siehe die Sauti Yetu Website. URL: http://www.sautiyetu.org/viewer/home/index.asd, letzter Zugriff am 13. März 2006.

188 Vereinte Nationen. 2001. „Working Towards the Elimination of Crimes Against Women Committed in the Name of Honour", Resolution der Generalversammlung (A/RES/55/66). Sowie Resolution der Generalversammlung 55/68. 2001. „Elimination of All Forms of Violence Against Women, including crimes identified in the outcome document of the twenty-third special session of the General Assembly, Women 2000: gender equality, development and peace for the twenty-first century".
Zu beachten sind zudem die nachfolgenden Resolutionen der Generalversammlung, die 2002 verabschiedet wurden: A/RES/57/181 am 18. Dezember 2002, A/RES/57/179 am 19. Dezember 2002 sowie A/RES/59/167 am 20. Dezember 2004 und A/RES/59/165 am 20. Dezember 2004.

189 Europarat. 2003. „So-called „Honour Crimes", Report of the Committee on Equal Opportunities for Women and Men. Parlamentarische Versammlung des Europarats. Berichterstatterin: Mrs. Cryer, Großbritannien, SOC.

190 Brandon, J. 19. Oktober 2005. „Britain Grapples with Honor Killing Practice", Christian Science Monitor.

191 Kvinnoforum. 2003. „A Resource Book for Working Against Honour Related Violence", S. 24, 39. Auf Grundlage des Projekts „Honour Related Violence in Europe – Mapping of Occurrence, Support and Preventive Measures." Stockholm. Schweden. Kvinnoforum.

KAPITEL 3

1 Belsar, S., M. de Cock, and F. Mehran. 2005. „ILO Minimum Estimate of Forced Labour in the World", S. 33. Genf: Internationale Arbeitsorganisation

2 Eine Studie des Office on Drugs and Crime der Vereinten Nationen ergab, dass 85 Prozent der Frauen, 70 Prozent der Kinder und 16 Prozent der Männer zur sexuellen Ausbeutung gehandelt werden, während die ILO schätzt, dass 43 Prozent der Opfer zum Zwecke der sexuellen Ausbeutung gehandelt werden. Siehe: Human Security Centre, University of British Columbia. 2005. „Human Security Report 2005: War and Peace in the 21st Century", S. 88. New York: Oxford University Press.

3 Artikel 3(a) des UN-Protokolls zur Verhütung, Bekämpfung und Bestrafung des Menschenhandels, insbesondere des Frauen- und Kinderhandels definiert Menschenhandel wie folgt: ‚'Menschenhandel' meint die Anwerbung, Beförderung, Verbringung, Beherbergung oder den Empfang von Personen durch die Androhung oder Anwendung von Gewalt oder andere Formen der Nötigung, durch Entführung, Betrug, Täuschung, Missbrauch von Macht oder Ausnutzung besonderer Hilflosigkeit oder durch Gewährung oder Entgegennahme von Zahlungen oder Vorteilen zur Erlangung des Einverständnisses einer Person, die Gewalt über eine andere Person hat, zum Zweck der Ausbeutung. Ausbeutung umfasst mindestens die Ausnutzung der Prostitution anderer oder andere Formen sexueller Ausbeutung, Zwangsarbeit oder Zwangsdienstbarkeit, Sklaverei oder sklavereiähnliche Praktiken, Leibeigenschaft oder die Entnahme von Körperorganen." Dies ist die erste von der internationalen Gemeinschaft angenommene Definition des Menschenhandels. Siehe: Vereinte Nationen. Ohne Datum.(a) Protocol to Prevent, Suppress and Punish Trafficking in Persons, Especially Women and Children: Supplementing the United Nations Convention against Transnational Organized Crime, Artikel 3(a). New York. URL: http://www.ohchr.org/english/law/protocoltraffic.htm, letzter Zugriff am 12. Juni 2006.

4 Das US-Außenministerium veranschlagt die Profite für 2004 auf 9,5 Milliarden US-Dollar. Darin sind die Profite, die nach Ankunft der Opfer im Zielland erwirtschaftet werden, nicht berücksichtigt. Die Zahl von sieben bis zehn Milliarden US-Dollar stammt aus: Omelaniuk, I. 2006. „Trafficking in Human Beings: CEE and SE Europe", Aufsatz erstellt für das High-level Panel on the Gender Dimensions of International Migration, 50. Sitzung der Kommission für die Rechtsstellung der Frau, New York, 2. März 2006. New York: Vereinte Nationen. Der Betrag von 12 Milliarden US-Dollar

wird zitiert in: Malarek, V. 2004. „*The Natashas: Inside the New Global Sex Trade*", New York: Arcade Publishing. Zitiert in: „*Sex Slave Trafficking Case Jolts Detroit Community*", by L. Ghiso. 2005. *The Ukrainian Weekly* 73(22).

5   ILO. 2005. „*Report of the Director-General: A Global Alliance against Forced Labour: Global Report under the Follow-up to the ILO Declaration on Fundamental Principles and Rights at Work: 2005*" (Report I [B]), S. 55-56. International Labour Conference, 93. Sitzung. Genf.

6   ILO. 2001. „*Stopping Forced Labour: Global Report under the Follow-up to the ILO Declaration on Fundamental Principles and Rights at Work*", International Labour Conference, 89th Session, Report I (B), S. 47. Report of the Director-General. Genf.

7   Nach Ansicht von *Anti-Slavery International* machen Nichtmigranten nur einen kleinen Anteil der gehandelten Personen aus. Siehe: Kaye, M. 2003: „*The Migration-Trafficking Nexus: Combating Trafficking through the Protection of Migrants' Human Rights*", London: Anti-Slavery International.

8   Boswell, C. und J. Crisp. 2004. „*Poverty, International Migration and Asylum*", S. 1 und 13. UNU-WIDER *Policy Brief* Nr. 8. Helsinki, Finnland: World Institute for Development Economics Research, Universität der Vereinten Nationen.
Siehe auch: Vereinte Nationen. 2000. „*Integration of the Human Rights of Women and the Gender Perspective: Violence Against Women*": *Report of the Special Rapporteur on Violence against Women, Its Causes and Consequences, Ms. Radhika Coomaraswamy, on Trafficking in Women, Women's Migration and Violence against Women, Submitted in accordance with Commission on Human Rights Resolution 1997/44* (E/CN.4/2000/68). New York.

9   IOM. 2003a. „*Is Trafficking in Human Beings Demand Driven: A Multi-Country Pilot Study*", S. 9. IOM *Migration Research Series*. Nr. 15. Genf.

10   Gallagher, A. 2001. „*Human Rights and the New UN Protocols on Trafficking and Migrant Smuggling: A Preliminary Analysis*", *Human Rights Quarterly* 23(4): 975-1004.
Siehe auch: Büro der Vereinten Nationen für Suchtstoff- und Verbrechensbekämpfung. 2004. *Legislative Guides for the Implementation of the United Nations Convention against Transnational Organized Crime and the Protocols Thereto*", S. 340. Wien: Abteilung für Vertragsangelegenheiten, UN-Büro für Suchtstoff- und Verbrechensbekämpfung.
Zur Definition des Menschenhandels siehe Abschnitt 2. Die Schleusung von Migranten wird in Artikel 3 des Protokolls gegen die Schleusung von Migranten auf dem Land-, See- und Luftweg, in Ergänzung des Übereinkommens der Vereinten Nationen gegen die grenzüberschreitende organisierte Kriminalität als „die Herbeiführung der illegalen Einreise einer Person in einen Vertragsstaat, dessen Staatsangehörigkeit sie nicht besitzt oder in dem sie keine Berechtigung zum ständigen Aufenthalt hat, mit dem Ziel, sich unmittelbar oder mittelbar einen finanziellen oder sonstigen materiellen Vorteil zu verschaffen". Siehe: Vereinte Nationen. Ohne Datum.(b). „*Protocol against Smuggling of Migrants by Land, Sea and Air, Supplementing the United Nations Convention against Transnational Organized Crime: Entered into Force on 28. Januar 2004*", New York.

11   Nicolic-Ristanovic, V. u.a. 2004. „*Trafficking in people in Serbia*", Belgrad: Victimology Society in Serbia and OSCE. Zitiert in: „*Organised Crime Situation Report 2005: Focus on the Threat of Economic Crime*", Europarat. 2005a. Vorläufige Version, Dezember 2005. Strassburg, Frankreich: Europarat.

12   Ebenda. S. 33.

13   Miko, F. T., and G. Park. 2000. „*Trafficking in Women and Children: The U.S. and International Response*", Congressional Research Service Report Nr. 98-649 C. Washington, D. C.: US-Außenministerium.

14   Piper, N. 2005. „*A Problem by a Different Name? A Review of Research on Trafficking in South East Asia and Oceania*", S. 204. S. 203-233 in: „*Data and Research on Human Trafficking: a Global Survey*", IOM. 2005a. Genf.

15   Die weitere Mekong Subregion umfasst China, Kambodscha, Laos, Myanmar, Thailand und Vietnam.

16   UN-Büro für Suchtstoff- und Verbrechensbekämpfung. 2003. „*Human Trafficking, Regional Profile: 2003-03-11*", S. 2. Wien: UN-Büro für Suchtstoff- und Verbrechensbekämpfung. URL: http://www.unodc.un.or.th/material/ document/ RegionalProfile.pdf, letzter Zugriff am 1. Juni 2006.

17   Masud A., A.K.M. 2005. „*Treading along a Treacherous Trail: Research on Trafficking in Persons in South Asia*", S. 141. S. 141-164. In: IOM 2005a.

18   ILO. 2002. „*Unbearable to the Human Heart. Child Trafficking and Action to Eliminate It*", S. 17. Genf.

19   In der Vergangenheit stammten die meisten Opfer aus Asien und Südamerika. Siehe: IOM. April 2001. *Trafficking in Migrants Quarterly Bulletin*. Sonderausgabe. Genf: IOM.
Sowie Kelly, L. 2005. „*'You Can Find Anything You Want': A Critical Reflection on Research on Trafficking in Persons within and into Europe*", S. 240. S. 235-265 in: IOM 2005a.

20   Chauzy, J.-S. 28. Oktober 2005. „*IOM Press Briefing Notes: Lithuania: Human Trafficking Increases since EU Accession*", Genf. URL: http://www.iom.int/en/archive/PBN281005.shtml#item3, letzter Zugriff am 5. Mai 2006.
Siehe auch: Amnesty International. Ohne Datum. „*What You Should Know: Amnesty International's Guide to UN Human Rights Council Candidates: Lithuania*", URL: http://www.amnesty.org/un_hrc/lithuania.html, letzter Zugriff am 17. Mai 2006.

21   Europarat 2005a, S. 34.

22   Die 469 Opfer, die die IOM im Jahr 2005 identifizierte, machen nach weit verbreiteter Ansicht nur zehn Prozent aller Fälle (5.000) aus. Genaue Zahlen liegen nicht vor. Die Angaben zu den Herkunftsländern und zum Alter basieren auf einer Erhebung unter 220 geretteten Opfern. Siehe: IOM. 2006. 2005: „*Turkey, Trafficking and Trends*", S. 6, 11 und 20-22. Ankara, Türkei.

23   Vereinte Nationen. 2006. „*Integration of the Human Rights of Women and the Gender Perspective: Report on the Special Rapporteur on Trafficking in Persons, Especially Women and Children, Sigma Huda: Addendum: Mission to Bosnia and Herzegovina*" (E/CN/4/2006/62/Add.2). New York.

24   IOM. April 2005. „*Carletonville: Destination for Trafficked Mozambicans*", S. 1-2. *EYE on Human Trafficking* Nr. 6. Pretoria, South Africa.

25   ILO 2001, S. 50.

26   Kebede, E. 2002. „*Ethiopia: An Assessment of the International Labour Migration Situation: The Case of Female Labour Migrants*", S. 6. GEN-PROM Working Paper. Nr. 3. Series on Women and Migration. Genf: Gender Promotion Programme, ILO.

27   UN-Büro für Suchtstoff- und Verbrechensbekämpfung. 2006. „*Trafficking in Persons: Global Patterns*", S. 30 und 96-97. Wien.

28   US-Außenministerium. 2005. „*Trafficking in Persons Report: June 2005*", S. 71. Washington, D. C.

29   ILO 2001.

30   US-Justizministerium. 2006. „*Report on Activities to Combat Human Trafficking: Fiscal Years 2001-2005*", Washington, D. C.

31   US-Justizministerium. 2005. *Assessment of U.S. Government Activities to Combat Trafficking in Persons: September 2005*. Washington, D. C.

32   Das Protokoll trat 2003 in Kraft. Stand Januar 2006 hatten 97 Staaten es ratifiziert. Siehe: Vereinte Nationen. Ohne Datum.(a).

33   Ebenda. Artikel 5.

34   Europarat. 2005b. *Council of Europe Convention against Trafficking in Human Beings and Its Explanatory Report*. Council of Europe Treaty Series. Nr. 197. Warschau. URL: http://human.coe.int/T/E/human_rights/trafficking/PDF_Conv_197_Trafficking_E.pdf, letzter Zugriff am 12. April 2006.

35   Ebenda.

36   Dazu gehören zum Beispiel: Resolutionen der UN-Generalversammlung, Berichte des UN-Generalsekretärs, die *Working Group on Contemporary Forms of Slavery of the Former Human Rights Commission* und die Einrichtung und Berichte des Sonderberichterstatters der Menschenrechtskommission über die Menschenrechte von Migranten, des Sonderberichterstatters über Menschenhandel und des Sonderberichterstatters über Gewalt gegen Frauen. Siehe: Vereinte Nationen. 1994. „Frauen- und Mädchenhandel" (A/RES/49/166). New York; Vereinte Nationen. 2000. Und Vereinte Nationen. 2002a. *Integration of the Human Rights of Women and the Gender Perspective: Traffic in Women and Girls: Report of the Secretary-General* (E/CN.4/2002/80). New York. Und Vereinte Nationen. 2004a. Bericht des Generalsekretärs über Frauen- und Mädchenhandel (A/59/185). New York.
Siehe auch: Vereinte Nationen. 2005a. „*Resolution adopted by the General Assembly (on the Report of the Third Committee [A/59/496]): 59/166: Trafficking in Women and Girls*" (A/RES/59/166). New York.
Zu den relevanten UN-Konferenzen gehören: die Weltkonferenz über Menschenrechte (Vereinte Nationen. 1993a. „*Report of the World Conference on Human Rights: Report of the Secretary-General*" [A/CONF.157/24 (Part 1)], 14.-25. Juni 1993, Wien, Österreich. New York)
Und die 1994 Internationale Konferenz über Bevölkerung und Entwicklung in Kairo (Vereinte Nationen. 1995a. „*Population and Development, vol. 1: Programme of Action adopted at the International Conference on Population and Development*", Cairo, 5-13 September 1994, Principle 2. New York: UN-Department of Economic and Social Information and Policy Analysis).
Und die Beijing-Deklaration und Aktionsplattform der Vierten Weltfrauenkonferenz 1995 in China, 1995 (Vereinte Nationen. 1996. „*The Beijing Declaration and the Platform for Action: Fourth World Conference on Women: Beijing, China: 4-15 September 1995*" (DPI/1766/Wom), Strategic Objective D 3, Absatz 130b. New York: UN-Department of Public Information).

37   Afrikanische Union. 2004. „*Solemn Declaration on Gender Equality in Africa: Adopted by the African Union Assembly of Heads of State and Government*", 3. Ordentliche Sitzung der Versammlung der Union, 6.-8. Juli 2004, Addis Abeba, Äthiopien. In Absatz 4 erklärt die Union feierlich: „(...) innerhalb von zwei Jahren nachhaltige öffentliche Kampagnen gegen die geschlechtsbedingte Gewalt sowie gegen das Problem der Frauen- und Mädchenhandels zu initiieren, zu starten und durchzuführen, gesetzliche Mechanismen zu stärken (...) und der Straffreiheit für Verbrechen an Frauen auf eine Weise zu beenden, die die Einstellung und das Verhalten der afrikanischen Gesellschaften verwandeln und positiv verändern wird."

38   Vereinte Nationen. 2005b. „*Resolution adopted by the General Assembly: (without reference to a Main Committee [A/60/L.1]): 60/1: 2005 World Summit Outcome*" (A/RES/60/1), Absatz. 111. New York.

39   Vereinte Nationen. Ohne Datum.(b).

40   Vereinte Nationen. 2005c. „*Integration of the Human Rights of Women and the Gender Perspective: Report of the Special Rapporteur on Trafficking in Persons, especially Women and Girls*" (E/CN.4/2005/71), Absatz. 8. New York.

41 Vereinte Nationen. 2002b. „Recommended Principles and Guidelines on Human Rights and Human Trafficking Report of the United Nations High Commissioner for Human Rights to the Economic and Social Council" (E/2002/68/Add.1). New York.

42 Lansink, A. 2004. „Women and Migration, Interim Report on Trafficking in Women", Proceedings of the 71st Conference of the International Law Association: Berlin (2004). London: Committee on Feminism and International Law, International Law Association. Siehe auch: Vereinte Nationen. 2000.

43 US-Regierung. 2000. „Victims of Trafficking and Violence Protection Act of 2000 (Public Law 106-386)" Section 107. Washington, D. C.

44 Die Länge der Bedenkperiode schwankt zwischen beispielsweise drei Monaten in den Niederlanden, sechs Monaten in Italien und vier Wochen in Deutschland mit der Möglichkeit, bis zum Abschluss der Strafuntersuchung im Land bleiben zu können, sollte das Opfer kooperieren. Siehe Europarat 2005b; Kaye 2003, S. 10; und Kartusch, A. 2001. „Reference Guide for Anti-Trafficking Legislative Review: With Particular Emphasis on South Eastern Europe", S. 64. Wien: Organisation für Sicherheit und Zusammenarbeit in Europa und Büro für demokratische Institutionen und Menschenrechte.

45 Siehe zum Beispiel: Crawley, H., and T. Lester. 2004. „Comparative Analysis of Gender-Related Persecution in National Asylum Legislation and Practice in Europe" (EPAU/2004/05). Genf: UNHCR, S. 50-51 sowie die auf denselben Seiten zitierten Quellen von Human Rights Watch, UNHCR und UNHCR.

46 Kaye 2003, S. 9 und 10.

47 UNHCR. 2006. The State of the World's Refugees 2006: Human Displacement in the New Millennium, Kasten 1.3. Oxford, Großbritannien und New York: Oxford University Press.

48 Entscheidung des Berufungstribunals der britischen Einwanderungsbehörde. 17. Mai 2000. Secretary of State for the Home Department v Dzhygun, Widerspruch Nr. CC-50627-99 (00TH00728). Zitiert in: Edwards, A.2003 „Age and Gender Dimensions in International Refugee Law", S. 62. Kap. 1.2 in: „Refugee Protection In International Law: UNHCR's Global Consultations on International Protection", herausgegeben von E. Feller und andere 2003. Genf: UNHCR.

49 Kaye 2003, S. 6. Siehe auch: UNODC „Legislative Guides" 288.

50 US-Außenministerium. 2005.

51 Ebenda. S. 31.

52 Vereinte Nationen. 2004a, S. 11 und 17. Zur Türkei siehe: IOM 2006, S. 20.

53 US-Außenministerium. 2005.

54 Global Alliance against Traffic in Women. 2003. „Alliance News"

Nr. 19-20: 41. Bangkok: Global Alliance against Traffic in Women.

55 Ebenda. S. 44-45.

56 UNIFEM und United Nations Interagency Project on Human Trafficking in the Mekong Sub-region. 2002. „Trafficking in Persons: A Gender and Rights Perspective: Briefing Kit", New York.

57 Vereinte Nationen. 2000.

58 Die Beziehungen zwischen Armut und Diskriminierung mit dem erhöhten Risiko von Frauen und Mädchen, Opfer des Menschenhandels zu werden, wird beispielsweise anerkannt in: Vereinte Nationen. Ohne Datum.(b). CEDAW-Empfehlung Nr. 19. In: „Report of the Committee on the Elimination of Discrimination against Women" (A/47/38). 1992. New York.
Und Vereinte Nationen. 1995b. „Report of the Fourth World Conference on Women" (Beijing, 4-15 September 1995) (A/CONF.177/20). New York.
Und Vereinte Nationen. 1993b. „Vienna Declaration and Programme of Action: Note by the Secretariat" (A/CONF.157/23). New York.
Siehe auch: Vereinte Nationen. 6. April 2005. „Commission Hears National Delegations Outline Commitments to Uphold Women's Rights: Commission on Human Rights Continues Debate on Integration of Human Rights of Women and the Gender Perspective", Presseerklärung. New York. URL: http://www.unhchr.ch/huricane/huricane.nsf/0/F8287058D1E89403C1256FDC0038499E?opendocument, letzter Zugriff am 1. Juni 2006.

59 ILO 2002, S. 75.

60 Siehe zum Beispiel: Manohar, S. 2002. „Trafficking in Women and Girls" (EGM/TRAF/2002/WP.1). Erstellt für das Expert Group Meeting on Trafficking in Women and Girls, 18.-22. November 2002, Glen Cove. New York: UN-Division for the Advancement of Women.

61 Asiatische Entwicklungsbank. 2003a. „Combating Trafficking of Women and Children in South Asia: Regional Synthesis Paper for Bangladesh, India, and Nepal", Manila, Philippinen.
Und Asiatische Entwicklungsbank. 2003b. „Combating Trafficking of Women and Children: Guide for Integrating Concerns into ADB Operations", Manila, Philippinen.

62 Vereinte Nationen. 2004a, S. 10-11.

63 UNIFEM. 2006. „Report to the Forty-fifth Session of the Consultative Committee, 17-18 February 2005", Internal document on activities in 2005. New York.

64 US-Außenministerium 2005, S. 73. Siehe auch: Grant, S. 2005. „International Migration and Human Rights: A Paper Prepared for the Policy Analysis and Research Programme of the Global Commission for International Migration", S. 27. Genf: GCIM.

65 Vereinte Nationen. 2005d. „2004 World Survey on the Role of Women in Development: Women and International Migration" (A/59/287/Add.1,

ST/ESA/294), S. 59. New York: Division for the Advancement of Women, UN-Abteilung für Wirtschafts- und Sozialfragen.

66 UNIFEM und United Nations Interagency Project on Human Trafficking in the Mekong Sub-region 2002.

67 US-Außenministerium. 2005.

68 Cooper, J. und A. Upadhyay, UNIFEM. 12. April 2006. Persönliches Gespräch. Und Imam, S. (Hrsg.). 2005. „A Fact Book on Human Trafficking", Inter-Faith Religious Leaders Forum. Bihar, India: Action against Trafficking and Sexual Exploitation of Children.

69 Truong, T.-D. 2006. „Poverty, Gender and Human Trafficking in Sub-Saharan Africa: Rethinking Best Practices in Migration Management" (SHS/CCT/2006PI/H/1), S. 104. Paris: UNESCO.

70 Der Begriff „Hausangestellte" bezeichnet eine Person, die in Voll- oder Teilzeit in einem Haushalt oder einem privaten Anwesen beschäftigt ist und eine der folgenden Tätigkeiten ausübt: Koch, Servirerin, Butler, Krankenschwester, Kindermädchen, Pflegekraft für ältere oder behinderte Personen, Barkeeper, Chauffeur, Portier, Gärtner, Waschfrau, Wächter. Siehe: Vereinte Nationen. 2004b. „Specific Groups and Individuals Migrant Workers Report" of the Special Rapporteur, Ms. Gabriela Rodríguez Pizarro, Submitted Pursuant to Commission on Human Rights Resolution 2003/46 (E/CN.4/2004/76), Absatz. 12. New York.

71 Piper, N. 2004. „Gender and Migration Policies in Southeast and East Asia: Legal Protection and Sociocultural Empowerment of Unskilled Migrant Women", S. 218. Singapore Journal of Tropical Geography 25(2): 216-231.

72 Sanghera, J. 2004. „Floating Borderlands and Shifting Dreamscapes: The Nexus between Gender, Migration and Development", S. 60-69 in: „Femmes et Mouvement: genre, migrations et nouvelle division internationale du travail", Genf, Schweiz: Colloquium Graduate Institute of Development Studies. URL: http://www.unige.ch/iued/new/information/publications/pdf/yp_femmes_en_mvt/09-j.sanghera.pdf, letzter Zugriff am 4. Mai 2006.

73 ILO. 2003b. „Preventing Discrimination, Exploitation and Abuse of Women Migrant Workers: An Information Guide", Genf. Zitiert in: Vereinte Nationen. 2005d, S. 59.

74 Human Rights Watch. 2004a. „Bad Dreams: Exploitation and Abuse of Migrant Workers in Saudi Arabia", S. 47. New York.

75 Sabban, R. 2002. „United Arab Emirates: Migrant Women in the United Arab Emirates: The Case of Female Domestic Workers", GENPROM Working Paper Nr. 10. Genf: Gender Promotion Programme, ILO.
Sowie Khalaf, M. C. 2004. „Women's International Labor Migration in the Arab World: Historical and Socioeconomic Perspectives" (CM/MMW/2003/EP.5), S. 7. Diskussionspapier

erstellt für das Consultative Meeting on Migration and Mobility and How This Movement Affects Women, Malmö, Schweden, 2.-4. Dezember 2003. New York: UN-Division for the Advancement of Women, UN-Abteilung für Wirtschafts- und Sozialfragen.

76 Human Rights Watch. 2005. „Maid to Order: Ending Abuse Against Migrant Domestic Workers in Singapore", S. 2. New York.

77 Moreno-Fontes Chammartin, G. 2005. „Domestic Workers: Little Protection for the Underpaid", S. 1. Migration Information Source. Washington, D.C.: Migration Policy Institute. URL: http://www.migrationinformation.org/Feature/display.cfm?id=300, letzter Zugriff am 9. November 2005.

78 Kofman, E. 2005. „Gendered Migrations, Livelihoods and Entitlements in European Welfare Regimes", S. 26. Entwurf eines Arbeitsdokuments für den Bericht: „Gender Equality: Striving for Justice in an Unequal World", UNRISD. 2005. Genf: UNRISD.

79 Carling, J. 2005. „Gender Dimensions of International Migration", S. 16. Global Migration Perspectives Nr. 35. Genf: GCIM.
Und IOM. 2005b. World Migration Report 2005: Costs and Benefits of International Migration. Genf.

80 ILO 2001, S. 30.

81 ILO 2005, S. 50.

82 Sabban 2002, S. 35.

83 „Indonesia, Philippines." Januar 2004. Migration News 11(1). Zitiert in: Human Rights Watch. 2004b. „Help Wanted: Abuses against Female Migrant Workers in Indonesia and Malaysia", S. 21 und 32-33. New York: Human Rights Watch.
Sowie Esim, S. und M. Smith (Hrsg.). 2005. Gender and Migration in Arab States: The Case of Domestic Workers, S. 32 und 54. Beirut, Libanon: Regional Office for Arab States, ILO.
Siehe auch: Sabban 2002, S. 38 und Human Rights Watch 2005.

84 ILO 2005, S. 50.

85 Human Rights Watch. 7. Dezember 2005. „Singapore: Domestic Workers Suffer Grave Abuses: Migrant Women Face Debt Burden and Exploitation", Presseerklärung. New York. URL: http://hrw.org/english/docs/2005/12/07/singap12125.htm, letzter Zugriff am 13. April 2006.

86 Asia Pacific Forum on Women, Law and Development. Ohne Datum. „December 18, International Migrant's Day: End the Exploitation, Violence and Abuse, Protect and Promote the Rights of all Women Migrant Workers", Chiang Mai, Thailand. URL: http://www.apwld.org/statement_migrants.htm, letzter Zugriff am 26. Januar 2006.

87 Moreno-Fontes Chammartin 2005.

88 Kav LaOved. 1. August 2006. „Concise Case Descriptions of Migrant Workers in Israel, 2005: Between Exploitation and Trafficking", Tel Aviv, Israel: Kav LaOved. URL: http://www.kavlaoved.org.il/katava_main.asp?

89 Zum Beispiel: IOM. 2004. *„The Feminine Face of Migrants: Exploitation of Domestic Workers in the U.S."*, Genf: *Regional Office for North America and the Caribbean*.
Sowie *Human Rights Watch*. 2001. *„Hidden in the Home: Abuse of Domestic Workers with Special Visas in the United States"*, New York.
Und *Human Rights Watch* 2004a und Esim und Smith 2005. Siehe auch: Moreno-Fontes Chammartin 2005, S. 1.

90 *Global Rights* und *American Civil Liberties Union*. 2005. *„Specific Groups and Individuals: Ending the Exploitation of Migrant Domestic Workers Employed by UN Diplomats and Staff"*, Schriftliche Erklärung gemeinsam eingereicht von *Global Rights* und *American Civil Liberties Union*, NRO mit Speziellem Konsultativen Status bei der 61. Sitzung der UN-Menschenrechtskommission. Washington, D. C. und New York: *Global Rights* und *American Civil Liberties Union*.

91 Vereinte Nationen. 2004b.

92 ILO 2005, S. 50.

93 UNAIDS. 2004. *„2004 Report on the Global AIDS Epidemic"*, S. 83. Genf.

94 Basierend auf einer Umfrage unter 110 philippinischen Hausangestellten. Siehe: Marin, M. 2003. *„Sexual Scripts and Shifting Spaces: Women Migrants and HIV/AIDS"*, S. 19. S. 15-24 in: *„A Cultural Approach to HIV/AIDS Prevention and Care: UNESCO/ UNAIDS Project: Women Migrants and HIV/AIDS: An Anthropological Approach: Proceedings of the Round Table Held on 20 November 2004 at UNESCO*. Paris.

95 Vereinte Nationen. 2004b.

96 Bedingt durch den von den Arbeitern unterzeichneten Vertrag. Während eine Schwangerschaft an sich zwar kein Abschiebegrund ist, dürfen ausländische Hausangestellte im Land keine Kinder gebären und werden in der Praxis von den Arbeitgebern gekündigt und dann abgeschoben. Siehe: *Human Rights Watch* 2005, S. 5 und 90.

97 *Human Rights Watch* 2004a.

98 Sanghera 2004, S. 63. Während Sanghera von 400 Beschäftigungsagenturen in Singapur spricht, geht *Human Rights Watch* von über 600 aus (siehe: *Human Rights Watch* 2005).

99 „Indonesia, Philippines" Januar 2004.

100 Kebede 2002, S. 6.

101 Villalba, M. A. C. 2002. *„Philippines: Good Practices for the Protection of Filipino Women Migrant Workers in Vulnerable Jobs"*, GENPROM Working Paper Nr. 8. Genf:ILO.
Und Dias, M. und R. Jayasundere. 2002. *„Sri Lanka: Good Practices to Prevent Women Migrant Workers from Going into Exploitative Forms of Labour"*, GENPROM Working Paper Nr. 9. Series on Women and Migration. Genf: *ILO* und Sabban 2002.
Siehe auch: *Human Rights Watch* 2004a; *Human Rights Watch* 2004b und *Human Rights Watch* 2005.
Siehe auch: Moreno-Fontes Chammartin 2005, S. 1.

102 ILO 2005, S. 51.

103 *Human Rights Watch* 2005, S. 2.

104 *Human Rights Watch* 2004b.

105 Siehe zum Beispiel die Berichte in *Human Rights Watch* 2004b und *Human Rights Watch* 2005.
Sowie auf der Website von CARAM Asia, *„Migrant Voices"*, URL: http://www.caramasia.org/page_type_2.php?page=migrant_voices/Regional_Summit-Migrant_Voices&title=CARAMASIA.ORG%20:%20Regional%20Summit-Migrant%20Voices, letzter Zugriff am 22. März 2006.

106 Vereinte Nationen. 2004b, Absatz. 12

107 Siehe zum Beispiel: *Human Rights Watch* 2004b.

108 Moreno-Fontes Chammartin 2005.

109 *Human Rights Watch* 7. Dezember 2005.

110 *Human Rights Watch* 2004b, S. 62.

111 UNIFEM. 2005. *„Report to the Forty-fifth session of the Consultative Committee"*, Internes Dokument zu Aktivitäten im Jahr 2004. New York: UNIFEM und Moreno-Fontes Chammartin 2005, S. 1.
Siehe auch: UNIFEM. 10. Dezember 2003. *„UNIFEM Wins AGFUND's International Prize: Recognition for Women Migrant Workers' Issues"*, New York. URL: http://www.unifem.org/news_events/story_detail.php?StoryID=120, letzter Zugriff am 13. April 2006.

112 ILO 2005, S. 54. Vereinte Nationen. 2004b. Zitiert in: *„The Legal and Normative Framework of International Migration: A Paper Prepared for the Policy Analysis and Research Programme of the Global Commission for Internationale Migration"*, S. 19, S. Martin. 2005. Genf: GCIM.
Siehe auch: US-Außenministerium. 2006. *„Singapore: Country Reports on Human Rights Practices 2005"*, Washington, D. C.: Bureau of Democracy, Human Rights, and Labour, US-Außenministerium. URL: http://www.state.gov/g/drl/rls/hrrpt/2005/61626.htm, letzter Zugriff am 2. Juni 2006.

113 ILO 2005, S. 51.

114 *Human Rights Watch*. 2006. *„World Report 2006: Events of 2005"*, S. 479-480. New York.

115 *Human Rights Watch* 2005, S. 102.

116 UNIFEM. 2002a. *„A Framework for Strategic Interventions"*, S. 6. Kap. 9 in: *„Empowering Women Migrant Workers in Asia: A Briefing Kit"*, UNIFEM. 2002b. New York.

117 Siehe: CARAM Asia. Ohne Datum. *„Domestic Workers Campaign: Introduction"*, Kuala Lumpur, Malaysia: CARAM Asia. URL: http://caramasia.gn.apc.org/page.php?page=campaign/About_the_Campaign&title=CARAMASIA.ORG%20:%20Campaign%20:%20About%20the%20Campaign, letzter Zugriff am 24. März 2006.

118 Siehe: CARAM Asia. 2. Dezember 2005. *„CARAM Asia Announces the Appointment of its New Board of Directors"*, Kuala Lumpur, Malaysia: CARAM Asia. Website: http://www.caramasia.org, letzter Zugriff am 2. Juni 2006.
Und 18. Dezember (Merelbeke, Belgien) Website: http://www.december18.net/web/general/start.php?lang=EN, letzter Zugriff am 2. Juni 2006.

119 *Solidar*. Ohne Datum. *„Migrant Workers RESPECT!"*, Brüssel, Belgien: Solidar. URL: http://www.solidar.org/DocList.asp?SectionID=9, letzter Zugriff am 13. April 2006.

120 Kawar, M. 2004. *„Gender and Migration: Why are Women More Vulnerable?"*, S. 84. S. 71-87 in: *„Femmes et Mouvement: genre, migrations et nouvelle division internationale du travail"*, Genf, Schweiz: Colloqium Graduate Institute of Development Studies. URL: http://www.unige.ch/iued/new/information/publications/pdf/yp_femmes_en_mvt/10-m.kawar.pdf, letzter Zugriff am 2. Juni 2006.
Sowie García, A. I. und andere. 2002. *„Female Labour Migrants and Trafficking in Women And Children"*, S. 2. GENPROM Working Paper Nr. 2. Series on Women and Migration. Genf: ILO.

121 Siehe die *„Break the Chain Campaign"*, Washington, D. C., URL: http://www.ips-dc.org/campaign/index.htm, letzter Zugriff am 13. April 2006 und IOM 2004.

KAPITEL 4

1 Daten von Ende 2005 nach dem UNHCR-Bericht. 2006a. *„Global Refugee Trends: Statistical Overview of Populations of Refugees, Asylum-Seekers, Internally Displaced Persons, Stateless Persons, and Other Persons of Concern to UNHCR"*, pp. 3, 7, and 8. Genf: UNHCR. Im Verantwortungsbereich von UNHCR befinden sich 8,4 Millionen Flüchtlinge, für weitere 4,3 Millionen ist UNRWA zuständig. In beiden Gruppen sind schätzungsweise jeweils fast die Hälfte Frauen und Kinder unter 18 Jahre. Zu Daten über Alter und Geschlecht siehe auch UNHCR. 2006. *„The State of the World's Refugees: Human Displacement in the New Millennium"*, S. 20. New York: Oxford University Press.
Für UNRWA beruhen die Schätzungen über den Anteil von Frauen und Kindern auf Daten des Jahres 2000 (neueste vorhandene). UNRWA. Statistical Profiles. URL: http://www.un.org/unrwa/publications/pdf/figures.pdf, letzter Zugriff am 5. Mai 2006.

2 Zur Diskussion der sozioökonomischen und politischen Rollen von Flüchtlingsfrauen siehe: UNFPA. 2005. „Frauen und junge Menschen in humanitären Krisen", Kap. 8 in: „Weltbevölkerungsbericht 2005: Das Versprechen der Gleichberechtigung: Gleichstellung der Geschlechter, reproduktive Gesundheit und die Millennium-Entwicklungsziele", New York und Hannover: UNFPA und Deutsche Stiftung Weltbevölkerung.

3 Dem UNHCR-Bericht an den Ständigen Ausschuss (2000) zufolge haben ältere Flüchtlinge einen viel höheren Anteil an den Fällen des UNHCR als normalerweise angenommen wird (8,5 Prozent), zum Teil kann dieser noch höher liegen (30 Prozent). Von diesen älteren Menschen sind die meisten Frauen. Siehe: Goveas, J. 2002. *„Building on the Past, Rebuilding the Future: Older Refugees and the Challenge of Survival"*, S. 15. Forced Migration Review 14: 15-16.

4 Siehe zum Beispiel: Vereinte Nationen. 1951. *„Convention Relating to the Status of Refugees"* (429 (V)), New York: Generalversammlung der Vereinten Nationen. URL: http://www.un.org/documents/ga/res/5/ares5.htm, letzter Zugriff am 1. Februar 2006.

5 Zu den internationalen Menschenrechtsinstrumenten, die der Flüchtlingskonvention von 1951 vorausgingen und die diese Rechte schützen, gehören die „Allgemeine Erklärung der Menschenrechte", Artikel 14(1), „Jedermann hat das Recht, in anderen Ländern vor Verfolgung Asyl zu suchen und zu genießen". (Vereinte Nationen. 1948. Allgemeine Erklärung der Menschenrechte: Beschlossen und verkündet von der UN-Generalversammlung; Resolution 217 A (III) vom 10. Dezember 1948. New York) und die Genfer Abkommen von 1949 mit ihren beiden Zusatzprotokollen.

6 UNHCR. 2003a. *„Sexual and Gender-Based Violence Against Refugees, Returnees and Internally Displaced Persons: Guidelines for Prevention and Response"*, Genf.

7 UNCHR. 1991. *„Guidelines on the Protection of Refugee Women"*, Genf.

8 Siehe Vereinte Nationen. Ohne Datum(a). „Genfer Abkommen von 1949 zum Schutze von Zivilpersonen in Kriegszeiten", (Artikel 29). URL: http://193.194.138.190/html/menu3/b/92.htm, letzter Zugriff am 3. Juni 2006.
Sowie „Zusatzprotokoll zu den Genfer Abkommen vom 12. August 1949 über den Schutz der Opfer internationaler bewaffneter Konflikte", (Protokoll I) (Artikel 76). URL: http://193.194.138.190/html/menu3/b/93.htm, letzter Zugriff am 3. Juni 2006.
Sowie „Zusatzprotokoll zu den Genfer Abkommen vom 12. August 1949 über den Schutz der Opfer nicht internationaler bewaffneter Konflikte", (Protokoll II) (Artikel 4). URL: http://193.194.138.190/html/menu3/b/94.htm, letzter Zugriff am 17. Mai 2006.
Siehe zudem UNHCR. 2005. *„Conclusions Adopted by the Executive Committee on the International Protection of Refugees 1975-2004 (Conclusion No. 1-101)"*, S. 242. Genf: UNHCR. URL: http://www.unhcr.org/cgi-bin/texis/vtx/publ/opendoc.pdf?tbl=PUBL&id=41b041534, letzter Zugriff am 1. Februar 2006.
2003 bekräftigte das UNHCR-Exekutivkomitee die Notwendigkeit, sexuelle und geschlechtsspezifische Gewalt zu bekämpfen und forderte die Staa-

ten auf, „zusammenzuarbeiten, um alle Formen von Diskriminierung, sexueller Ausbeutung und Gewalt gegen weibliche Flüchtlinge und Asylsuchende zu beseitigen, und sich für deren aktive Mitwirkung an Beschlüssen, die ihr Leben und ihre Gemeinschaften betreffen, einzusetzen". Siehe UNHCR. 2003b. „Conclusion on Protection from Sexual Abuse and Exploitation (No. 98 [LIV] - 2003)", para. c(2). Genf. URL: http://www.unhcr.org/cgi-bin/texis/vtx/excom/opendoc.htm?tbl=EXCOM&id=3f93b2c44, letzter Zugriff am 3. Juni 2006.

9   Vereinte Nationen. 1998. „Römisches Statut des Internationalen Strafgerichtshofs" (A/CONF.183/9). URL: http://www.un.org/law/icc/statute/romefra.htm, letzter Zugriff am 15. Mai 2006.

10 Diese Verpflichtungen wurden niedergelegt in: Vereinte Nationen. 1999. Resolution 1261 (1999): Verabschiedet vom Sicherheitsrat bei seinem 4037. Treffen am 25. August 1999 (S/RES/ 1261 [1999]). New York. Vereinte Nationen. 2000. Resolution 1314 (2000): Verabschiedet vom Sicherheitsrat bei seinem 4185. Treffen am 11. August 2000 (S/RES/1314 [2000]). New York. Vereinte Nationen. 2001. Resolution 1379 (2001): Verabschiedet vom Sicherheitsrat bei seinem 4423. Treffen am 20. November 2001 (S/RES/1379 [2001]). New York. Und Vereinte Nationen. 2003. Resolution 1460 (2003): Verabschiedet vom Sicherheitsrat bei seinem 4695. Treffen am 30. Januar 2003 (S/RES/1460 [2003]). New York.

11 Vereinte Nationen. 2000b. Resolution 1325 (2000): Verabschiedet vom Sicherheitsrat bei seinem 4213. Treffen am 31. Oktober 2000 (S/RES/1325 [2000]), Absatz 12. New York.

12 See: United Nations. 2005. „Resolution adopted by the General Assembly [without reference to a Main Committee (A/60/L.1)] 60/1", Ergebnis des Weltgipfels 2005, Absatz 116. New York.

13 UNHCR. 2004a. „Protracted Refugee Situations" (EC/54/SC/CRP.14), S. 10. Genf.

14 UNAIDS und UNHCR. 2005. „Strategies to Support the HIV-Related Needs of Refugees and Host Population" (UNAIDS/05.21E), UNAIDS Best Practices Collection. Genf.

15 UNRWA. 2003. „Jordan Refugee Camp Profiles", URL: http://www.un.org/unrwa/refugees/camp-profiles.html, letzter Zugriff am 17. April 2006.

16 UNHCR. 2003c. „Refugee Youth", From Foreign Land Nr. 19, Warschau. URL: http://www.unhcr.pl/english/newsletter/19/mlodzi_uchodzcy_problemy_i_wyzwania.php, letzter Zugriff am 17. Mai 2006.

17 Women's Commission for Refugee Women and Children. 2002. UNHCR Policy on Refugee Women and Guidelines on Their Protection: An Assessment of Ten Years of Implementation, S. 28. New York. URL: http://www.womenscommission.org/pdf/unhcr.pdf, letzter Zugriff am 1. Februar 2006.

18 UNHCR. 21. April 2004. „Feature: Refugee Girls Balance Between Babies and Books", UNHCR-Nachrichten. Genf. URL: http://www.unhcr.org/cgi-bin/texis/vtx/news/opendoc.htm?tbl=NEWS&page=home&id=4086732e2, letzter Zugriff am 1. Februar 2006.

19 Martin, S. F. 2004. „Women and Migration" (CM/MMW/2003/WP.1), S. 28. Papier für das Beratungstreffen „Migration and Mobility and How This Movement Affects Women", Malmö, Schweden, 2.-4. Dezember 2003. New York: UN-Division for the Advancement of Women.

20 Bensalah, K., u.a., ohne Datum. „Education in Situations of Emergency and Crisis", Thematische Untersuchung zur Bewertung des Programms Education for All 2000 anlässlich des Weltbildungsforums, Dakar, Senegal, 26.-28. April 2000. Paris: UNESCO. URL: http://www2.unesco.org/wef/en-leadup/findings_emergency%20summary.shtm, letzter Zugriff am 1. Februar 2006. Das Programm lief bis Ende 2005. GTZ. 2004. „GTZ in Pakistan". URL: http://www.gtz.de/en/weltweit/europa-kaukasus-zentralasien/1176.htm, letzter Zugriff am 15. Mai 2006.

21 UNHCR. 2002a. „Liberia", S. 222-229 in: „UNHCR Global Report 2002", von UNHCR. 2002. Genf.

22 Williamson, K. 2004. „AIDS, Gender and the Refugee Protection Framework", RSC Working Paper Series Nr. 19. Oxford: Refugee Studies Centre. URL: http://www.rsc.ox.ac.uk/PDFs/workingpaper19.pdf, letzter Zugriff am 1. Februar 2006.

23 „Purchase Vibrant, Handmade Eyeglass Cases and Support a Ghana Refugee Community", ohne Datum. Newtown, Connecticut: Unite for Sight. URL: http://www.uniteforsight.org/ordercase.php, letzter Zugriff am 1. Februar 2006.

24 UNHCR. 11. Juli 2005. „Class Distinctions for Urban Refugee Girls in Uganda", UNHCR-Nachrichten. Genf. URL: http://www.unhcr.org/cgi-bin/texis/vtx/news/opendoc.htm?tbl=NEWS&id=42d274f24, letzter Zugriff am 1. Februar 2006.

25 UNIFEM. 2005. „Fuel Provision and Gender-Based Violence: Fuel Efficiency as a Prevention Strategy". New York. URL: http://www.womenwarpeace.org/issues/ violence/fuelandgbv.pdf, letzter Zugriff am 1. Februar 2006.

26 Beruht auf Bewertungen der Lager durch UNHCR in den Jahren 1997 und 2000. Women's Commission for Refugee Women and Children. 2002.

27 Ebenda. Beruht auf Einschätzungen des UNHCR.

28 Vorläufige Zusammenstellung von Berichten über den Zeitraum von einem Monat. Vann, B. 2002. Gender-Based Violence: Emerging Issues in Programs Serving Displaced Populations. Arlington: JSI Research and Training Institute für das Reproductive Health for Refugees Consortium. S. 59.

29 Ein Fallbeispiel für dieses Phänomen und auch für die generationenübergreifenden und kulturellen Effekte von Programmen zur Stärkung von Flüchtlingsfrauen bringt: Turner, S. 2000. „Vindicating Masculinity: The Fate of Promoting Gender Equality", Forced Migration Review 9: 8-9.

30 Newman, J. 2005. „Protection Through Participation: Young People Affected by Forced Migration and Political Crisis", RSC Working Paper Series Nr. 20. Oxford: Refugee Studies Centre der Universität Oxford. URL: http://www.rsc.ox.ac.uk/PDFs/RSCworkingpaper20.pdf, letzter Zugriff am 1. Februar 2006.

31 Women's Commission for Refugee Women and Children. 2005. „'Don't Forget Us': The Education and Gender-Based Violence Protection Needs of Adolescent Girls from Darfur in Chad", New York. URL: http://www.womenscommission.org/pdf/Td_ed2.pdf, letzter Zugriff am 1. Februar 2006.

32 Newman, J. 2005, S. 24.

33 UNHCR. 2002c. „Note for Implementing and Operational Partners by UNHCR and Save the Children-UK on Sexual Violence and Exploitation: The Experience of Refugee Children in Guinea, Liberia, and Sierra Leone Based on Initial Findings and Recommendations from Assessment Mission: 22 October-30 November 2001", Genf. URL: http://www.unhcr.org/ cgi-bin/texis/vtx/news/opendoc.pdf?id=3c7cf89a4&tbl=PARTNERS, letzter Zugriff am 1. Februar 2006.

34 Ebenda.

35 Vereinte Nationen. 2003b. „Resolution adopted by the General Assembly [on the report of the Fifth Committee (A/57/ 604/Add.1)]: 57.306: Investigation into Sexual Exploitation of Refugees by Aid Workers in West Africa", Resolution der Generalversammlung (57/306). New York.

36 Vereinte Nationen. 2003c. Bulletin des UN-Generalsekretärs: „Special Measures for Protection from Sexual Exploitation and Sexual Abuse" (ST/SGB/2003/3), New York.

37 Im Jahr 2005 gab es 296 Ermittlungen und 170 Entlassungen und Rückführungen in die Heimat, darunter waren sechs Kommandanten und zwei komplette Einheiten. Vereinte Nationen. 23. Februar 2006. „Problem of Sexual Abuse by Peacekeepers Now Openly Recognized, Broad Strategy in Place to Address It, Security Council Told" (SC/8649), Pressemitteilung. New York.

38 Adrian-Paul, A. 2004. „HIV/AIDS", S. 36. S. 32-49 in: „Inclusive Security, Sustainable Peace: A Toolkit for Advocacy and Action", von Women Waging Peace und International Alert. Washington und London: Hunt Alternatives Fund und International Alert. URL: http://www.womenwagingpeace.net/content/toolkit/chapters/HIV_AIDS.pdf, letzter Zugriff am 25. März 2005.

39 UNHCR. 17. März 2005. „UNHCR, UNFPA Fund Surgery for Refugee and Local Women in Chad", UNHCR-Nachrichten. Genf. URL: http://www.unhcr.org/cgi-bin/texis/vtx/news/opendoc.htm?tbl=NEWS&id=4239519f4, letzter Zugriff am 1. Februar 2006.

40 Refugees International. 21. April 2005. „Chad: Strengthen the Response to Gender-Based Violence", Pressemeldung. Washington, D. C.: Refugees International. URL: http://www.refugeesinternational.org/content/article/detail/5654/, letzter Zugriff am 1. Februar 2006.

41 Women's Commission for Refugee Women and Children. 2005.

42 PB: UNFPA. 2004 und 2005. UNHCR/UNFPA „Training on Clinical Management of Rape Survivors", (Interne UNFPA Reiseberichte.) New York

43 Vann, B., M. Beatty, und L. Ehrlich. 2004. „Supporting Displaced Communities to Address Gender-Based Violence", Forced Migration Review 19: 28-29. URL: http://www.fmreview.org/FMRpdfs/FMR19/FMR19full.pdf, letzter Zugriff am 18. Juli 2006.

44 UNHCR. 30. Juni 2005. „Empowering Communities One Village at a Time", UNHCR-Nachrichten. Genf. URL: http://www.unhcr.org/cgi-bin/texis/vtx/news/opendoc.htm?tbl=NEWS&id=42c3bfa04, letzter Zugriff am 1. Februar 2006.

45 UNHCR. 30. März 2004. „Feature: UNHCR, Refugees Work Together to Prevent Rape." UNHCR-Nachrichten. Genf. URL: http://www.unhcr.org/cgi-bin/texis/vtx/news/opendoc.htm?tbl=NEWS&page=home&id=40697ab57, letzter Zugriff am 1. Februar 2006.

46 Ebenda.

47 Save the Children. 2003. State of the World's Mothers 2003: Protecting Women and Children in War and Conflict. Westport, Connecticut.

48 UNHCR. 30. November 2005a. „Ugandan Police Undergo Special Training on Eliminating Violence Against Women", UNHCR-Nachrichten. Genf. URL: http://www.unhcr.org/cgi-bin/texis/vtx/news/opendoc.htm?tbl=NEWS&page=home&id=438d85774, letzter Zugriff am 1. Februar 2006.

49 Die Angaben beruhen auf den in diesem Abschnitt aufgelisteten Quellen und einer groß angelegten Studie auf der Grundlage von 688.733 Personen, die nach einem Katastrophenfall in 52 Lagern in sieben Ländern leben. Hynes, M., u.a. 2002. „Reproductive Health Indicators and Outcomes Among Refugee and Internally Displaced Persons in Postemergency Phase Camps", The Journal of the American Medical Association 288(5): 595-603.

50 McGinn, T. 2000. „Reproductive Health of War-Affected Populations: What Do We Know?", International Family Planning Perspectives 26(4): 174-180.

51 Reproductive Health Response in Conflict Consortium. 2003. Konferenz 2003: „Reproductive Health from Disaster to Development", Brüssel, Belgien, 7.-8. Oktober 2003. S. 55. URL: http://www.rhrc.org/pdf/conf_procdings_forWEB.pdf, letzter Zugriff am 1. Februar 2006.

52 UNHCR. 30. November 2005. „New Report Calls for Integrated Approach to

HIV/AIDS Involving Both Refugees and Their Host Communities", UNHCR-Nachrichten. Genf. URL: http://www.unhcr.org/cgi-bin/texis/vtx/news/opendoc.htm?tbl=NEWS&id=438dc0294, letzter Zugriff am 1. Februar 2006.

53 UNFPA 2001. *Populi* 28(1).

54 Die Angaben beruhen auf einer UNICEF-Umfrage, die zitiert wird in: Reproductive Health Response in Conflict Consortium. 2005. „Safe Motherhood and Emergency Obstetric Care", New York: *Reproductive Health Response in Conflict Consortium*. URL: http://www.rhrc.org/rhr%5Fbasics/sm_emoc.html, letzter Zugriff am 1. Februar 2006.

55 Wax, E. 13. November 2003. „Cycle of War is Spreading AIDS and Fear in Africa", *The Washington Post*.
Siehe auch Amnesty International. 2004. „Democratic Republic of Congo: HIV - the Longest Lasting Scar of War", URL: http://web.amnesty.org/library/Index/ENGAFR 620262004?open&of=ENG-COD, letzter Zugriff am 17. Mai 2006.

56 Kaiser R. u.a. 2002a. „HIV sero-prevalence and behavioral risk factor survey in Sierra Leone", Atlanta: *Centers for Disease Control and Prevention*.
Kaiser R. u.a. 2002b. „HIV/STI sero-prevalence and risk factor survey in Yei, South Sudan", Atlanta: *Centers for Disease Control and Prevention*, 2003.
Sowie Spiegel P. und De Jong E. „HIV/AIDS and Refugees/Returnees: Mission to Angola", Luanda. Angola. UNHCR.

57 UNFPA. 6. September 2005. „Addressing the Urgent Needs of Togo's Refugees." Pressemeldung. New York. URL: http://www.unfpa.org/news/news.cfm?ID=666&Language=1, letzter Zugriff 1. Februar 2006.
Sowie persönliche Gespräche mit Dr. Makane Khane, UNFPA-Sonderbeauftragter in Ghana, 24. April 2006.

58 International Rescue Committee. 2004. „Semi-Annual Report: Integrated HIV/AIDS and Reproductive Health Program in Sherkole and Yarenja Refugee Camps, Benishangul-Gumuz Region, Ethiopia", New York.

59 Nicholson, E. 2004. „Women Health Volunteers in Iran and Iraq", *Forced Migration Review*. Nr.19: 47.

60 Jaffer, F. H., S. Guy, und J. Niewczasinksi. 2004. „Reproductive Health Care for Somali Refugees in Yemen", *Forced Migration Review*. Nr. 19: 33-34.

61 International Rescue Committee. 2004.

62 UNHCR. 2004b. „UNHCR Resettlement Handbook and Country Chapters", Genf. URL: http://www.unhcr.org/cgi-bin/texis/vtx/protect?id=3d4545984, letzter Zugriff am 1. Februar 2006.

63 Jacobsen, K. 2003. „Local Integration: The Forgotten Solution", *Migration Information Source*. Washington, D. C.: *Migration Policy Institute*. URL: http://www.migrationinformation.org/feature/print.cfm?ID=166, letzter Zugriff am 6. Januar 2006.

64 Ebenda.

65 Seit 1999 wurden annähernd 1.000 Aufenthaltsgenehmigungen erteilt. UNHCR. 14. Oktober 2005. „New Permits Allow Indonesian Refugees to Move On In Papua New Guinea", UNHCR-Nachrichten. Genf. URL: http://www.unhcr.org/cgi-bin/texis/vtx/news/opendoc.htm?tbl=NEWS&id=434fd2e34, letzter Zugriff am 1. Februar 2006.

66 UNHCR. Ohne Datum. „Protecting Refugees: What is Resettlement?", URL: http://www.unhcr.org/ cgi-bin/texis/vtx/protect?id=3bb2 eadd6, letzter Zugriff am 17. Mai 2006.

67 Women's Commission for Refugee Women and Children. 2000. „Untapped Potential: Adolescents Affected by Armed Conflict: A Review of Programs and Policies", New York.

68 US-Außenministerium. 2004. „Liberians Considered for Resettlement: Focus is On Female Heads of Household", *U. S. Refugee Admissions Program News* 2(2). URL: http://www.state.gov/g/prm/rls/33753.htm, letzter Zugriff am 1. Februar 2006.

69 UNHCR. 11. März 2005. „Colombian Refugees Get Chance to Start Anew in Brazil", UNHCR-Nachrichten. Genf. URL: http://www.unhcr.org/cgi-bin/texis/vtx/news/opendoc.htm?tbl=NEWS&page=home&id=4231994a4, letzter Zugriff am 14. April 2006.

70 Kanadischer Flüchtlingsrat. 1998. „Best Settlement Practices: Settlement Services for Refugees and Immigrants in Canada", Ottawa: Kanadischer Flüchtlingsrat. URL: http://www.web.net/~ccr/bpfina1.htm#7.%20BEST%20PRACTICE%20EXAMPLES, letzter Zugriff am 1. Februar 2006.

71 Australischer Flüchtlingsrat. 2002. „Australian Mentoring Programs for Refugee and Humanitarian Entrant: May 2005", Glebe, Australien. URL: http://www.refugeecouncil.org.au/docs/current/mentoring.pdf, letzter Zugriff am 1. Februar 2006.

72 Kanadischer Flüchtlingsrat. 1998.

73 Siehe die Website des *EU Networks on Reception, Integration and Voluntary Repatriation of Refugees*, URL: http://refugeenet.org/about/partners.html, letzter Zugriff 5. Juni 2006.

74 RAINBO. Ohne Datum. „The African Immigrant Program", New York: *Research, Action, and Information Network for the Bodily Integrity of Women*. URL: http://www.rainbo.org/Rainbo/aip.html, letzter Zugriff am 1. Februar 2006.

KAPITEL 5

1 Vereinte Nationen. 2005a. „Resolution adopted by the General Assembly [without reference to a Main Committee (A/60/L.1)] 60/1", Ergebnis des Weltgipfels 2005, Absatz. 62. New York. Siehe auch: GCIM. 2005. „Migration in an Interconnected World: New Directions for Action: Report of the Global Commission on International Migration", S. VII. Genf.

2 UNFPA. 2005. „The State of World Population 2005: The Promise of Equality: Gender Equity, Reproductive Health and the Millennium Development Goals", Kapitel 3, S. 21. New York.

3 Man beachte beispielsweise den Lima-Prozess, die Internationale Agenda für Migrationsmanagement der Berner Initiative, das Haager Programm die Zukunft von Flucht und Migration betreffend, die Regionalkonferenz über Migration (Puebla-Prozess), der 5+5-Dialog über Migration im westlichen Mittelmeerraum, die Asiatisch-Pazifischen Konsultationen, die balinesische Ministerialkonferenz über Menschenschmuggel, Menschenhandel und damit zusammenhängende grenzüberschreitende Verbrechen, den südamerikanischen Dialog über Migration und den Dialog über Migration im südlichen Afrika. Die GCIM „stellt [...] auch fest, dass bestimmte Teile der Welt noch nicht von regionalen Konsultationsprozessen erfasst sind, hierzu gehören der Nahe Osten, Nordafrika, Ostafrika, die Great Lakes Region in Afrika, die Karibik sowie bestimmte Teile Asiens und Südasiens." GCIM. 2005. S. 70-71.

4 Die UN-Millennium-Erklärung forderte ausdrücklich mehr Aufmerksamkeit für die Rechte von Migranten, Frauen und Minderheiten. Siehe Vereinte Nationen. 2000. „Resolution verabschiedet durch die Generalversammlung: 55/2: Millenniums-Erklärung der Vereinten Nationen" (A/RES/55.2), Absatz 25. New York. Siehe auch Vereinte Nationen. 2005a. Absatz 62.

5 Vereinte Nationen. 1990 „Internationale Konvention zum Schutz der Rechte aller Wanderarbeitnehmer und ihrer Familienangehörigen". Verabschiedet durch Resolution der Generalversammlung auf ihrer 45ten Sitzung am 18. Dezember 1990. (A/RES/45/158). New York.

6 Siehe Stand der Ratifizierungen und Vorbehalte unter http://www.ohchr.org/english/countries/ratification/13.htm – letzter Zugriff am 10. April 2005. Im Mai 2006 hatten 15 Länder die Konvention unterzeichnet und ihre Absicht zur Ratifizierung signalisiert. Die zehn wichtigsten Aufnahmeländer waren im Jahr 2005, in dieser Reihenfolge:
USA, Russische Föderation, Deutschland, Ukraine, Frankreich, Saudi-Arabien, Kanada, Indien, Großbritannien und Spanien. Siehe Vereinte Nationen. 25. Januar 2006. „Weltbevölkerungsbericht mit Schwerpunkt internationale Migration und Entwicklung", Bericht des Generalsekretärs. E/CN.9/2006/3, Tabelle 2, S.5. New York.

7 Informationen über die Globale Kampagne und ihr Leitungsgremium siehe unter: http://www.migrantsrights.org/about_campaign_engl.htm, letzter Zugriff 7. Juni 2006.

8 Zum Beispiel wird das Recht, Gewerkschaften zu bilden und ihnen beizutreten, in der Allgemeinen Erklärung der Menschenrechte (Artikel 23), sowie im IPBPR (Artikel 22) und im IPWSKR (Artikel 8) anerkannt. Das Prinzip der Gleichbehandlung hinsichtlich der Arbeitsbedingungen ist in der Konvention zum Schutz aller Wanderarbeitnehmer, Artikel 25, festgeschrieben, in dem auch „wöchentliche Ruhezeiten" genannt werden. Das Recht auf Freizeit findet sich in der Allgemeinen Erklärung der Menschenrechte (Artikel 24) und im IPBPR (Artikel 7). Siehe auch Kasten 3 in Kapitel 1 dieses Berichts über die Konvention zum Schutz aller Wanderarbeitnehmer.

9 Internationale Menschenrechtsgesetze erlauben es Staaten, bestimmte – hauptsächlich politische und wirtschaftliche – Rechte auf Staatsbürger einzuschränken.

10 Siehe die Konvention zu Wanderarbeitern (Nr. 97, Neufassung) von 1949 und die zusätzlichen Bestimmungen (*Supplementary Provisions*) für Wanderarbeiter in der Konvention Nr. 143 von 1975. Zudem ist die „Erklärung über die grundlegenden Prinzipien und Rechte bei der Arbeit" von 1998 zu beachten.

11 Grant, S. 2005. „International Migration and Human Rights", A paper presented for the Policy Analysis and Research Programme of the Global Commission on International Migration. S. 2 und 22. Genf. GCIM.

12 Ein jüngerer Bericht über Initiativen zu diesem Thema: Menschenrechtskommission. 2005b. Bericht des Unterausschusses zur Förderung und zum Schutz der Menschenrechte. „Report of the United Nations High Commissioner on Human Rights on the responsibilities of transnational corporations and related business enterprises with regard to human rights", E/CN.4/2005/91. Siehe auch GCIM. 2005. S. 46.

13 In Artikel 12 (1) der Konvention erkennen die Unterzeichnerstaaten „das Recht eines jeden auf das für ihn erreichbare Höchstmaß an körperlicher und geistiger Gesundheit" an. Siehe Vereinte Nationen. 1966. Internationale Konvention über wirtschaftliche, soziale und kulturelle Rechte, beschlossen und zur Ratifizierung vorgelegt von der UN-Generalversammlung 2200A (XXI) am 16. Dezember 1966. New York.

14 Ruiz, P. 7. September 2005. „Arranca Fox el Seguro Popular para Migrantes: Milenio Diario", Mexiko-City. Büro des Präsidenten von Mexiko. URL: http://www.presidencia.gob.mx/buscador/index.php?contenido=20655&imprimir=true, letzter Zugriff 12. Juli 2005.
Sowie Valadez, B. 12 July 2005. „Lanzará Vicente Fox Seguro Popular para los migrantes: Milenio Diario", Mexiko-City. Büro des Präsidenten von Mexiko. URL: htp://www.presidencia. gob.mx/buscador/?contenido=19425& imprimir=true, letzter Zugriff am 18. Mai 2006.

15 Weiterer Sponsor der Initiative ist die Europäische Kommission, GD Gesundheits- und Verbraucherschutz (SANCO). Ergebnisse und Empfehlungen des Projekts wurden bei einer Konferenz im Dezember 2004 präsentiert. Siehe *Migrant-Friendly Hospitals Project*. Ohne Datum(a). „European Recommendations: The Amsterdam Declaration Towards Migrant Friendly

Hospitals in an ethno-culturally diverse Europe", Wien. Austria-Migrant-Friendly Hospitals Project. URL: http://www.mfh-eu.net/public/ european_recommendations.htm, letzter Zugriff 3. Juni 2006.
Sowie Migrant-Friendly Hospitals Project. Ohne Datum (b). „The Migrant-Friendly Hospitals Project – In a Nutshell", URL: http://www.mfh-eu.net/public/ home.htm, letzter Zugriff 3. Juni 2006. Ein Ergebnis dieser Initiative war die Amsterdam Declaration Towards Migrant-Friendly Hospitals in an Ethno-Culturally Diverse Europe, die von allen Projektpartnern im Jahr 2004 lanciert wurde.

16 Anzumerken ist jedoch, dass Patienten, von denen sich herausstellt, dass sie keine Papiere haben, die jedoch beweisen können, dass sie seit mehr als zwölf Monaten im Land leben, für Behandlungen aus der Vergangenheit nicht bezahlen müssen, sondern nur für Behandlungen ab diesem Zeitpunkt, und dass der illegale Status von Patienten nur fallweise und unter Berücksichtigung sowohl medizinischer Erwägungen als auch des öffentlichen Interesses den Behörden gemeldet wird. Siehe Regierung von Großbritannien und Nordirland. 2004. „Regulation 1: Provides Definitions of Words and Terms Used in Other Regulations", Kapitel 6.2 und „Confidentiality", in: „Implementing the Ovearseas Visitors Hospital Charging Regulations. Guidance for NHS Trust Hospitals in England", Gesundheitsministerium, Regierung von Großbritannien und Nordirland. URL: http://www.dh.gov.uk/assetRoot/ 04/10/60/24/04106024.pdf, letzter Zugriff 3. Juni 2006.

17 Die Klage wurde in Zusammenarbeit mit der Ligue des droits de l'Homme (LDH) und der Groupe d'information et de soutien des immigrés (GISTI) erhoben. Siehe Groupe d'information et de soutien des immigrés. 13. März 2005. „Couverture médicale des sans-papiers: la France rappelée à l'ordre par le Conseil de l'Europe", URL: http://www.gisti.org/ doc/actions/2005/ame/i ndex.html, letzter Zugriff am 3. Juni 2006.
Sowie: The Platform for International Cooperation on Undocumented Migrants. Ohne Datum. „The Platform for International Cooperation on Undocumented Migrants Aims to Promote Respect for the Basic Social Rights of Undocumented Migrants within Europe", Brüssel, Belgien. The Platform for International Cooperation on Undocumented Migrants. Website: http://www.picum.org, letzter Zugriff am 12. April 2006.

18 Scott, P. 2004. „Undocumented Migrants in Germany and Britain: The Human 'Rights' and 'Wrongs' Regarding Access to Health Care", Electronic Journal of Sociology. URL: http://www.sociology.org/content/2004/tier2/scott.html, letzter Zugriff am 3. Juni 2006.

19 IOM. 2005a. IOM Gender and Migration News Nr. 24, Genf.

20 Ebenda.

21 Kofman. 2005. „Gendered Migrations, Livelihoods and Entitlements in European Welfare Regimes" , S. 10. Entwurf eines Arbeitspapiers für den UNRISD-Bericht „Gender Equality: Striving for Justice in an Unequal World", des UNRISD. 2005. Genf.

22 IOM. 2005b. „World Migration: Costs and Benefits of International Migration", S. 234. World Migration Report Series Band 3. S. 234.

23 Siehe Website von Sistema de Informacion Estadistica sobre las Migraciones en Mesoamerica. URL: http://www.siemca. iom.int/scripts/foxisapi.dll/Siemca. Consultas.Process?Method=Consultas, letzter Zugriff am 17. Mai 2006.

24 Siehe Regierung von Nepal. „Tenth Plan", Absatz 4, S. 520, Kathmandu. Nationale Planungskommission. Regierung von Nepal . URL: http://www.npc.gov.np/tenthplan/the_tenth_plan.htm, letzter Zugriff am 3. Juni 2006.
Sowie UNIFEM. Pressemeldung vom 10. Dezember 2003. „UNIFEM wins AGFUND's International Prize", Pressemitteilung. URL: http://www.unifem.org.in/press_release.htm, letzter Zugriff am 18. Mai 2006.

25 Taran, P. 2004. „Decent Work, Labour Migration: New Challenges for the 21st Century", S. 12-17 in „International Migration and Development: A Round Table Presentation", S. 14 von UNFPA 2004. New York: UNFPA.
Sowie Jolly, S. 2005. „Gender and Migration: Supporting Resources Collection", BRIDGE Gender and Migration Cutting Edge Pack. Brighton, Großbritannien: BRIDGE, Institute of Development Studies, Universität Sussex, S. 39. URL: http://www.bridge.ids.ac.uk/ reports/CEP-Mig- SRC.pdf, letzter Zugriff am 6. Oktober 2005.

26 Boyd, M., und D. Pikkov. 2005. „Gendering Migration, Livelihood and Entitlements: Migrant Women in Canada and the United States", Occasional Paper Nr. 6. S. 9. Genf: UNRISD.
Und Kofman, E. 2005. S. 16 sowie Omuleniuk, I. 2005. „Gender, Poverty and Migration", S. 5. Washington, D.C. Weltbank. URL: http://siteresources.worldbank. org/EXTABOUTUS/ Resources/ Gender.pdf, letzter Zugriff am 28. Mai 2006.
Zudem persönliche Gespräche mit Hugo Graeme am 20. April 2006.

27 Das menschenwürdige und geordnete Migrationsmanagement ist das Motto in der Kurzdarstellung auf der IOM Website. URL: http://www.iom.int/ eng/who/ main_mission.sht, letzter Zugriff 3. Juni 2006.

28 Piper, N. 2005a. „Gender and Migration: A Paper Prepared for the Policy Analysis and Research Programme of the Global Commission on International Migration", Genf. GCIM. S. 42.

29 UNIFEM, Persönliche Gespräche am 6. April 2006.

30 Jolly, S. 2005. S. 40.

31 Grant, S. 2005. S. 22 und 24.

32 ILO. 2003. „Preventing Discrimination, Exploitation and Abuse of Women Migrant Workers: An Information Guide", Heft 5. „Back Home: Return and Reintegration", S. 22. Genf.

33 Scalabrini Migration Center. 1997. „Pre-departure Information Programs for Migrant Workers", ein Forschungsprojekt des Scalabrini Migration Center, durchgeführt für die International Organization for Migration. Quezon City: Scalabrini Migration Center. Hinweis: Dieser Bericht enthält eine Beurteilung der Orientierungsseminare vor der Ausreise von 1992 bis 1997.

34 Die Videoreihe ist für den Einsatz in Lateinamerika und Afrika auch auf Spanisch und Französisch erhältlich. Siehe IOM. Dezember 2005c. „All Within Your Power To Choose", Migration: Dezember 2004, S. 10.
Sowie IOM. „The Power to Choose", URL: http://www.iom.org.ph/info/ PTC.pdf, Zugriff am 8. März 2006.

35 Pearson, E. 2003. „Study on Trafficking in Women in East Africa", S. 23. Deutsche Gesellschaft für Technische Zusammenarbeit.
Und „Summary of IOM 's counter-trafficking project for Ethiopia", 25. Mai 2001. Zitiert in „Ethiopia: An Assessment of the International Labour Migration Situation: The Case of Female Labour Migrants", S. 34, by E. Kebede. 2002. GENPROM Working Paper No. 3. Series on Women and Migration. Genf: ILO.

36 Vereinte Nationen. 2005c. „Violence Against Women: Report of the Secretary-General" (A/60/137), New York.

37 Parlamentarische Versammlung des Europarats. 7. Dezember 2005. „Integration of immigrant women in Europe", Report Committee on Equal Opportunities for Women and Men. Berichterstatterin: Gülsün Bilgehan, Türkei, Socialist Group. [Doc. 10758]. Straßburg. Frankreich. Europarat. URL: http://assembly.coe.int/main.asp? Link=/documents/workingdocs/doc05/ edoc10758.htm, letzter Zugriff am 12. April 2006.

38 Farah, I.H. und Sanchez, C.G. 2002. „Bolivia: an Assessment of the International Labour Migration Situation: The Case of Female Labour Migrants", GENPROM Arbeitspapier Nr. 1 Series on Women and Migration. Genf: ILO. S. 48.

39 PB: Thouez, C. 2004. „The Role of Civil Society in the Migration Policy Debate", S. 2 und 5, Global Migration Perspectives Nr. 12. GCIM. Genf.

40 Siehe Migrant's Rights International. Website: http://www.migrantwatch.org, letzter Zugriff am 11. Mai 2006.

41 Orloff, L., Immigrant Women Program bei Legal Momentum. Zitiert in „More Services Reach Abused Immigrant Women", Terzieff, J. 2005. Womens Enews. URL: http://www.womensenews.org/article.cfm?aid=2407, letzter Zugriff am 14. November 2005.

42 Kawar, M. 2004. „Gender and Migration, Why are Women more Vulnerable?", S. 85. S. 71-87. In „Femmes en mouvement: genre, migrations et nouvelle division internationale du travail. Genf, Schweiz: Colloquium Graduate Institute of Development. URL: http://www.iued. unige.ch/information/publications/pdf/ yp_femmes_en_mvt/10-m.kawar.pdf, letzter Zugriff am 18. Mai 2006.

43 Ebenda.

44 Siehe Platform of International Cooperation on Undocumented Migrants. Ohne Datum.

45 D'Alconzo, G., La Roca, S. und Marioni, E. 2002. „Italy: Good Practices to Prevent Women Migrant Workers from Going into Exploitative Forms of Labour", S. 49. GENPROM Arbeitspapier Nr. 4. Series on Women and Migration. Genf: ILO.

46 Piper, N. 2005b. „Transnational Politics and Organising of Migrant Labour in Southeast Asia – NGO and Trade Union Perspectives", S. 88, 93. Asia-Pacific Population Journal, Band 20, Nr.3, 87-110

47 Kawar, M. 2004 S. 84 und Piper, N. 2005b. S. 97. Der Aktionsplan findet sich auf der Website der Vereinigung unter http://www.icftu.org/displaydocument.asp?Index=991213176& Language=EN, letzter Zugriff am 11. Mai 2006.

48 Piper, N. 2005a. S. 37.

49 ILO. 1998. „Unit 2: Gender Issues in the World of Work", OnLine Gender Learning & Information Module. Genf. South-East Asia and the Pacific Multi-disciplinary Advisory Team. ILO. URL: http://www.ilo.org/public/english/region/asro/mdtmanila/training/unit2/migngpex.htm, letzter Zugriff am 18. Mai 2006.

50 Yamanaka, K. und Piper, N. 2005. „Feminized Migration in East and Southeast Asia: Policies, Actions and Empowerment", S. 28. Social Development. Occasional Paper Gender Policy Series Nr. 11. UNRISD.

51 Kim, J. 2005. „State, Civil Society and International Norms: Expanding the Political and Labor Rights of Foreigners in Korea", Asian and Pacific Migration Journal, 14(4):383-418.

52 Thleme, S. u.a. 2005. „Addressing the Needs of Nepalese Migrant Workers in Nepal and in Delhi, India", S. 112-113. Mountain Research and Development Band 25, Nr. 2.

53 Crush, J. und Pendleton, W. 2004. „Regionalizing Xenophobia: Citizen Attitudes to Immigration and Refugee Policy in Southern Africa", Migration Policy Series Nr. 30. Kapstadt. South African Migration Project.
Sowie Crush. J. 2001. „Immigration, Xenophobia and Human Rights in South Africa", Migration Policy Series Nr. 22. Kapstadt und Kingston, Kanada. South African Migration Research Project und Southern African Research Centre, Queens University.

54 Zum Vergleich: 1996 haben insgesamt 52 Länder von Integrationspolitiken berichtet. Vereinte Nationen. 2006. Absatz 104.

55 GCIM. 2005. S. 44.

56 Grant, S. 2005. S. 7-8.

57 IOM. 2003. „Migration in a World of Global Change. New Strategies and Policies for New Realities", Genf: Migration

58 Penninx, R. 1. Oktober 2003. „Integration: The Role of Communities, Institutions, and the State", S. 2. Migration Information Source. Washington, D.C. Migration Policy Institute. URL: http://www.migrationinformation.org/Feature/print.cfm?ID=168, letzter Zugriff am 5. Januar 2006,
Und Europaparlament. 2003. „Immigration, Integration and Employment: European Parliament Resolution on the Communication from the Commission on immigration, integration and employment (COM(2003) 336-2003/2147 (INI))," Absätze F, L.3. Straßburg, Frankreich.

59 Europaparlament 2003. Absätze .L.5, 28

60 Zur Diskussion von Urbanisierung und internationaler Migration siehe Balbo, M. (Hrsg.). 2005. „International Migrants and the City: Bangkok, Berlin, Dakar, Karachi, Johannesburg, Naples, Sao Paolo, Tijuana, Vancouver, Vladivostok", UN-HABITAT und Università IUAV di Venezia.

61 Ebenda. S. 51.

62 Ebenda. S. 10.

63 Ebenda. S. 198.

64 Ebenda. S. 206.

65 Ebenda. S. 77-78.

66 United States Equal Employment Opportunity Commission. 2005. „Questions and Answers About Employer Responsibilities Concerning the Employment of Muslims, Arabs, South Asians, and Sikhs", Washington, D. C.: United States Equal Employment Opportunity Commission. URL: http://www.eeoc.gov/facts/backlash-employer.html, letzter Zugriff am 11. Mai 2006. Auch zitiert in: „Building Bridges to Economic Self-Sufficiency: Employment and Training", Vereinte Nationen. 2002. Kapitel 2.9 in: „Refugee Resettlement: An International Handbook to Guide Reception and Integration". 2002. New York: Vereinte Nationen.

67 Corcino, P. 13 April 2006. „Dominicana gana una en diputación en Italia", La Opinion.

68 UNHCR 29. Dezember 2005. „A Taste of Belgian Christmas Warms Hearts of Asylum Seekers", UNHCR-Nachrichten. URL: http://www.unhcr.org/cgi-bin/texis/vtx/news/opendoc.htm?tbl=NEWS&id=43b3ae084, letzter Zugriff am 1. Februar 2006.

69 Balbo, M. (Hrsg.). 2005. S. 229-230.

Quellen der Kästen

KAPITEL 1

KASTEN 1

1. Einen Überblick über die verschiedenen Schnittpunkte zwischen Migration und den einzelnen Millennium-Entwicklungszielen geben die Aufsätze, die auf dem *Expert Group Meeting* von UNFPA zu dem Thema präsentiert wurden. (UNFPA. 2005. „*International Migration and the Millennium Development Goals: Selected Papers of the UNFPA Expert Group Meeting*", Marrakech, Marokko, 11.-12. Mai 2005. New York.)

2. Vereinte Nationen. 2005. „*In Larger Freedom: Towards Development, Security and Human Rights for All: Report of the Secretary-General*" (A/59/2005), New York.

3. Skeldon R. 2005. „*Linkages between Migration and Poverty: The Millennium Development Goals and Population Mobility*", S. 56. S. 55-63 in: UNFPA 2005. Sowie UNFPA und *International Migration Policy Programme*. 2004. „*Meeting the Challenges of Migration: Progress Since the ICPD*", S. 29. New York und Genf.

4. Warttman, S. 2005. „*Migration and the Millennium Development Goals*", S. 16. *Migration: September 2005*, S. 16-17. Genf: IOM.

KASTEN 2

1. *International Coalition on AIDS and Development*. 2004. „*International Migration and HIV/AIDS*", URL: http://icad-cisd.com/content/pub_details.cfm?id=126&CAT=9&lang=e, letzter Zugriff am 9. Februar 2006.
Sowie IOM. 2000. „*Migration and HIV/AIDS in Europe*", Genf.
Und IOM. 2002. „*IOM Position Paper on HIV/AIDS and Migration*", (MC/INF/252). Genf.

2. IOM und *Southern African Migration Project*. 2005. „*HIV/AIDS, Population Mobility and Migration in Southern Africa: Defining a Research and Policy Agenda*", S. 2. Genf.

3. Vereinte Nationen. 2004. „*World Economic and Social Survey 2004: International Migration*" (E/2004/75/Rev.1/Add.1, ST/ESA/291/Add.1), S. 72. New York: UN-Abteilung für Wirtschafts- und Sozialfragen.

4. Anarfi, J. K. 2005. „*Reversing the Spread of HIV/AIDS: What Role Has Migration?*" S. 99-109 in: „*International Migration and the Millennium Development Goals: Selected Papers of the UNFPA Expert Group Meeting*", Marrakech, Marokko, 11.-12. Mai 2005. 2005. New York: UNFPA.

KASTEN 3

1. Quellen: Büro des Hohen Kommissars der Vereinten Nationen für Menschenrechte. 2005. „*The International Convention on the Rights of Migrant Workers and its Committee: Fact Sheet No. 24* (Rev.1)", Genf: Büro des UN-Hohen Kommissars für Menschenrechte.
Und ILO. Ohne Datum. „*Box 1.16: Significance of the International Convention on the Protection of the Rights of All Migrant Workers and Members of their Families, 1990*", S. 63. „*Preventing Discrimination, Exploitation and Abuse of Women Migrant Workers: An Information Guide: Booklet 1: Introduction: Why the Focus on Women International Migrant Workers*", Genf. URL: http://www.oit.org/public/english/employment/gems/download/mbook1.pdf, letzter Zugriff am 28. Mai 2006.

KAPITEL 2

KASTEN 4

1. IOM. 2005. „*World Migration 2005: Costs and Benefits of International Migration*", S. 486. IOM *World Migration Report Series* Nr. 3. Genf. In Ostasien dagegen lebten mehr weibliche als männliche Ausländer in der Subregion. Siehe: Vereinte Nationen. 2006a. „*Trends in Total Migrant Stock: 2005 Revision*" (POP/DB/MIG/Rev.2005), Tabelle. New York: UN-Bevölkerungsabteilung, UN-Abteilung für Wirtschafts- und Sozialfragen.

2. Siehe: Boyd, M. und M. Vickers. Autumn 2000. „*100 Years of Immigration in Canada*", S. 6. „*Canadian Statistical Trends*". Sowie Houstoun, M., R. Kramer und J. Barrett 1984. „*Female Predominance in Immigration to the United States Since 1930: A First Look*", Sonderausgabe: *Women in Migration. International Migration Review* 18(4): 908.

3. Vereinte Nationen. 2006a.

4. UNRISD. 2005. „*Gender Equality: Striving for Justice in an Unequal World*" (Sales Nr. E.05/III.Y.1), S. 113. Genf.
Und Regierung von Neuseeland. 2005. „*Migration Trends 2004/2005: December 2005*", Wellington, Neuseeland: Arbeitsministerium.
Sowie Piper, N. 2005. „*Gender and Migration: A Paper Prepared for the Policy Analysis and Research Programme of the Global Commission for International Migration*", S. 2. Genf: GCIM.
Siehe zudem *Commonwealth of Australia*. 2006. „*Immigration Update: July-December 2005*", S. 10. Canberra: Research and Statistics Section, Department of Immigration and Multicultural Affairs, Commonwealth of Australia.

5. Zlotnik, H. 1. März 2003. „*The Global Dimensions of Female Migration*", *Migration Information Source*. Washington, D.C.: Migration Policy Institute. URL: http://www.migrationinformation.org/Feature/print.cfm?ID=109, letzter Zugriff am 9. Januar 2006.

6. Schätzungen umfassen reguläre und irreguläre Migranten, basierend auf Bestandszahlen der Einwanderung. Siehe: Yamanaka, K. und N. Piper. 2005. „*Feminized Migration in East and Southeast Asia: Policies, Actions and Empowerment*", S. 2. *Occasional Paper Gender Policy Series* Nr. 11. GenfUNRISD.
Ebenso in: Asis, M. M. B. 2006. „*Gender Dimensions of Labor Migration in Asia*", Aufsatz erstellt für das *High-level Panel on the Gender Dimensions of International Migration*, 50. Sitzung der Kommission für die Rechtstellung der Frau, New York, 2. März 2006. New York: Vereinte Nationen.

7. Basierend auf Daten des philippinischen Arbeitsministeriums. In: Opiniano, J. 2005. „*More Remittances from Women Emphasize Feminization of Migration: ADB Study*", URL: http://www.tinig.com/2005/more-remittances-from-women-emphasize-feminization-of-migration-%E2%80%93-adb-study/, letzter Zugriff am 23. Januar 2006.

8. Weeramunda, A. J. 2004. „*Sri Lanka*", S. 138-139. Kap. 8 in: „*No Safety Signs Herre: Research Study on Migration and HIV Vulnerability from Seven South and North East Asian Countries*", UNDP und *Asia Pacific Migration Research Network*. 2004. New York. UNDP.

9. Vereinte Nationen. 2006b. „*World Population Monitoring, Focusing on International Migration and Development*", *Report of the Secretary-General* (E/CN.9/2006/3), S. 14, Tabelle 15. New York.

10. Lim, L. und N. Oishi. 1996. „*International Labour Migration of Asian Women: Distinctive Characteristics and Policy Concerns*", Genf: Internationale Arbeitsorganisation. Zitiert in: IOM 2005, S. 24.

11. Zlotnik 1. März 2003.

12. Pellegrino, A. 2004. „*Migration from Latin America to Europe: Trends and Policy Challenges*", S. 30. IOM „*Migration Research Series*" Nr. 16. Genf.

13. Ebenda. S. 35.

14. Thomas-Hope, E. 2005. „*Current Trends and Issues in Caribbean Migration*", S. 53-67 in: „*Regional and International Migration in the Caribbean and Its Impacts on Sustainable Development: Compendium on Recent Research on Migration in the Caribbean*", ECLAC. Port-of-Spain: Trinidad und Tobago.

15. Martínez Pizarro, J. und M. Villa. 2005. „*International Migration in Latin America and the Caribbean: A Summary View of Trends and Patterns*" (UN/POP/MIG/2005/14), S. 7. Aufsatz erstellt für das *United Nations Expert Group Meeting* zu *International Migration and Development*, New York, 6.-8. Juli 2005. New York: UN-Bevölkerungsabteilung, UN-Abteilung für Wirtschafts- und Sozialfragen.

16. Zlotnik, H. 1. September 2004. „*International Migration in Africa: An Analysis Based on Estimates of the Migrant Stock*", *Migration Information Source*. Washington, D.C.: Migration Policy Institute. URL: http://www.migrationinformation.org/USfocus/print.cfm?id=252, letzter Zugriff am 22. Februar 2006.

17. Vereinte Nationen. 2006a.

18. Carling, J. 2005. „*Gender Dimensions of International Migration*", S. 2. *Global Migration Perspectives* Nr. 35. Genf: GCIM.

19. IOM 2005, S. 275-276.

20. Adepoju, A. 1. September 2004. „*Changing Configurations of Migration in Africa*", *Migration Information Source*. Washington, D.C.: Migration Policy Institute. URL: http://www.migrationinformation.org/Feature/print.cfm?ID=251, letzter Zugriff am 22. Februar 2006.
Und Chikanda, A. 2004. „*Skilled Health Professionals' Migration and Its Impact on Health Delivery in Zimbabwe*", *Centre on Migration, Policy and Society Working Paper* Nr. 4. Oxford, Großbritannien: Centre on Migration, Policy and Society, Universität Oxford.

KASTEN 5

1. Jones, G. W. und K. Ramdas (Hrsg.). 2004. „*(Un)tying the Knot: Ideal and Reality in Asian Marriage*", Singapur: Asia Research Institute, Nationale Universität Singapur. Zitiert in: „*Transnational Migration, Marriage and Trafficking at the China/Vietnam Border*", S. 4, Duong, L. B., D. Bélanger und K. T. Hong. 2005. Aufsatz erstellt für das Seminar über das „*Female Deficit in Asia: Trends and Perspectives*", Singapur, 5.-7. Dezember 2005. Paris: Committee for International Cooperation in National Research in Demography.

2. US-Außenministerium. 2005. „*Trafficking in Persons Report: June 2005*", S. 20. Washington, D. C.
Und Attane, I., und J. Veron (Hrsg.). 2005. „*Gender Discrimination among Young Children in Asia*", Pondicherry, India: Centre Population et Développement, French Institute.
Die Schätzungen über fehlende Mädchen differieren; siehe auch die Quellen, die auf Seite 32 zitiert werden:
Mason, A. D. und E. M. King. 2001. „*Engendering Development: Through Gender Equality in Rights, Resources and Voice*", New York und Washington, D. C.: Oxford University Press und Weltbank und UNRISD. 2005. *Gender Equality: Striving for Justice in an Unequal World* (Sales Nr. E.05/III.Y.1). Genf.

3. Schätzungen basierend auf dem Unterschied zum Geschlechterverhältnis in der Gesamtbevölkerung. Siehe: UNRISD. 2005.

4. Ramachandran, S. 2005. „*Indifference, Impotence, and Intolerance: Transnational Bangladeshis in India*", S. 7-9. *Global Migration Perspectives* Nr. 42. Genf: GCIM.
Sowie Blanchet, T. 2003. „*Bangladeshi Girls Sold as Wives in North India*", S. 8-9. Studie eingereicht bei der *Academy for Educational Development*. Dhaka, Bangladesch: Academy for Educational Development.

5. Duong, Bélanger und Hong 2005.

KASTEN 6

1. Zum Konzept der weltumspannenden Versorgungskette siehe: Hochschild, A. und B. Ehrenreich (Hrsg.). 2002. „*Global Woman: Nannies, Maids and Sex Workers in the New Economy*", New York: Owl Books, Henry Holt and Company.
Sowie Parreñas, R. S. 2000. „*Migrant Filipina Domestic Workers and the International Division of Reproductive Labor*", *Gender and Society* 14(4): 560-580.

2. UNDP. 2006. „*Taking Gender Equality Seriously: Making Progress, Meeting New Challenges*", S. 3. New York.

KASTEN 7

1. Buchan, J,. und L. Calman. 2004. „*The Global Shortage of Registered Nurses: An Overview of Issues and Actions*", S. 9-10. Genf: International Council of Nurses. Sowie WHO. Ohne Datum. „*Global Atlas of the Health Workforce*", Datenbank. Genf. URL: *http://www.who.int/ globalatlas/DataQuery/default.asp*, letzter Zugriff am 4. April 2006.

2. Stilwell, B. und andere. 2004. „*Managing Brain Drain and Brain Waste of Health Workers in Nigeria*", Genf: WHO. URL: *http://www.who.int/bulletin/bulletin_board/82/stilwell1/en/*, letzter Zugriff am 16. März 2006.

3. WHO, UNICEF und UNFPA. 2003. „*Maternal Mortality in 2000: Estimates Developed by WHO, UNICEF, and UNFPA*", Genf.
Sowie WHO. 2005. *World Health Report 2005: Make Every Mother and Child Count*. Genf.

4. Schätzungen der *Joint Learning Initiative on Human Resources for Health and Development* an der *Harvard University*. Zitiert in: „*Investing in Development: A Practical Plan to Achieve the Millennium Development Goals*", S. 101, UN Millennium-Projekt. 2005. *Report to the UN Secretary-General*. London und Sterling, Virginia: *Earthscan*.

5. Schätzungen der *Joint Learning Initiative on Human Resources for Health and Development* an der *Harvard University*. Zitiert in: „*Aiding and Abetting: Nursing Crises at Home and Abroad*", S. Chaguturu und S. Vallabhaneni. 2005. *The New England Journal of Medicine* 353(17): 1761-1763.

6. Diese Ergebnisse spiegeln sich in in verschiedenen Ländern durchgeführten Studien wider, so beispielsweise in mehreren karibischen Ländern, Ghana, Südafrika und Simbabwe. So gaben bei einer 2004 und 2005 durchgeführten Studie in drei südafrikanischen Provinzen über die Hälfte der befragten Krankenschwestern an, eine Auswanderung in Erwägung zu ziehen. Siehe: Penn-Kekana, L. und andere. 2005. „*Nursing Staff Dynamics and Implications for Maternal Health Provision in Public Health Facilities in the Context of HIV/AIDS*", Washington, D. C.: The Population Council.
Bei einer Umfrage im Jahr 2002 in Simbabwe äußerten 71 Prozent der 215 befragten Krankenschwestern die Absicht, auszuwandern. Siehe: Chikanda, A. 2005. „*Medical Leave: The Exodus of Health Professionals from Zimbabwe*", S. 1-2. *Migration Policy Series*. Nr. 34. Kapstadt und Kingston, Kanada: *Southern African Migration Project* und *Southern African Research Centre*, Queen's University.
Siehe auch: Buchan, J. und D. Dovlo. 2004. „*International Recruitment of Health Workers to the UK: A Report for DFID: Executive Summary*", London: Health Systems Resource Centre, Department for International Development.
Sowie Clive, T., R. Hosein und J. Yan. 2005. „*Assessing the Export of Nursing Services as a Diversification Option for CARICOM Economies*", S. 16-17. Bericht erstellt für die *Caribbean Commission on Health and Development*, Mai 2005. Washington, D. C.: *Caribbean Commission on Health and Development* und *Pan American Health Organization*.

7. Buchan, J. und J. Sochalski. 2004. „*The Migration of Nurses: Trends and Policies*", Bulletin of the World Health Organization 82(8): 587-594. Zitiert in: „*Progress of the World's Women 2005: Women, Work and Poverty*", S. 34, M. Chen u.a. 2005. New York: UNIFEM.

8. Buchan und Dovlo 2004.

9. Hewitt, H. 2004. „*Assessment of the Capacity to Educate and Train Nurses in CARICOM Countries*", Bericht erstellt für das Büro des *Caribbean Program Coordinator, Pan American Health Organization*, Barbados. Zitiert in: „*Assessing the Export of Nursing Services as a Diversification Option for CARICOM Economies*", S. 28, C. Thomas, R. Hosein und J. Yan. 2005. *Caribbean Commission on Health and Development*.

10. Elgado-Lorenzo, F. M. 2005a. „*Table 6: Estimated Number of Employed Filipino Nurses by Work Setting, 2003*", S. 17 in: „*Philippine Case Study on Nursing Migration*", by F. M. Elgado-Lorenzo. 2005b. Präsentation auf der *Bellagio Conference on International Nurse Migration*, Bellagio, Italien, 5.-10. Juli 2005. URL: *http://www.academyhealth.org/international/nursemigration/ lorenzo.ppt*, letzter Zugriff am 23. Mai 2006.

11. Regierung von Großbritannien und Nordirland. 2004. „*Code of Practice for the International Recruitment of Healthcare Professionals*", London: Britisches Gesundheitsministerium.
Eine Liste von rund 150 Ländern (Stand 7. März 2005) findet sich in: *The NHS Confederation (Employers) Company Ltd*. Ohne Datum. „*List of Developing Countries*", London: *The NHS Confederation (Employers) Company Ltd*. URL: *http://www.nhs employers.org/workforce/workforce-558.cfm*, letzter Zugriff am 27. April 2006.

12. George, A., Parlamentsabgeordneter, Großbritannien und Nordirland. Zitiert in: „*UK Agencies Still Hiring Poorest Nations' Nurses*", S. Boseley. 20. Dezember 2005. *The Guardian*.

13. Nursing and Midwifery Council. 2005. „*Statistical Analysis of the Register: 1. April 2004 to 31. März 2005*", S. 10. London.

14. Jolly, S. 2005. „*Gender and Migration: Supporting Resources Collection*", *BRIDGE Gender and Migration Cutting Edge Pack*, S. 40. Brighton, Großbritannien: BRIDGE, *Institute of Development Studies*, University of Sussex. URL: *http://www.bridge.ids.ac.uk/reports/ CEP-Mig-SRC.pdf*, letzter Zugriff am 6. Oktober 2005.

15. Hamilton, K. und J. Yau. 1. Dezember 2004. „*The Global Tug-of-War for Health Care Workers*", *Migration Information Source*. Washington, D.C.: Migration Policy Institute. URL: *http://www.migrationinformation.org/ Feature/print.cfm?ID=271*, letzter Zugriff am 23. Mai 2006.

16. Asis, M. M. B. 2006. „*Gender Dimensions of Labor Migration in Asia*", Aufsatz erstellt für das *High-level Panel on the Gender Dimensions of International Migration*, 50. Sitzung der Kommission für die Rechtsstellung der Frau, New York, 2. März 2006. New York: Vereinte Nationen.

17. *International Council of Nurses*. 2006. „*The Global Nursing Shortage: Priority Areas for Intervention*", S. 20. Genf.

18. Zuvor bezeichnet als Ständiger Ausschuss der Krankenschwestern der EU (PCN). Siehe URL: *http://www.pcn web.org/version1/en/about_internal regulation.html*, letzter Zugriff am 31. Mai 2006.
Sowie Ständiger Ausschuss der Krankenschwestern und Krankenpfleger (EFN). Ohne Datum. „*PCN Good Practice Guidance for International Nurse Recruitment*", URL: *http://www.rcn. org.uk/downloads/press/PCN.doc*, letzter Zugriff am 27. April 2006.

19. *Caribbean Nurses Organization*. Ohne Datum. „*Information Fact Sheet: The Caribbean Nurses Association*", URL: *http://www.nursing.emory.edu/lccin/ rnb/pdf/RNBFactSheet.pdf*, letzter Zugriff am 9. Mai 2006.

20. Chaguturu und Vallabhaneni 2005.

21. *Canadian Nursing Association*. 2002. „*Planning for the Future: Nursing Human Resource Projections: June 2002*", Ottawa, Kanada. URL: *http://www.cna-nurses.ca/CNA/documents/pdf/publi cations/Planning_for_the_future_Juni_ 2002_e.pdf*, letzter Zugriff am 3. April 2006.

22. *Australian Health Ministers' Conference*. 2004. „*National Health Workforce Strategic Framework*", North Sydney, Australien: Australian Health Ministers' Conference. URL: *http://www.health. nsw.gov.au/amwac/pdf/NHW_stratf work_AHMC_2004.pdf*, letzter Zugriff am 3. April 2006.

KASTEN 8

1. King, R. und andere. 2004. „*Gender, Age and Generations: State of the Art Report Cluster C8*", S. 44. Brighton, Großbritannien: *Sussex Centre for Migration and Population Studies*, University of Sussex.

2. *Scalabrini Migration Center*. Ohne Datum. „*Hearts Apart: Migration in the Eyes of Filipino Children*", Manila, Philippinen: Scalabrini Migration Center. URL: *http://www.smc.org.ph/heartsa part/index.html*, letzter Zugriff am 12. Mai 2006.
Sowie Pessar, S. R. 2005. „*Women, Gender, and International Migration Across and Beyond the Americas: Inequalities and Limited Empowerment*" (UN/POP/EGM-MIG/2005/08), S. 5. Erstellt für das *Expert Group Meeting on International Migration and Development in Latin America and the Caribbean*, Mexico City, Mexiko, 30. November - 2. Dezember 2005. New York: UN-Bevölkerungsabteilung, UN-Abteilung für Wirtschafts- und Sozialfragen.

3. Balbo, M. (Hrsg.) 2005. „*International Migrants and the City: Bangkok, Berlin, Dakar, Karachi, Johannesburg, Naples, São Paolo, Tijuana, Vancouver, Vladivostok*", S. 280. Nairobi, Kenia: UN-HABITAT und *Università IUAV di Venezia*.

4. Wong, M. 2000. „*Ghanaian Women in Toronto's Labour Market: Negotiating Gendered Roles and Transnational Household Strategies*", Canadian Ethnic Studies 32(3): 45-74.
Zur Karibik siehe: Chamberlain, M. 1997. „*Narratives of Exile and Return*", London: Macmillian sowie Goulbourne, H. 1999. „*The Transnational Character of Caribbean Kinship in Britain*", S. 176-197 in: „*Changing Britain: Families and Households in the 1990s*", herausgegeben von S. McRea. 1999. Oxford: Oxford University Press sowie Gardner, K. und R. Grillo 2002. „*Transnational Households and Ritual: An Overview*", Global Networks 2(3): 179-190.

5. Carling, J. November 2002. „*Cape Verde: Towards the End of Emigration?*", *Migration Information Source*. Washington, D.C.: Migration Policy Institute. URL: *http://www.migration information.org/Profiles/print.cfm?ID=68*, letzter Zugriff am 6. Januar 2006.

6. Andall, J. 1999. „*Cape Verdean Women on the Move: 'Immigration Showing' in Italy and Europe*", Modern Italy, 4(2): 241-257.

7. *Philippines Overseas Employment Agency*. 2004. „*Stock Estimate of Overseas Filipinos: As of Dezember 2004*", URL: *http://www.poea.gov.ph/ docs/STOCK%20ESTIMATE% 202004.xls*, letzter Zugriff am 12. Mai 2006.
Sowie Parreñas, R. S. 2005. „*Children of Global Migration: Transnational Families and Gendered Woes*", Stanford, Kalifornien: Stanford University Press. Presseerklärung verfügbar unter der URL: *http://www.sup.org/html/ book_pages/0804749450/Press%20 Release.pdf*, letzter Zugriff am 31. Mai 2006.

8. Cruz, V. S. 1987. „*Seasonal Orphans and Solo Parents: The Impact of Overseas Migration*", Quezon City, Philippinen: Scalabrini Migration Center, University of the Philippines, Universität von Tel Aviv. Und KAIBIGAN. 2002. „*The Study on the Consequences of International Contract Migration of Filipino Parents on their Children: Final Scientific Report to the Netherlands-Israel Development Research Programme*".
Und Battisella, G. und C. G. Conaco. 1998. „*The Impact of Labour Migration on the Children Left Behind: A Study of Elementary School Children in the Philippines*", Sojourn 13(2): 220-241. Zitiert und ebenfalls zu finden in: Scalabrini Migration Center. Ohne Datum.
Siehe auch: Yayasan Pengembangan Pedesaan. 1996. „*The Impact of Women's Migration to the Family in Rural Areas*", Aufsätze präsentiert auf dem *Workshop on Women Migration in Indonesia*, 11.-13. September 1996, Jakarta, Indonesien. Zitiert in: „*Trends, Issues and Policies Towards International Labor Migration: An Indonesian Case Study*" (UN/POP/MIG/2005/02), S. 11, 12 und 16, C. M. Firdausy. 2005. Aufsatz erstellt für das *United Nations Expert Group Meeting on International Migration and Development*, New York, New York, 6.-8. Juli 2005. New York: UN-Bevölkerungsabteilung, UN-Abteilung für Wirtschafts- und Sozialfragen.

9. *Scalabrini Migration Center*. Ohne Datum. S. 40.

10 Parrenas, R. 2002. „The Care Crisis in the Philippines: Children and Transnational Families in the New Global Economy", S. 39-54 in: „Global Woman: Nannies, Maids and Sex Workers in the New Economy", A. Hochschild und B. Ehrenreich (Hrsg.) 2002. New York: Owl Books, Henry Holt and Company.

KASTEN 9

1 Vereinte Nationen. 2006. „World Population Monitoring, Focusing on International Migration and Development: Report of the Secretary-General" (E/CN.9/2006/3), Absatz. 50. New York.

2 Siehe zum Beispiel: Kulu, H. 2005. „Migration and Fertility: Competing Hypotheses Re-examined", European Journal of Population 21(1): 51-87. Zitiert in: „High Fertility Gambians in Low Fertility Spain: Mutually Entailed Lives Across International Space", C. Bledsoe, R. Houle und S. Sow. 2005. Aufsatzentwurf erstellt für den European Association of Population Studies Workshop, Working Group on the Anthropological Demography of Europe, Max-Planck-Institut für demografische Forschung, Rostock, 30. September - 1. Oktober 2005.

3 Abbasi-Shavazi, M. und S. McDonald Spring 2000. „Fertility and Multiculturalism: Immigrant Fertility in Australia, 1977-1991", International Migration Review 34(1): 221-222.

4 Studie basierend auf Daten von schwedischen Statistiken, für den Zeitraum 1961 bis 1999. Es wurden 446.000 Immigrantinnen und 2.973.000 in Schweden geborene Frauen erfasst. Siehe: Andersson, G. 2001. „Childbearing Patterns of Foreign-Born Women in Sweden", S. 23. MPIDR Working Paper WP 2001-011. Rostock, Max-Planck-Institut für demografische Forschung.

5 Basierend auf Zensusdaten für Großbritannien und Nordirland von 1991: Modood, T. und andere. 1997. „Ethnic Minorities in Britain: Diversity and Disadvantage", in „Fourth National Survey of Ethnic Minorities". London: Policy Studies Institute. Sowie Penn, R. und S. Lambert. 2002. „Attitudes Towards Ideal Family Size of Different Ethnic/ Nationality Groups in Great Britain, France and Germany", S. 50. Population Trends 108: 49-58.

6 Vereinte Nationen. 2006, Absatz. 50.

7 Chen Mok, M. und andere. 2001. „Salud Reproductiva y Migración Nicaraguense en Costa Rica 1999-2000: Resultados de una Encuesta Nacional de Salud Reproductiva", Programa Centroamericano de Población de la Escuela de Estadística y Instituto de Investigaciones en Salud. San José: Universidad de Costa Rica.

8 Datenanalyse des Instituto Nacional de Estadísta, Spanien, durchgeführt von Roig Vila, M. und T. Castro Martín. 2005. „Immigrant Mothers, Spanish Babies: Longing for a Baby-Boom in a Lowest-Low Fertility Society", Aufsatz erstellt für die 25. Internationale Bevölkerungskonferenz , 18.-23. Juli 2005, Tours, Frankreich. International Union for the Scientific Study of Population. Zitiert in: Bledsoe, Houle und Sow 2005.

9 „Die Fertilität in den USA", hält der Autor fest, „liegt mit oder ohne Immigranten bei rund 2,0." In den führenden zehn Herkunftsländern liegt die durchschnittliche Gesamtfertilität bei 2,32 - verglichen mit 2,86 in den USA. Basierend auf vom US-Zensusbüro 2002 erhobenen Daten. Siehe: Camarota, S. Oktober 2005. „Birth Rates Among Immigrants in America: Comparing Fertility in the U.S. and Home Countries", Center for Immigration Studies Backgrounder. Washington, D.C.: Center for Immigration Studies.

10 Colectivo Ioé. 2005. „Inmigrantes Extranjeros en España: ¿Reconfigurando la Sociedad?", Panorama Social. Nr. 1: 32-47.

11 Fargues, S. 2005. „The Global Demographic Benefit of International Migration: A Hypothesis and an application to Middle Eastern and North African Contexts", (UN/POP/MIG/2005/04), S. 6. Aufsatz erstellt für das United Nations Expert Group Meeting on International Migration and Development, New York, 6.-8. Juli 2005. New York: UN-Bevölkerungsabteilung, UN-Abteilung für Wirtschafts- und Sozialfragen.

12 Vereinte Nationen. 2006, Absatz. 52.

13 Ebenda. Absatz. 51.

KASTEN 10

1 Fargues, S. 2005. „How International Migration May Have Served Global Demographic Security", S. 10. Aufsatz erstellt für „Securing Development in an Unstable World", Annual Bank Conference on Development Economics, Amsterdam, Niederlande, 23.-24. Mai 2005. Washington, D.C. und Amsterdam, Niederlande: Weltbank sowie das Außenministerium, das Ministerium für Entwicklungszusammenarbeit und das Finanzministerium der Niederlande. URL: http://siteresources. worldbank.org/INTAMSTERDAM/ Resources/PhilippeFargues.pdf, letzter Zugriff am 5. Januar 2006.

2 Sargent, C. 2005. „Counseling Contraception for Malian Migrants in Paris; Global, State, and Personal Politics", Human Organization 64(2): 147-156.

KASTEN 11

1 Quelle: UNFPA Guatemala Länderbüro. 26. April 2006. Persönliche Kommunikation.

KAPITEL 3

KASTEN 12

1 Erklärung über die Abschaffung des Sklavenhandels, 8. Februar 1815, Anhang XV des Wiener Vertrags (Frankreich, Großbritannien, Österreich, Preußen, Russland, Schweden und Spanien). Frankreich und Großbritannien befassten sich bereits in einem früheren Vertrag vom 30. Mai 1814 mit der Abschaffung des Sklavenhandels. Siehe: Weissbrodt, D. und Anti-Slavery International. 2002. „Abolishing Slavery and Its Contemporary Forms" (HR/PUB/02/4), Genf: OHCHR.

2 Siehe UNHCR. Ohne Datum. „Zusatzübereinkommen vom 7. September 1956 über die Abschaffung der Sklaverei, des Sklavenhandels und sklavereiähnlicher Einrichtungen und Praktiken", beschlossen auf einer Bevollmächtigtenkonferenz aufgrund der Resolution 608(XXI) des Wirtschafts- und Sozialrates der Vereinten Nationen am 30. April 1956. In Kraft getreten am 30. April 1957 - in Übereinstimmung mit Artikel 13 von 1956 (The Supplementary Convention: United Nations Treaty Series, vol. 226, in Kraft getreten am 30. April 1957, Artikel 1[b]. Genf: UNHCR. URL: http://193.194.138.190/ html/menu3/b/30.htm, letzter Zugriff am 1. Juni 2006.)

3 Schuldknechtschaft: „Eine Rechtsstellung oder eine Lage, die dadurch entsteht, dass ein Schuldner als Sicherheit für sich oder für die Schuld seine persönlichen Dienstleistungen oder diejenigen einer von ihm abhängigen Person verpfändet, wenn der in angemessener Weise festgesetzte Wert dieser Dienstleistungen nicht zur Tilgung der Schuld dient oder wenn diese Dienstleistungen nicht sowohl nach ihrer Dauer wie auch nach ihrer Art begrenzt und bestimmt sind." UNHCR. Ohne Datum. Artikel 1(a).

4 Die ILO-Konvention Nr. 29 von 1930 definierte Zwangsarbeit folgendermaßen: „Als ‚Zwangs- oder Pflichtarbeit' im Sinne dieses Übereinkommens gilt jede Art von Arbeit oder Dienstleistung, die von einer Person unter Androhung irgendeiner Strafe verlangt wird und für die sie sich nicht freiwillig zur Verfügung gestellt hat." Siehe: Internationale Arbeitsorganisation. Ohne Datum. „ILO-Konvention Nr. 29 über das Verbot von Zwangsarbeit," Artikel 2, Absatz. 1. Genf. URL: http://www.ilo.org/ilolex/cgi-lex/ convde.pl?C029, letzter Zugriff am 10. April 2006.

5 ILO. 2005. „Report of the Director-General: A Global Alliance against Forced Labour: Global Report under the Follow-up to the ILO Declaration on Fundamental Principles and Rights at Work: 2005" (Report I [B]), S. 1 und 44. Genf.

6 Europarat. 2004. „Empfehlung 1663 (2004): Sklaverei im Haushalt: Dienstpersonal, Aupair-Mädchen und 'Katalog-Frauen'", Straßburg, Frankreich: Parlamentarische Versammlung, Europarat. Website: http://assembly.coe.int/Documents/ AdoptedText/TA04/EREC1663.htm, letzter Zugriff am 2. März 2006. Siehe auch frühere Empfehlung aus dem Jahr 2001: Europarat. 2001. „Empfehlung 1523 (2001): Sklaverei im Haushalt." Strassburg, Frankreich: Parlamentarische Versammlung, Europarat. URL: http://assembly. coe.int/Main.asp?link=http://assembly. coe.int%2FDocuments%2FAdopted Text%2Fta01%2FEREC1523.htm, letzter Zugriff am 13. April 2006.

7 Europarat. 2004.

8 ILO 2005, S. 15.

KASTEN 13

1 Quelle: RHIYA Programmspezialist, Abteilung Asien und Pazifik, UNFPA. 4. April 2006. Persönliches Gespräch.

KAPITEL 4

KASTEN 14

1 Für mehr Informationen, siehe: Kumin, J. 2001. „Gender: Persecution in the Spotlight", Genf: UNHCR. URL: http://www.unhcr.org/1951convention/ gender.html, letzter Zugriff am 27. Oktober 2005.

2 Vereinte Nationen. 2002. „Guidelines on International Protection: Gender-Related Persecution Within the Context of Article 1A(2) of the 1951 Convention and/or Its 1967 Protocol Relating to the Status of Refugees" (HCR/GIP/02/01), Genf: UNHCR.
Siehe auch: Vereinte Nationen. 1991. „Information Note on UNHCR's Guidelines on the Protection of Refugee Women" (EC/SCP/67), Genf: UNHCR.

3 University of California. Ohne Datum. „Background on Gender and Asylum Issues", Center for Gender & Refugee Studies, University of California, Hastings, College of the Law, University of California. URL: http://cgrs.uchastings.edu/ background.php, letzter Zugriff am 20. April 2006.

4 Vereinte Nationen. 2002.

5 Das Flüchtlingskonzept des Genfer Flüchtlingsabkommens beruht auf a) einem Verstoß gegen die Menschenrechte und die Zufügung schweren Unrechts und b) dem Versagen des Staates, Schutz zu gewähren. Siehe: Crawley, H. und T. Lester. 2004. „Comparative Analysis of Gender-Related Persecution in National Asylum Legislation and Practice in Europe" (EPAU/2004/05), S. 9 und 57. Genf: UNHCR. URL: http://www.unhcr. org/cgi-bin/texis/vtx/research/open doc.pdf?tbl=RESEARCH&id=40c071354, letzter Zugriff am 1. Februar 2006. Sowie University of California. Ohne Datum.

6 Patrick, E. 2004. „Gender-Related Persecution and International Protection", Migration Information Source. Washington, D. C.: Migration Policy Institute. URL: http://www.migration information.org/feature/print.cfm?ID= 216, letzter Zugriff am 6. Januar 2006.

7 Crawley und Lester 2004, S. 22.

8 Außer Dänemark. Siehe: Europäische Union. 2004. „Council Directive 2004/83/EC of 29 April 2004", Official Journal of the European Union 47(L 304): 12-23. URL: http://europa.eu.int/ eur-lex/pri/en/oj/dat/2004/l_304/ l_30420040930en00120023.pdf, letzter Zugriff am 9. Mai 2006. Analysen und Auslegungen der Richtlinie finden sich unter anderem in: UNHCR. 2005. „Kommentar des UNHCR zur Richtlinie 2004/83/EC des Rates vom 29. April 2004 über Mindestnormen für die Anerkennung und den Status von Drittstaatsangehörigen oder Staatenlosen als Flüchtlinge oder als Personen, die anderweitig internationalen Schutz benötigen,

und über den Inhalt des zu gewährenden Schutzes" (OJ L 304/12 vom 30.9.2004), Genf. URL: *http://unhcr.de/pdf/510.pdf*, letzter Zugriff am 12. Juli 2006.
Und Europäischer Rat für Flüchtlinge und im Exil lebende Personen (ECRE). 2004. *„ECRE Information Note on the Council Directive 2004/83/EC of 29. April 2004 on Minimum Standards for the Qualification of Third Country Nationals and Stateless Persons as Refugees or as Persons Who Otherwise Need International Protection and the Content of the Protection Granted"* (INI/10/2004/ext/CN), London: Europäischer Rat für Flüchtlinge und im Exil lebende Personen (ECRE). URL: *http://www.ecre.org/statements/qualpro.pdf*, letzter Zugriff am 1. Februar 2006.

9   Crawley und Lester 2004, S.35, 43, 48, und 58.

10 Ebenda.

11 Ebenda.

12 Boyd, M. und D. Pikkov. 2005. *„Gendering Migration, Livelihood and Entitlements: Migrant Women in Canada and the United States"*, S. 12. *Occasional Paper* Nr. 6. Genf: UNRISD.

13 Basierend auf Daten des UNHCR-Statistikbüros zu Ländern, über die Daten vorliegen. Siehe: Crawley und Lester 2004, S. 14.

14 Vereinte Nationen. 2005a. *„2004 World Survey on the Role of Women in Development: Women and International Migration"* (A/59/287/Add.1, ST/ESA/294), S. 45. New York: *Division for the Advancement of Women*, UN-Abteilung für Wirtschafts- und Sozialfragen.
Und Crawley und Lester 2004, S.99-104 und 126.

15 Crawley und Lester 2004, S. 57.
Und *University of California*. Ohne Datum.

16 Vereinte Nationen. 2002.

17 Vereinte Nationen. 2005b. *„Activities of UNHCR in the Area of International Migration and Development"* (UN/POP/MIG-FCM/2005/05), S. 7. New York.
Sowie Internationale Arbeitsorganisation. 2001. *„Global Consultations on International Protection: The Asylum-Migration Nexus: Refugee Protection and Migration, Perspectives from ILO"*, S. 2. URL: *http://www.unhcr.org/cgi-bin/texis/vtx/home/opendoc.pdf?tbl=RSDLEGAL&id=3f33797e6*, letzter Zugriff am 19. April 2006.

18 Siehe: Vereinte Nationen. 2002, Absatz 33.
Siehe auch: Vereinte Nationen 1991.

KASTEN 15

1   Mirzoyeva, G. 2004. *„Conflicts and Human Traffic in Tajikistan"*, *Modar NGO Report*. Khojand, Tajikistan: Modar. Zitiert in: *„Literature Review and Analysis Related to Human Trafficking in Post-Conflict Situations"*, United States Agency for International Development. 2004. Washington, D. C.: USAID. URL: *http://www.usaid.gov/our_work/cross-cutting_programs/wid/pubs/trafficking_dai_lit_review.pdf*, letzter Zugriff am 1. Februar 2006.

2   IOM. 2003. *„The Trafficking of Women and Children in the Southern African Region: Presentation of Research Findings"*, Genf. URL: *http://www.iom.int/documents/publication/en/southern africa%5Ftrafficking.pdf*, letzter Zugriff am 1. Februar 2006.

3   Women's Commission for Refugee Women and Children. 2006. *„Abuse Without End: Burmese Refugee Women and Children at Risk of Trafficking"*, New York. URL: *http://www.womenscommission.org/pdf/mm_traff.pdf*, letzter Zugriff am 1. Februar 2006.

Quellen der Zitate

KAPITEL 2

S. 24 Innerhalb von vier Jahren gelang es ihr, ihre fünf Schwestern nachzuholen. Quelle: IOM. 2005. *„News from the Field: Africa"*, S. 2. *IOM Gender and Migration News*, Ausg. Nr. 21. Genf.

S. 29 Freemantle, T. und E. Vega. 21. Februar 2005. *„One Nation, Two Worlds: Mom's Sacrifice Inspired Son to Reach his Educational Goals"*, Houston Chronicle. URL: *http://www.chron.com/disp/story.mpl/ side2/3504975.html*, letzter Zugriff am 4. Januar 2006.

KAPITEL 3

S. 51 Die Frau, der man eine Arbeit in Italien versprochen hatte, wurde aus einem dunklen Keller im mazedonischen Skopje befreit. Siehe: Harrison, D. 27. November 2005. *„Revealed: Kept in a Dungeon Ready to be Sold as Slaves: The Women Destined for Britain's Sex Trade"*, The Sunday Telegraph.

S. 57 Frauen interviewt von *Human Rights Watch*. Siehe: *Human Rights Watch*. 7. Dezember 2005. *„Singapore: Domestic Workers Suffer Grave Abuses: Migrant Women Face Debt Burden and Exploitation"*, Presseerklärung. URL: *http://hrw.org/english/docs/2005/12/07/singap12125.htm*, letzter Zugriff am 13. April 2006.

KAPITEL 5

S. 83 Europaparlament. 2003. *„Einwanderung, Integration und Beschäftigung: Mitteilung der Kommission über Einwanderung, Integration und Beschäftigung [KOM(2003) 336 - 2003/2147 (INI)]"*, Straßburg, Frankreich.

Indikatoren

Überwachung der ICPD-Ziele – ausgewählte Indikatoren	108
Demographische, soziale und wirtschaftliche Indikatoren	112
Ausgewählte Indikatoren für bevölkerungsarme Länder/ Territorien	116
Anmerkungen zu den Indikatoren	118
Technische Hinweise	119

Überwachung der ICPD-Ziele - ausgewählte Indikatoren

	Sterblichkeitsindikatoren			Bildungsindikatoren				Gesundheitsindikatoren			
	Säuglingssterblichkeit pro 1.000 Lebendgeburten	Lebenserwartung m/w	Müttersterblichkeit pro 100.000 Lebendgeburten	Bruttoeinschulungsrate in der Grundstufe m/w	Anteil derer, die die fünfte Klasse erreichen m/w	Bruttoeinschulungsrate in der Sekundarstufe m/w	Analphabetenrate (>15 Jahre) in % m/w	Geburten pro 1.000 Frauen im Alter von 15-19 Jahren	Anteil verheirateter Frauen, die Verhütungsmittel benutzen		HIV-Infektionsrate (15-49 Jahre) in % m/w
									Irgendeine Methode	Moderne Methoden	
weltweit	54	63,9 / 68,4						53	61	54	
stärker entwickelte Regionen (*)	7	72,4 / 79,7						25	69	56	
weniger entwickelte Regionen (+)	59	62,5 / 66,0						57	59	53	
am wenigsten entwickelte Länder(‡)	93	51,1 / 52,9						112			
AFRIKA (1)	90	48,8 / 50,2						103	27	20	
OSTAFRIKA	88	46,4 / 47,0						103	23	17	
Äthiopien	94	47,2 / 49,1	850	101 / 86		37 / 25		82	8	6	
Burundi	101	43,9 / 45,8	1.000	87 / 73	64 / 62	14 / 10	33 / 48	50	16	10	2,6 / 3,9
Eritrea	59	53,3 / 57,0	630	74 / 59	86 / 73	43 / 24		91	8	5	1,9 / 2,8
Kenia	65	49,7 / 47,7	1.000	114 / 108	77 / 74	50 / 46	22 / 30	94	39	32	4,2 / 8,0
Madagaskar	73	54,7 / 57,2	550	136 / 131	56 / 58	14 / 14	23 / 35	115	27	17	0,7 / 0,3
Malawi	105	40,8 / 40,0	1.800	123 / 126	50 / 38	32 / 26	25 / 46	150	31	26	11,5 / 16,5
Mauritius (2)	14	69,5 / 76,1	24	102 / 102	98 / 100	89 / 88	12 / 19	31	75	49	0,9 / 0,2
Mosambik	94	41,3 / 41,9	1.000	104 / 86	53 / 45	13 / 9		99	17	12	13,0 / 19,2
Ruanda	114	43,1 / 46,1	1.400	118 / 120	43 / 49	15 / 14	29 / 40	44	13	4	2,7 / 3,4
Sambia	91	38,9 / 37,8	750	101 / 97	83 / 78	29 / 23	24 / 40	122	34	23	14,0 / 20,0
Simbabwe	61	37,5 / 35,8	1.100	97 / 95	68 / 71	38 / 35		84	54	50	15,6 / 25,0
Somalia	117	46,8 / 49,3	1.100					66			0,7 / 1,0
Tansania	104	45,8 / 46,4	1.500	108 / 104	76 / 76	6 / 5	22 / 38	98	25	17	5,8 / 7,1
Uganda	78	49,8 / 51,2	880	118 / 117	63 / 64	18 / 14	23 / 42	203	23	18	5,6 / 7,7
ZENTRALAFRIKA (3)	112	43,1 / 45,1						179	24	6	
Angola	133	40,1 / 43,0	1.700	69 / 59		19 / 15	17 / 46	138	6	5	3,0 / 4,4
Gabun	54	53,0 / 53,9	420	130 / 129	68 / 71	49 / 42		95	33	12	6,3 / 9,4
Kamerun	92	45,3 / 46,3	730	126 / 107	64 / 63	51 / 36	23 / 40	102	26	13	4,1 / 6,8
Kongo	70	51,7 / 54,3	510	92 / 85	65 / 67	42 / 35		143			4,2 / 6,3
Kongo, Demokrat.Rep. (4)	114	43,2 / 45,3	990	51 / 46		24 / 12	19 / 46	222	31	4	2,6 / 3,9
Tschad	113	42,9 / 44,9	1.100	86 / 56	51 / 39	23 / 7	59 / 87	189	8	2	3,1 / 3,9
Zentralafrikanische Republik	95	38,6 / 39,7	1.100	76 / 52			35 / 67	115	28	7	8,7 / 12,7
NORDAFRIKA (5)	40	66,1 / 70,0						29	51	45	
Ägypten	32	68,5 / 73,0	84	103 / 98	98 / 99	89 / 85	17 / 41	38	60	57	<0,1 / <0,1
Algerien	33	70,6 / 73,3	140	116 / 107	95 / 97	78 / 84	20 / 40	7	64	50	0,1 / <0,1
Libyen	17	72,2 / 76,9	97	113 / 112		101 / 107		7	45	26	
Marokko	33	68,4 / 72,8	220	111 / 100	82 / 80	51 / 43	34 / 60	23	63	55	0,2 / <0,1
Sudan	67	55,4 / 58,1	590	64 / 56	92 / 92	34 / 32	29 / 48	47	10	7	1,4 / 1,8
Tunesien	20	71,8 / 76,0	120	112 / 108	96 / 97	74 / 80	17 / 35	7	63	53	
SÜDLICHES AFRIKA	42	43,5 / 43,9						59	53	52	
Botswana	46	34,3 / 32,8	100	105 / 104	88 / 95	73 / 77	20 / 18	71	40	39	24,0 / 31,9
Lesotho	61	33,6 / 34,5	550	131 / 131	58 / 69	32 / 41	26 / 10	34	30	30	19,5 / 27,0
Namibia	39	46,3 / 45,6	300	100 / 102	87 / 90	54 / 62	13 / 17	46	44	43	15,4 / 23,8
Südafrika	40	44,5 / 45,2	230	107 / 103	82 / 87	87 / 94	16 / 19	61	56	55	15,0 / 22,5
Swasiland	67	30,5 / 29,4	370	103 / 98	74 / 80	42 / 42	19 / 22	33	28	26	26,7 / 40,0
WESTAFRIKA (6)	110	46,5 / 47,3						129	13	8	
Benin	100	54,3 / 55,8	850	111 / 86	70 / 69	34 / 18	52 / 77	120	19	7	1,4 / 2,2
Burkina Faso	118	47,9 / 49,4	1.000	59 / 47	74 / 78	14 / 10	71 / 85	151	14	9	1,6 / 2,4
Elfenbeinküste	116	45,3 / 46,7	690	80 / 63	88 / 87	32 / 18	39 / 61	107	15	7	5,6 / 8,5
Gambia	70	55,7 / 58,3	540	79 / 84		51 / 42		109	10	9	2,0 / 2,9

108 | INDIKATOREN

Überwachung der ICPD-Ziele - ausgewählte Indikatoren

	Sterblichkeitsindikatoren			Bildungsindikatoren				Gesundheitsindikatoren			
	Säuglingssterblichkeit pro 1.000 Lebendgeburten	Lebenserwartung m/w	Müttersterblichkeit pro 100.000 Lebendgeburten	Bruttoeinschulungsrate in der Grundstufe m/w	Anteil derer, die die fünfte Klasse erreichen m/w	Bruttoeinschulungsrate in der Sekundarstufe m/w	Analphabetenrate (>15 Jahre) in % m/w	Geburten pro 1.000 Frauen im Alter von 15-19 Jahren	Anteil verheirateter Frauen, die Verhütungsmittel benutzen — Irgendeine Methode	Moderne Methoden	HIV-Infektionsrate (15-49 Jahre) in % m/w
Ghana	58	57,1 / 57,9	540	90 / 87	62 / 65	47 / 40	34 / 50	55	25	19	1,6 / 3,0
Guinea	99	54,0 / 54,4	740	87 / 71	87 / 76	34 / 17	57 / 82	176	6	4	0,9 / 2,1
Guinea-Bissau	114	43,8 / 46,5	1.100	84 / 56		23 / 13		188	8	4	3,1 / 4,5
Liberia	135	41,7 / 43,2	760	115 / 83		37 / 27		219	6	6	
Mali	128	48,0 / 49,3	1.200	71 / 56	78 / 70	28 / 17	73 / 88	189	8	6	1,4 / 2,1
Mauretanien	91	52,3 / 55,5	1.000	95 / 93	81 / 83	22 / 18	40 / 57	92	8	5	0,5 / 0,8
Niger	148	45,0 / 45,1	1.600	52 / 37	75 / 72	9 / 6	57 / 85	244	14	4	0,9 / 1,4
Nigeria	110	43,6 / 43,8	800	107 / 91		38 / 31		126	13	8	3,0 / 4,7
Senegal	79	55,3 / 57,8	690	78 / 74	79 / 77	22 / 16	49 / 71	75	11	8	0,7 / 1,1
Sierra Leone	161	40,1 / 42,9	2.000	93 / 65		31 / 22	53 / 76	160	4	4	1,3 / 1,8
Togo	89	53,3 / 56,8	570	110 / 92	79 / 73	52 / 26	31 / 62	89	26	9	2,6 / 3,9
ASIEN	**49**	**66,4 / 70,4**						**40**	**63**	**58**	
OSTASIEN (7)	**29**	**71,4 / 75,7**						**5**	**82**	**81**	
China	32	70,6 / 74,2	56	118 / 117		73 / 73	5 / 13	5	84	83	0,1 / <0,1
China, Hongkong (SAR) (8)	4	79,1 / 85,0		111 / 105	100 / 100	86 / 83		5	86	80	
Japan	3	78,9 / 86,1	10[9]	100 / 101		101 / 102		4	56	51	<0,1 / <0,1
Mongolei	53	63,3 / 67,3	110	104 / 105		84 / 95	2 / 2	52	67	54	0,1 / <0,1
Nordkorea	43	61,1 / 66,9	67					2	62	53	
Südkorea	3	74,2 / 81,5	20	105 / 104	98 / 98	93 / 93		4	81	67	<0,1 / 0,1
SÜDOSTASIEN	**36**	**66,2 / 70,8**						**38**	**60**	**51**	
Indonesien	36	66,2 / 69,9	230	118 / 116	88 / 90	64 / 64	6 / 13	52	60	57	0,2 / <0,1
Kambodscha	90	53,7 / 60,8	450	142 / 131	58 / 61	35 / 24	15 / 36	42	24	19	1,8 / 1,5
Laos	82	54,6 / 57,1	650	124 / 109	62 / 63	52 / 39	23 / 39	85	32	29	0,2 / <0,1
Malaysia	9	71,6 / 76,2	41	94 / 93	99 / 98	71 / 81	8 / 15	18	55	30	0,7 / 0,2
Myanmar (Birma)	69	58,4 / 64,2	360	96 / 98	68 / 73	41 / 40	6 / 14	16	37	33	1,7 / 0,8
Ost-Timor	85	55,9 / 58,1	660					168	10	9	
Philippinen	25	69,1 / 73,4	200	113 / 111	71 / 80	82 / 90	7 / 7	33	49	33	<0,1 / <0,1
Singapur	3	77,3 / 81,1	30				3 / 11	5	62	53	0,4 / 0,2
Thailand	18	67,7 / 74,6	44	100 / 95		72 / 74	5 / 9	46	72	70	1,7 / 1,1
Vietnam	27	69,5 / 73,5	130	101 / 94	87 / 86	75 / 72	6 / 13	17	79	57	0,7 / 0,3
SÜDLICHES ZENTRALASIEN	**64**	**62,7 / 65,8**						**65**	**48**	**42**	
Afghanistan	144	46,9 / 47,3	1.900	127 / 56		25 / 5	57 / 87	113	5	4	<0,1 / <0,1
Bangladesch	52	63,3 / 65,1	380	107 / 111	63 / 67	49 / 54		108	58	47	<0,1 / <0,1
Bhutan	50	63,0 / 65,5	420		89 / 93			27	19	19	0,1 / <0,1
Indien	62	62,7 / 66,1	540	120 / 112	81 / 76	59 / 47	27 / 52	63	48	43	1,3 / 0,5
Iran	29	69,7 / 73,0	76	98 / 108	91 / 90	84 / 79	17 / 30	17	73	56	0,2 / 0,1
Nepal	58	62,4 / 63,4	740	118 / 108	57 / 66	49 / 42	37 / 65	102	39	35	0,8 / 0,2
Pakistan	73	64,0 / 64,3	500	95 / 69		31 / 23	37 / 64	68	28	20	0,2 / <0,1
Sri Lanka	15	72,2 / 77,5	92	93 / 99		81 / 81	8 / 11	17	70	50	0,1 / <0,1
WESTASIEN	**44**	**66,7 / 70,9**						**40**	**46**	**28**	
Irak	87	58,6 / 61,6	250	108 / 89	67 / 63	54 / 36	16 / 36	37	14	10	
Israel	5	78,2 / 82,3	17	110 / 111	100 / 100	93 / 93	2 / 4	14	68	52	
Jemen	62	60,6 / 63,4	570	102 / 72	78 / 67	64 / 31		86	21	10	
Jordanien	21	70,6 / 73,8	41	98 / 99	99 / 99	87 / 88	5 / 15	25	56	41	
Kuwait	10	75,6 / 80,0	5	96 / 97		87 / 92	6 / 9	22	50	41	
Libanon	20	70,5 / 74,9	150	109 / 105	95 / 100	85 / 93		25	61	37	0,2 / 0,1

Überwachung der ICPD-Ziele - ausgewählte Indikatoren

	Sterblichkeitsindikatoren			Bildungsindikatoren				Gesundheitsindikatoren			
	Säuglings-sterblich-keit pro 1.000 Lebend-geburten	Lebens-erwartung m/w	Mütter-sterblich-keit pro 100.000 Lebend-geburten	Bruttoein-schulungs-rate in der Grundstufe m/w	Anteil derer, die die fünfte Klasse er-reichen m/w	Bruttoein-schulungs-rate in der Sekundar-stufe m/w	Analpha-betenrate (>15 Jahre) in % m/w	Geburten pro 1.000 Frauen im Alter von 15-19 Jahren	Anteil verheirateter Frauen, die Verhütungs-mittel benutzen Irgend-eine Methode	Moderne Methoden	HIV-Infek-tionsrate (15-49 Jahre) in % m/w
Oman	14	73,4 / 76,4	87	88 / 87	97 / 98	88 / 85	13 / 26	41	24	18	
Palästinensische Autonomiegebiete	18	71,5 / 74,7	100	93 / 93		91 / 96	3 / 12	77			
Saudi-Arabien	20	70,8 / 74,7	23	69 / 66	94 / 93	72 / 64	13 / 31	30	32	29	
Syrien	16	72,2 / 75,8	160	126 / 120	93 / 92	65 / 61	14 / 26	30	40	28	
Türkei (10)	38	67,1 / 71,7	70	96 / 90	95 / 94	90 / 68	5 / 20	36	64	38	
Vereinigte Arabische Emirate	8	77,1 / 81,8	54	85 / 82	94 / 95	65 / 68		18	28	24	
ARABISCHE STAATEN (11)	**51**	**66,1 / 69,4**	**252**	**99 / 89**	**89 / 88**	**68 / 62**	**20 / 41**	**30**	**43**	**36**	**0,4 / 0,4**
EUROPA	**9**	**69,9 / 78,3**						**17**	**68**	**50**	
OSTEUROPA	**14**	**62,5 / 73,7**						**26**	**62**	**36**	
Bulgarien	12	69,5 / 76,1	32	106 / 104		104 / 100	1 / 2	41	42	26	
Polen	8	70,9 / 78,9	13	99 / 99		96 / 97		14	49	19	0,2 / 0,1
Rumänien	17	68,4 / 75,5	49	107 / 106		85 / 86	2 / 4	32	64	30	
Slowakei	7	70,8 / 78,4	3	100 / 98		94 / 95		19	74	41	
Tschechische Republik	5	72,8 / 79,2	9	103 / 101	98 / 99	95 / 96		11	72	63	<0,1 / <0,1
Ungarn	8	69,4 / 77,5	16	99 / 97		97 / 96		20	77	68	0,1 / <0,1
NORDEUROPA (12)	**5**	**75,8 / 81,0**						**18**	**79**	**74**	
Dänemark	5	75,3 / 79,9	5	104 / 104	100 / 100	122 / 127		6	78	72	0,3 / 0,1
Estland	9	66,5 / 77,7	63	101 / 98	98 / 99	97 / 99	0 / 0	23	70	56	2,0 / 0,6
Finnland	4	75,7 / 82,2	6	101 / 100	100 / 100	107 / 112		9	77	75	0,1 / 0,1
Großbritannien und Nordirland	5	76,5 / 81,1	13	107 / 107		103 / 106		23	84	81	0,3 / 0,1
Irland	5	75,7 / 80,9	5	107 / 106	100 / 100	108 / 116		12			0,3 / 0,2
Lettland	9	66,7 / 77,5	42	94 / 91		97 / 96	0 / 0	17	48	39	1,2 / 0,3
Litauen	8	67,4 / 78,4	13	98 / 97		99 / 98	0 / 0	20	47	31	0,3 / 0,0
Norwegen	3	77,5 / 82,3	16	99 / 99	99 / 100	114 / 117		9	74	69	0,2 / 0,1
Schweden	3	78,4 / 82,8	2	99 / 99		101 / 105		7			0,3 / 0,1
SÜDEUROPA (13)	**7**	**75,7 / 82,1**						**11**	**68**	**49**	
Albanien	23	71,5 / 77,2	55	105 / 104		79 / 77	1 / 2	16	75	8	
Bosnien-Herzegowina	12	71,9 / 77,3	31				1 / 6	22	48	16	
Griechenland	6	75,9 / 81,2	9	102 / 101		96 / 97	2 / 6	8			0,3 / 0,1
Italien	5	77,3 / 83,4	5	102 / 101	96 / 97	100 / 98	1 / 2	7	60	39	0,7 / 0,4
Kroatien	6	72,0 / 78,9	8	95 / 94		87 / 89	1 / 3	14			
Mazedonien	15	71,8 / 76,8	23	98 / 98		85 / 83	2 / 6	22			
Portugal	5	74,4 / 81,0	5	119 / 114		92 / 102		17			1,2 / 0,1
Serbien und Montenegro	12	71,5 / 76,2	11	98 / 98		88 / 89	1 / 6	22	58	33	0,3 / 0,1
Slowenien	5	73,3 / 80,5	17	123 / 122		100 / 100		6	74	59	
Spanien	4	76,3 / 83,6	4	109 / 107		116 / 123		9	81	67	0,9 / 0,3
WESTEUROPA (14)	**4**	**76,3 / 82,4**						**6**	**74**	**70**	
Belgien	4	76,2 / 82,5	10	104 / 104		111 / 107		7	78	74	0,3 / 0,2
Deutschland	4	76,2 / 81,9	8	100 / 100		101 / 99		9	75	72	0,2 / 0,1
Frankreich	4	76,4 / 83,3	17	105 / 104	98 / 97	110 / 111		1	75	69	0,6 / 0,3
Niederlande	4	76,1 / 81,4	16	109 / 106	100 / 100	120 / 118		4	79	76	0,3 / 0,2
Österreich	4	76,6 / 82,2	4	106 / 106		104 / 98		11	51	47	0,5 / 0,1
Schweiz	4	78,1 / 83,6	7	103 / 102		97 / 89		4	82	78	0,6 / 0,3
LATEINAMERIKA UND KARIBIK	**23**	**69,3 / 75,7**						**76**	**72**	**63**	
KARIBIK (15)	**31**	**66,1 / 70,5**						**63**	**61**	**57**	
Dominikanische Republik	31	64,8 / 71,8	150	115 / 109	54 / 65	61 / 76	13 / 13	89	70	66	1,1 / 1,1

Überwachung der ICPD-Ziele - ausgewählte Indikatoren

	Sterblichkeitsindikatoren			Bildungsindikatoren				Gesundheitsindikatoren			
	Säuglingssterblichkeit pro 1.000 Lebendgeburten	Lebenserwartung m/w	Müttersterblichkeit pro 100.000 Lebendgeburten	Bruttoeinschulungsrate in der Grundstufe m/w	Anteil derer, die die fünfte Klasse erreichen m/w	Bruttoeinschulungsrate in der Sekundarstufe m/w	Analphabetenrate (>15 Jahre) in % m/w	Geburten pro 1.000 Frauen im Alter von 15-19 Jahren	Anteil verheirateter Frauen, die Verhütungsmittel benutzen — Irgendeine Methode	Anteil verheirateter Frauen, die Verhütungsmittel benutzen — Moderne Methoden	HIV-Infektionsrate (15-49 Jahre) in % m/w
Haiti	58	52,2 / 53,4	680					58	28	22	3,5 / 4,1
Jamaika	14	69,1 / 72,5	87	95 / 95	88 / 93	87 / 89	26 / 14	74	66	63	2,2 / 0,8
Kuba	5	76,4 / 79,9	33	103 / 98	98 / 97	92 / 93	0 / 0	50	73	72	0,1 / 0,1
Puerto Rico	9	72,3 / 80,9	25					48	78	68	
Trinidad und Tobago	13	67,3 / 72,5	160	104 / 101	67 / 76	81 / 86		34	38	33	2,3 / 3,0
ZENTRALAMERIKA	**21**	**71,9 / 77,0**						**73**	**66**	**58**	
Costa Rica	10	76,3 / 81,1	43	112 / 111	92 / 93	67 / 73	5 / 5	71	80	71	0,4 / 0,2
El Salvador	23	68,4 / 74,6	150	116 / 112	71 / 75	60 / 61		81	67	61	1,4 / 0,5
Guatemala	33	64,5 / 71,8	240	118 / 108	79 / 76	51 / 46	25 / 37	107	43	34	1,3 / 0,5
Honduras	29	66,7 / 70,8	110	105 / 107		58 / 73	20 / 20	93	62	51	2,3 / 0,8
Mexiko	18	73,4 / 78,3	83	110 / 108	92 / 94	77 / 82	8 / 10	63	68	60	0,5 / 0,1
Nicaragua	27	68,2 / 73,0	230	113 / 111	55 / 63	59 / 68	23 / 23	113	69	66	0,4 / 0,1
Panama	19	72,8 / 78,0	160	114 / 111	82 / 87	68 / 73	7 / 9	83			1,3 / 0,5
SÜDAMERIKA (16)	**23**	**68,8 / 75,8**						**78**	**75**	**66**	
Argentinien	14	71,3 / 78,8	82	113 / 112	84 / 85	84 / 89	3 / 3	57			0,9 / 0,3
Bolivien	48	62,9 / 67,2	420	114 / 113	87 / 86	90 / 87	7 / 19	78	58	35	0,2 / 0,1
Brasilien	24	67,7 / 75,3	260	145 / 137		97 / 107	12 / 11	89	77	70	0,7 / 0,4
Chile	7	75,4 / 81,4	31	106 / 101	99 / 99	89 / 90	4 / 4	60			0,4 / 0,2
Ecuador	22	71,9 / 77,9	130	117 / 117	75 / 77	61 / 61	8 / 10	83	66	50	0,2 / 0,3
Kolumbien	23	70,1 / 76,0	130	112 / 111	75 / 80	71 / 78	7 / 7	73	77	64	0,9 / 0,3
Paraguay	35	69,4 / 73,9	170	108 / 104	80 / 83	62 / 63		60	73	61	0,5 / 0,2
Peru	30	68,3 / 73,5	410	114 / 114	85 / 83	91 / 92	7 / 18	51	69	50	0,8 / 0,3
Uruguay	12	72,3 / 79,6	27	110 / 108	87 / 90	100 / 116		69			0,4 / 0,6
Venezuela	16	70,6 / 76,5	96	106 / 104	89 / 94	67 / 77	7 / 7	90			1,0 / 0,4
NORDAMERIKA (17)	**6**	**75,3 / 80,6**						**45**	**76**	**71**	
Kanada	5	78,0 / 82,9	6	100 / 100		109 / 108		12	75	73	0,5 / 0,2
Vereinigte Staaten	7	75,0 / 80,4	17	100 / 100		94 / 95		49	76	71	1,2 / 0,4
OZEANIEN	**26**	**72,7 / 77,0**						**26**	**62**	**57**	
AUSTRALIEN-NEUSEELAND	**5**	**78,1 / 83,0**						**15**	**76**	**72**	
Australien (18)	5	78,3 / 83,3	8	103 / 103	84 / 87	152 / 145		13	76	72	0,3 / <0,1
Melanesien (19)	57	58,2 / 59,9						46			
Neuseeland	5	77,4 / 81,8	7	102 / 102		110 / 119		21	75	72	
Papua Neuguinea	66	56,0 / 57,1	300	80 / 70	68 / 68	29 / 23	37 / 49	49	26	20	1,4 / 2,2
IM WIRTSCHAFTLICHEN ÜBERGANG BEFINDLICHE LÄNDER DER EHEMALIGEN UDSSR (20)											
Armenien	29	68,3 / 75,0	55	99 / 103		90 / 93	0 / 1	29	61	22	0,2 / 0,1
Aserbaidschan	73	63,6 / 70,9	94	98 / 96		84 / 82	1 / 2	30	55	12	0,2 / <0,1
Georgien	39	66,8 / 74,6	32	95 / 95		83 / 82		30	41	20	0,4 / 0,1
Kasachstan	60	58,4 / 69,5	210	110 / 109		99 / 97	0 / 1	27	66	53	0,2 / 0,3
Kirgisistan	53	63,3 / 71,7	110	98 / 98		88 / 88	1 / 2	31	60	49	0,2 / <0,1
Moldawien	24	65,3 / 72,5	36	95 / 94		81 / 84	1 / 2	29	62	43	0,9 / 1,2
Russische Föderation	16	58,7 / 71,9	67	123 / 123		93 / 93	0 / 1	28			1,7 / 0,5
Tadschikistan	87	61,4 / 66,8	100	102 / 97		89 / 75	0 / 1	28	34	27	0,3 / <0,1
Turkmenistan	76	58,7 / 67,2	31				1 / 2	16	62	53	
Ukraine	15	60,4 / 72,5	35	95 / 95		94 / 92	0 / 1	28	68	38	1,6 / 1,3
Usbekistan	56	63,7 / 70,1	24	100 / 99		96 / 93		34	68	63	0,4 / 0,1
Weißrussland	14	62,8 / 74,3	35	103 / 99		93 / 94	0 / 1	25	50	42	0,5 / 0,2

Demographische, soziale und wirtschaftliche Indikatoren

	Weltbevölkerung 2006 (in Millionen)	Bevölkerungsprojektion für 2050 (in Millionen)	Durchschn. Bevölkerungswachstumsrate in % (2005-2010)	Städtische Bevölkerung in % (2005)	Wachstumsrate der städtischen Bevölk. in % (2005-2010)	Beschäftigte in der Landwirtschaft pro Hektar landwirt. Nutzfläche	Gesamtfruchtbarkeitsrate (2006)	Betreute Geburten in %	BNE pro Kopf in US-$ (2004)	Anteil an den Staatsausgaben Grundschulbildung (% des BIP pro Kopf)	Gesundheit (% des BIP)	Entwicklungshilfe für bevölkerungspolitische Maßnahmen (in 1.000 US-$)	Sterblichkeit bei Kindern unter 5 Jahren m/w	Energieverbrauch pro Kopf	Zugang zu sauberem Trinkwasser
weltweit	6.540,3	9.075,9	1,1	49	2,0		2,58	62	8.760			(4.696.000)	80 / 77	1.734	83
stärker entwickelte Regionen (*)	1.214,5	1.236,2	0,2	74	0,5		1,58	99					10 / 9		
weniger entwickelte Regionen (+)	5.325,8	7.839,7	1,3	43	2,5		2,79	57					87 / 85		
am wenigsten entwickelte Länder (‡)	777,4	1.735,4	2,3	27	4,0		4,80	34	1.330				155 / 144	306	58
AFRIKA (1)	925,5	1.937,0	2,1	38	3,2		4,77	47				1.195.052²¹	155 / 143		
OSTAFRIKA	294,5	678,7	2,3	22	3,7		5,35	35					153 / 138		
Äthiopien	79,3	170,2	2,3	16	4,0	5,1	5,56	6	810		3,4	68.629	164 / 149	299	22
Burundi	7,8	25,8	3,7	10	6,8	4,7	6,81	25	660	19,9	0,7	2.960	185 / 162		79
Eritrea	4,6	11,2	3,1	19	5,2	5,5	5,20	28	1.050	9,8	2,0	8.183	84 / 78		57
Kenia	35,1	83,1	2,6	21	3,9	4,7	5,00	42	1.050	25,2	1,7	70.577	115 / 99	494	62
Madagaskar	19,1	43,5	2,6	27	3,5	3,6	5,04	51	830	8,7	1,7	16.043	123 / 113		45
Malawi	13,2	29,5	2,2	17	4,7	3,6	5,81	61	620	14,4	3,3	68.418	172 / 162		67
Mauritius (2)	1,3	1,5	0,8	42	1,1	1,2	1,95	99	11.870	13,6	2,2	139	18 / 14		100
Mosambik	20,2	37,6	1,8	35	3,9	3,2	5,24	48	1.160		2,9	68.671	171 / 154	430	42
Ruanda	9,2	18,2	2,3	19	6,5	5,4	5,36	31	1.300	7,4	1,6	24.016	204 / 178		73
Sambia	11,9	22,8	1,7	35	2,1	1,4	5,33	43	890	9,3	2,8	80.514	169 / 153	592	55
Simbabwe	13,1	15,8	0,6	36	1,9	2,3	3,29	73		16,1	2,8	44.253	120 / 106	752	83
Somalia	8,5	21,3	3,1	35	4,3	5,0	6,17	34			1,2	3.240	192 / 182		29
Tansania	39,0	66,8	1,8	24	3,5	5,6	4,63	46	660		2,4	64.268	169 / 153	465	73
Uganda	29,9	126,9	3,6	13	4,8	2,8	7,11	39	1.520	11,8	2,2	61.945	135 / 121		56
ZENTRALAFRIKA (3)	112,6	303,3	2,7	40	4,1		6,16	54					203 / 181		
Angola	16,4	43,5	2,8	53	4,0	3,0	6,54	47	2.030		2,4	18.807	245 / 215	606	50
Gabun	1,4	2,3	1,6	84	2,2	0,9	3,67	86	5.600		2,9	758	92 / 83	1.256	87
Kamerun	16,6	26,9	1,6	55	3,1	1,1	4,26	62	2.090	8,5	1,2	8.391	164 / 148	429	63
Kongo	4,1	13,7	2,9	60	3,6	2,6	6,30		750	7,9	1,3	2.184	113 / 90	273	46
Kongo, Demokrat.Rep. (4)	59,3	177,3	3,1	32	4,9	4,3	6,72	61	680		0,7	22.886	208 / 186	293	46
Tschad	10,0	31,5	2,7	25	4,4	1,8	6,66	14	1.420	11,0	2,6	4.202	206 / 183		34
Zentralafrikanische Republik	4,1	6,7	1,4	38	1,9	1,4	4,70	44	1.110		1,5	5.371	183 / 151		75
NORDAFRIKA (5)	194,3	311,9	1,7	51	2,6		2,98	70				63.743²²	56 / 47		
Ägypten	75,4	125,9	1,8	43	2,3	7,2	3,08	69	4.120		2,2	33.417	38 / 31	735	98
Algerien	33,4	49,5	1,5	63	2,5	0,9	2,41	92	6.260	11,3	3,3	1.379	35 / 31	1.036	87
Libyen	6,0	9,6	1,9	85	2,2	0,1	2,81	94			3,0	2,6	18 / 18	3.191	72
Marokko	31,9	46,4	1,4	59	2,5	1,1	2,63	63	4.100	19,3	1,7	9.123	44 / 30	378	80
Sudan	37,0	66,7	2,1	41	4,2	1,2	4,10	57	1.870		1,9	11.875	113 / 100	477	69
Tunesien	10,2	12,9	1,0	65	1,6	0,5	1,89	90	7.310	15,5	2,8	1.474	23 / 20	837	82
SÜDLICHES AFRIKA	54,2	56,0	0,1	56	1,0		2,77	83					81 / 73		
Botswana	1,8	1,7	-0,4	57	0,9	2,0	2,99	94	8.920	6,2	3,3	21.193	103 / 92		95
Lesotho	1,8	1,6	-0,3	19	1,1	2,1	3,37	55	3.210	20,8	4,1	4.802	119 / 106		76
Namibia	2,1	3,1	1,0	35	2,6	1,1	3,58	76	6.960	21,3	4,7	12.092	75 / 68	635	80
Südafrika	47,6	48,7	0,2	59	1,0	0,4	2,69	84	10.960	13,7	3,2	96.542	77 / 70	2.587	87
Swasiland	1,0	1,0	-0,4	24	0,7	1,7	3,61	70	4.970	11,0	3,3	7.069	144 / 126		52
WESTAFRIKA (6)	269,8	587,0	2,3	42	3,7		5,50	41					186 / 178		
Benin	8,7	22,1	3,0	40	4,0	1,4	5,56	66	1.120	12,2	1,9	14.760	149 / 145	292	68
Burkina Faso	13,6	39,1	2,9	18	5,1	2,3	6,45	57	1.220		2,6	15.072	191 / 180		51
Elfenbeinküste	18,5	34,0	1,7	45	2,7	1,2	4,64	63	1.390	16,0	1,0	20.375	193 / 174	374	84
Gambia	1,6	3,1	2,3	54	3,9	3,5	4,35	55	1.900	7,1	3,2	1.634	117 / 106		82

Demographische, soziale und wirtschaftliche Indikatoren

	Weltbevölkerung 2006 (in Millionen)	Bevölkerungsprojektion für 2050 (in Millionen)	Durchschn. Bevölkerungswachstumsrate in % (2005-2010)	Städtische Bevölkerung in % (2005)	Wachstumsrate der städtischen Bevölk. in % (2005-2010)	Beschäftigte in der Landwirtschaft pro Hektar landwirt. Nutzfläche	Gesamtfruchtbarkeitsrate (2006)	Betreute Geburten in %	BNE pro Kopf in US-$ (2004)	Anteil an den Staatsausgaben Grundschulbildung (% des BIP pro Kopf)	Gesundheit (% des BIP)	Entwicklungshilfe für bevölkerungspolitische Maßnahmen (in 1.000 US-$)	Sterblichkeit bei Kindern unter 5 Jahren m/w	Energieverbrauch pro Kopf	Zugang zu sauberem Trinkwasser
Ghana	22,6	40,6	1,9	48	3,4	1,8	4,00	47	2.280		1,4	34.123	92 / 88	400	79
Guinea	9,6	23,0	2,2	33	3,6	4,2	5,64	35	2.130	10,3	0,9	12.807	145 / 149		51
Guinea-Bissau	1,6	5,3	2,9	30	3,2	2,2	7,10	35	690		2,6	1.506	206 / 183		59
Liberia	3,4	10,7	2,9	58	4,1	3,5	6,80	51			2,7	2.675	217 / 200		62
Mali	13,9	42,0	2,9	30	4,7	2,1	6,69	41	980	15,8	2,8	25.070	209 / 203		48
Mauretanien	3,2	7,5	2,7	40	3,3	3,0	5,57	57	2.050	14,4	3,2	3.978	147 / 135		56
Niger	14,4	50,2	3,3	17	4,4	0,8	7,64	16	830	19,0	2,5	6.175	245 / 250		46
Nigeria	134,4	258,1	2,1	48	3,7	1,2	5,49	35	930		1,3	81.796	193 / 185	777	60
Senegal	11,9	23,1	2,3	42	2,9	3,2	4,63	58	1.720	16,0	2,1	26.130	124 / 118	287	72
Sierra Leone	5,7	13,8	2,1	41	3,8	4,8	6,50	42	790	21,5	2,0	6.803	291 / 265		57
Togo	6,3	13,5	2,5	40	4,3	1,3	4,98	49	1.690	6,7	1,4	6.365	136 / 119	445	51
ASIEN	**3.950,6**	**5.217,2**	**1,1**	**40**	**2,5**		**2,38**	**58**				**609.901**	**64 / 66**		
OSTASIEN (7)	**1.532,7**	**1.586,7**	**0,5**	**44**	**2,3**		**1,68**	**97**					**29 / 38**		
China	1.323,6	1.392,3	0,6	40	2,7	5,5	1,72	83	5.530		2,0	32.141	30 / 41	1.094	77
China, Hongkong (SAR) (8)	7,1	9,2	1,0	100	1,0	4,0	0,94	100	31.510	16,0			5 / 4	2.428	
Japan	128,2	112,2	0,1	66	0,4	0,9	1,35	100	30.040	22,2	6,4	(128.068)[23]	5 / 4	4.053	100
Mongolei	2,7	3,6	1,2	57	1,5	0,5	2,28	99	2.020	15,7	4,3	3.881	75 / 71		62
Nordkorea	22,6	24,2	0,4	62	0,9	2,1	1,95	97			5,3	2.550	56 / 49	896	100
Südkorea	48,0	44,6	0,3	81	0,6	1,9	1,19	100	20.400	16,3	2,8	5	5 / 5	4.291	92
SÜDOSTASIEN	**563,0**	**752,3**	**1,2**	**44**	**3,0**		**2,37**	**69**					**49 / 39**		
Indonesien	225,5	284,6	1,1	48	3,3	2,7	2,25	66	3.460	2,9	1,1	48.084	46 / 37	753	78
Kambodscha	14,4	26,0	2,0	20	4,9	2,5	3,85	32	2.180	6,5	2,1	36.969	130 / 120		34
Laos	6,1	11,6	2,2	21	4,0	4,2	4,45	19	1.850	6,7	1,2	3.351	129 / 123		43
Malaysia	25,8	38,9	1,7	67	3,0	0,5	2,71	97	9.630	20,2	2,2	700	12 / 10	2.318	95
Myanmar (Birma)	51,0	63,7	0,9	31	2,9	3,1	2,17	56			0,5	14.340	107 / 89	276	80
Ost-Timor	1,0	3,3	5,5	26	7,1	3,5	7,64	24			7,3	1.680	118 / 110		52
Philippinen	84,5	127,1	1,6	63	2,8	2,8	2,94	60	4.890	11,1	1,4	36.120	33 / 22	525	85
Singapur	4,4	5,3	1,2	100	1,2	2,6	1,30	100	26.590		1,6	1	4 / 4	5.359	
Thailand	64,8	74,6	0,8	32	1,7	1,7	1,89	99	8.020	13,8	2,0	16.109	26 / 16	1.406	85
Vietnam	85,3	116,7	1,3	26	3,0	6,0	2,19	85	2.700		1,5	21.441	36 / 27	544	73
SÜDLICHES ZENTRALASIEN	**1.636,3**	**2.495,0**	**1,5**	**31**	**2,5**		**2,97**	**39**					**87 / 90**		
Afghanistan	31,1	97,3	3,5	23	5,1	2,2	7,18	14			2,6	21.652	234 / 240		13
Bangladesch	144,4	242,9	1,8	25	3,5	8,6	3,04	13	1.980	7,2	1,1	85.760	65 / 64	159	75
Bhutan	2,2	4,4	2,2	11	5,1	15,1	4,00	24			2,6	870	71 / 68		62
Indien	1.119,5	1.592,7	1,4	29	2,4	3,3	2,85	43	3.100	12,5	1,2	99.471	84 / 88	520	86
Iran	70,3	101,9	1,3	67	2,1	0,9	2,04	90	7.550	10,5	3,1	2.472	32 / 31	2.055	93
Nepal	27,7	51,2	1,9	16	4,8	9,7	3,40	11	1.470	12,7	1,5	26.421	71 / 75	336	84
Pakistan	161,2	304,7	2,1	35	3,3	3,7	3,87	23	2.160		0,7	57.075	95 / 106	467	90
Sri Lanka	20,9	23,6	0,8	15	0,8	4,8	1,89	97	4.000		1,6	15.862	20 / 13	421	78
WESTASIEN	**218,6**	**383,2**	**1,9**	**65**	**2,2**		**3,17**	**73**				**67.968**[22]	**56 / 48**		
Irak	29,6	63,7	2,4	67	2,3	0,4	4,42	72			1,4	14.330	109 / 102	943	81
Israel	6,8	10,4	1,7	92	1,7	0,4	2,72		23.510	23,0	6,1	3	6 / 5	3.086	100
Jemen	21,6	59,5	3,1	27	4,6	5,6	5,81	22	820		2,2	7.816	83 / 75	289	69
Jordanien	5,8	10,2	2,1	82	2,5	1,4	3,22	100	4.640	15,2	4,2	27.202	23 / 21	1.027	91
Kuwait	2,8	5,3	2,5	98	2,5	1,5	2,29	100		25,9	2,7		11 / 11	9.566	
Libanon	3,6	4,7	1,1	87	1,2	0,3	2,22	93	5.380	5,1	3,0	1.261	27 / 17	1.700	100

Demographische, soziale und wirtschaftliche Indikatoren

	Welt-bevölkerung 2006 (in Millionen)	Bevölkerungsprojektion für 2050 (in Millionen)	Durchschn. Bevölkerungswachstumsrate in % (2005-2010)	Städtische Bevölkerung in % (2005)	Wachstumsrate der städtischen Bevölk. in % (2005-2010)	Beschäftigte in der Landwirtschaft pro Hektar landwirt. Nutzfläche	Gesamtfruchtbarkeitsrate (2006)	Betreute Geburten in %	BNE pro Kopf in US-$ (2004)	Anteil an den Staatsausgaben Grundschulbildung (% des BIP pro Kopf)	Anteil an den Staatsausgaben Gesundheit (% des BIP)	Entwicklungshilfe für bevölkerungspolitische Maßnahmen (in 1.000 US-$)	Sterblichkeit bei Kindern unter 5 Jahren m/w	Energieverbrauch pro Kopf	Zugang zu sauberem Trinkwasser
Oman	2,6	5,0	2,2	71	2,2	10,7	3,32	95		13,1	2,7	162	16 / 15	4.975	79
Palästinensische Autonomiegebiete	3,8	10,1	3,1	72	3,3	1,9	5,18					12.613	23 / 18		94
Saudi-Arabien	25,2	49,5	2,4	81	2,6	0,5	3,71	93	14.010	31,9	2,5		25 / 17	5.607	
Syrien	19,5	35,9	2,4	51	2,8	0,9	3,19	70	3.550	14,5	2,5	3.550	20 / 16	986	79
Türkei (10)	74,2	101,2	1,3	67	2,0	0,8	2,35	83	7.680	13,9	5,4	1.008	47 / 37	1.117	93
Vereinigte Arabische Emirate	4,7	9,1	2,3	77	2,3	0,7	2,38	100		7,7	2,5	4	9 / 8	9.707	
ARABISCHE STAATEN (11)	**328,0**	**598,5**	**2,1**	**55**	**2,8**	**1,5**	**3,50**	**67**	**4.818**	**15,3**	**2,5**	**135.890**	**54 / 48**	**1.472**	**74**
EUROPA	**728,1**	**653,3**	**-0,1**	**72**	**0,1**		**1,42**	**99**					**12 / 10**		
OSTEUROPA	**295,9**	**223,5**	**-0,5**	**68**	**-0,4**		**1,29**	**99**				**114.546** [22,24]	**20 / 16**		
Bulgarien	7,7	5,1	-0,7	70	-0,4	0,1	1,23	99	7.870	16,2	4,1	1.646	16 / 14	2.494	100
Polen	38,5	31,9	-0,1	62	0,2	0,5	1,22	100	12.640	23,5	4,5	343	10 / 9	2.452	
Rumänien	21,6	16,8	-0,4	54	0,0	0,3	1,25	98	8.190	9,9	3,8	10.501	23 / 17	1.794	57
Slowakei	5,4	4,6	0,0	56	0,2	0,1	1,17	99	14.370	11,3	5,2	47	9 / 9	3.443	100
Tschechische Republik	10,2	8,5	-0,1	74	-0,1	0,1	1,20	100	18.400	12,0	6,8	38	6 / 5	4.324	
Ungarn	10,1	8,3	-0,3	66	0,3	0,1	1,28	100	15.620	20,8	6,1	100	11 / 9	2.600	99
NORDEUROPA (12)	**96,1**	**105,6**	**0,3**	**84**	**0,4**		**1,66**	**99**					**6 / 6**		
Dänemark	5,4	5,9	0,3	86	0,4	0,1	1,76		31.550	24,9	7,5	(59.527)	6 / 6	3.853	100
Estland	1,3	1,1	-0,3	69	-0,2	0,3	1,41	100	13.190	19,8	4,1	1.077	13 / 9	3.631	
Finnland	5,3	5,3	0,2	61	0,4	0,1	1,72	100	29.560	18,3	5,7	(23.697)	5 / 4	7.204	100
Großbritannien und Nordirland	59,8	67,1	0,3	90	0,4	0,2	1,66	99	31.460	16,4	6,9	(589.650)	6 / 6	3.893	
Irland	4,2	5,8	1,3	60	1,8	0,3	1,95	100	33.170	12,4	5,8	(26.786)	6 / 6	3.777	
Lettland	2,3	1,7	-0,5	68	-0,4	0,1	1,29	100	11.850	22,4	3,3	113	14 / 12	1.881	
Litauen	3,4	2,6	-0,4	67	-0,5	0,2	1,25	100	12.610		5,0	163	13 / 9	2.585	
Norwegen	4,6	5,4	0,5	77	0,6	0,2	1,79		38.550	20,5	8,6	(91.648)	4 / 4	5.100	100
Schweden	9,1	10,1	0,3	84	0,4	0,1	1,70		29.770	24,4	8,0	(80.029)	4 / 4	5.754	100
SÜDEUROPA (13)	**149,8**	**138,7**	**0,2**	**66**	**0,5**		**1,38**	**98**					**8 / 7**		
Albanien	3,1	3,5	0,5	45	2,1	2,1	2,21	94	5.070	7,7	2,7	8.261	32 / 28	674	97
Bosnien-Herzegowina	3,9	3,2	0,1	46	1,4	0,1	1,29	100	7.430		4,8	3.307	15 / 13	1.136	98
Griechenland	11,1	10,7	0,2	59	0,4	0,4	1,25		22.000	15,6	5,1	(9.293)	8 / 7	2.709	
Italien	58,1	50,9	0,0	68	0,3	0,2	1,35		27.860	25,4	6,3	(27.068)	6 / 6	3.140	
Kroatien	4,6	3,7	-0,1	56	0,4	0,2	1,33	100	11.670	24,0	6,5	1.312	8 / 7	1.976	
Mazedonien	2,0	1,9	0,1	69	1,1	0,4	1,46	98	6.480	23,6	6,0	1.074	17 / 16		
Portugal	10,5	10,7	0,4	58	1,5	0,6	1,47	100	19.250	24,0	6,7	(1.119)	7 / 7	2.469	
Serbien und Montenegro	10,5	9,4	0,0	52	0,4	0,5	1,60	93			7,2	1.401	15 / 13	1.991	93
Slowenien	2,0	1,6	-0,1	51	0,2	0,1	1,21	100	20.730		6,7	2	7 / 7	3.518	
Spanien	43,4	42,5	0,4	77	0,6	0,1	1,33		25.070	19,2	5,5	(29.949)	6 / 5	3.240	
WESTEUROPA (14)	**186,3**	**185,5**	**0,2**	**77**	**0,4**		**1,56**	**100**					**6 / 5**		
Belgien	10,4	10,3	0,1	97	0,2	0,2	1,66		31.360	19,0	6,3	(26.400)	6 / 5	5.701	
Deutschland	82,7	78,8	0,0	75	0,1	0,2	1,33		27.950	16,7	8,7	(132.088)[25]	5 / 5	4.205	100
Frankreich	60,7	63,1	0,3	77	0,6	0,4	1,86		29.320	17,8	7,7	(56.559)	6 / 5	4.519	
Niederlande	16,4	17,1	0,4	80	1,0	0,5	1,73	100	31.220	18,0	6,1	(275.434)	7 / 6	4.982	100
Österreich	8,2	8,1	0,1	66	0,3	0,3	1,40		31.790	23,9	5,1	(2.727)	6 / 5	4.086	100
Schweiz	7,3	7,3	0,1	75	0,6	1,0	1,40		35.370	24,3	6,7	(31.522)	6 / 5	3.689	100
LATEINAMERIKA UND KARIBIK	**568,9**	**782,9**	**1,3**	**77**	**1,7**		**2,43**	**83**				**221.948**	**33 / 27**		
KARIBIK (15)	**39,5**	**46,4**	**0,8**	**64**	**1,3**		**2,40**	**74**					**54 / 46**		
Dominikanische Republik	9,0	12,7	1,4	67	2,4	0,8	2,61	99	6.750	5,0	2,3	8.524	48 / 39	923	93

114 | INDIKATOREN

Demographische, soziale und wirtschaftliche Indikatoren

	Weltbevölkerung 2006 (in Millionen)	Bevölkerungsprojektion für 2050 (in Millionen)	Durchschn. Bevölkerungswachstumsrate in % (2005-2010)	Städtische Bevölkerung in % (2005)	Wachstumsrate der städtischen Bevölk. in % (2005-2010)	Beschäftigte in der Landwirtschaft pro Hektar landwirt. Nutzfläche	Gesamtfruchtbarkeitsrate (2006)	Betreute Geburten in %	BNE pro Kopf in US-$ (2004)	Anteil an den Staatsausgaben Grundschulbildung (% des BIP pro Kopf)	Anteil an den Staatsausgaben Gesundheit (% des BIP)	Entwicklungshilfe für bevölkerungspolitische Maßnahmen (in 1.000 US-$)	Sterblichkeit bei Kindern unter 5 Jahren m/w	Energieverbrauch pro Kopf	Zugang zu sauberem Trinkwasser
Haiti	8,6	13,0	1,4	39	3,0	4,6	3,71	24	1.680		2,9	39.388	108 / 93	270	71
Jamaika	2,7	2,6	0,4	53	1,0	1,8	2,34	95	3.630	15,5	2,7	4.677	21 / 18	1.543	93
Kuba	11,3	9,7	0,2	76	0,0	0,4	1,62	100		30,9	6,3	5.988	6 / 6	1.000	91
Puerto Rico	4,0	4,4	0,5	98	0,8	1,2	1,87	100				36	12 / 10		
Trinidad und Tobago	1,3	1,2	0,3	12	2,8	0,9	1,61	96	11.180	16,0	1,5	849	20 / 16	8.553	91
ZENTRALAMERIKA	**149,2**	**209,6**	**1,4**	**70**	**1,8**		**2,49**	**77**					**29 / 23**		
Costa Rica	4,4	6,4	1,5	62	2,3	1,5	2,14	98	9.530	17,1	5,8	660	13 / 10	880	97
El Salvador	7,0	10,8	1,6	60	2,1	2,3	2,73	69	4.980	9,4	3,7	7.626	32 / 26	675	82
Guatemala	12,9	25,6	2,4	47	3,4	2,8	4,29	41	4.140	4,7	2,1	19.757	48 / 36	608	95
Honduras	7,4	12,8	2,1	46	3,1	1,5	3,42	56	2.710		4,0	11.635	48 / 38	522	90
Mexiko	108,3	139,0	1,1	76	1,5	0,8	2,21	86	9.590	14,4	2,9	15.646	22 / 18	1.564	91
Nicaragua	5,6	9,4	2,0	59	2,7	0,5	3,03	67	3.300	9,1	3,7	15.823	39 / 31	588	81
Panama	3,3	5,1	1,6	71	2,8	1,0	2,61	93	6.870	9,9	5,0	594	27 / 20	836	91
SÜDAMERIKA (16)	**380,3**	**526,9**	**1,3**	**82**	**1,8**		**2,41**	**87**					**33 / 26**		
Argentinien	39,1	51,4	1,0	90	1,2	0,1	2,27	99	12.460	10,9	4,3	3.478	17 / 14	1.575	
Bolivien	9,4	14,9	1,8	64	2,5	1,1	3,64	61	2.590	16,4	4,3	11.248	65 / 56	504	85
Brasilien	188,9	253,1	1,3	84	1,8	0,4	2,27	88	8.020	11,3	3,4	11.489	34 / 26	1.065	89
Chile	16,5	20,7	1,0	88	1,3	1,0	1,95	100	10.500	15,3	3,0	4.162	10 / 8	1.647	95
Ecuador	13,4	19,2	1,4	63	2,2	1,1	2,64	69	3.690	3,2	2,0	3.492	29 / 22	708	86
Kolumbien	46,3	65,7	1,4	73	1,8	2,2	2,51	91	6.820	16,7	6,4	1.692	30 / 26	642	92
Paraguay	6,3	12,1	2,2	58	3,2	0,7	3,64	77	4.870	12,3	2,3	4.167	46 / 36	679	83
Peru	28,4	42,6	1,4	73	1,8	1,8	2,71	71	5.370	6,4	2,1	18.839	50 / 41	442	81
Uruguay	3,5	4,0	0,6	92	0,7	0,3	2,24	99	9.070	7,9	2,7	288	16 / 12	738	98
Venezuela	27,2	42,0	1,7	93	2,0	0,6	2,60	94	5.760		2,0	1.312	28 / 24	2.112	83
NORDAMERIKA (17)	**333,7**	**438,0**	**0,9**	**81**	**1,3**		**1,99**	**99**					**8 / 8**		
Kanada	32,6	42,8	0,9	80	1,0	0,0	1,48	98	30.660		6,9	(56.626)	6 / 6	8.240	100
Vereinigte Staaten	301,0	395,0	0,9	81	1,3	0,0	2,04	99	39.710	21,8	6,8	(1.807.643)	8 / 8	7.843	100
OZEANIEN	**33,5**	**47,6**	**1,2**	**71**	**1,3**		**2,25**	**84**					**33 / 36**		
AUSTRALIEN-NEUSEELAND	**24,4**	**32,7**	**1,0**	**88**	**1,2**		**1,78**	**100**					**6 / 5**		
Australien (18)	20,4	27,9	1,0	88	1,2	0,0	1,75	99	29.200	16,4	6,4	(38.966)	6 / 5	5.668	100
Melanesien (19)	7,8	13,2	1,7	20	2,5		3,59	61					73 / 80		
Neuseeland	4,1	4,8	0,7	86	0,8	0,1	1,96	100	22.130	18,7	6,3	(5.917)	7 / 6	4.333	
Papua Neuguinea	6,0	10,6	1,8	13	2,7	4,9	3,74	53	2.300		3,0	11.287	82 / 93		39
Im wirtschaftlichen Übergang befindliche Länder der ehemaligen UdSSR (20)															
Armenien	3,0	2,5	-0,2	64	-0,4	0,6	1,32	97	4.270	8,9	1,2	2.445	36 / 31	660	92
Aserbaidschan	8,5	9,6	0,8	52	0,9	1,1	1,83	84	3.830	7,6	0,9	994	90 / 81	1.493	77
Georgien	4,4	3,0	-0,8	52	-0,6	0,8	1,41	96	2.930		1,0	3.554	45 / 37	597	76
Kasachstan	14,8	13,1	0,0	57	0,4	0,1	1,88	99	6.980	10,1	2,0	5.265	86 / 60	3.342	86
Kirgisistan	5,3	6,7	1,1	36	1,6	0,9	2,54	98	1.840	7,7	2,2	3.395	67 / 56	528	76
Moldawien	4,2	3,3	-0,2	47	0,3	0,4	1,19	99	1.930	17,1	3,9	7.187	30 / 26	772	92
Russische Föderation	142,5	111,8	-0,4	73	-0,6	0,1	1,38	99	9.620		3,3	16.969	24 / 18	4.424	96
Tadschikistan	6,6	10,4	1,4	25	1,1	1,9	3,48	71	1.150	6,7	0,9	3.253	116 / 103	501	58
Turkmenistan	4,9	6,8	1,3	46	2,1	0,7	2,57	97	6.910		2,6	1.322	104 / 85	3.662	71
Ukraine	46,0	26,4	-1,0	68	-0,7	0,2	1,13	99	6.250	10,4	3,8	14.181	19 / 14	2.772	98
Usbekistan	27,0	38,7	1,4	37	1,6	1,3	2,56	96	1.860		2,4	8.388	72 / 60	2.023	89
Weißrussland	9,7	7,0	-0,6	72	0,1	0,2	1,22	100	6.900	13,7	4,9	144	20 / 14	2.613	100

Ausgewählte Indikatoren für bevölkerungsarme Länder/Territorien

Überwachung der ICPD-Ziele – ausgewählte Indikatoren	Sterblichkeitsindikatoren			Bildungsindikatoren		Indikatoren der reproduktiven Gesundheit			
	Säuglings-sterblich-keit pro 1.000 Lebend-geburten	Lebens-erwartung m/w	Mütter-sterblich-keitsrate pro 100.000 Lebend-geburten	Bruttoein-schulungs-rate in der Grundstufe m/w	Bruttoein-schulungs-rate in der Sekundar-stufe m/w	Geburten pro 1.000 Frauen im Alter von 15 bis 19 Jahren	Anteil verheirateter Frauen, die Verhütungsmittel benutzen		HIV-Infektions-rate (15-49 Jahre) in % m/w
							Irgendeine Methode	Moderne Methoden	
Äquatorialguinea	97	41.8 / 42.2	880	133 / 121	38 / 22	182			2.6 / 3.8
Bahamas	12	68.2 / 74.4	60	93 / 93	76 / 84	58	62	60	2.6 / 4.0
Bahrain	13	73.6 / 76.4	28	104 / 104	96 / 102	17	62	31	
Barbados	10	72.5 / 78.9	95	108 / 106	109 / 111	42	55	53	2.3 / 0.8
Belize	29	69.4 / 74.2	140	126 / 123	84 / 87	76	47	42	3.6 / 1.4
Brunei	6	74.8 / 79.5	37	109 / 109	91 / 96	27			0.1 / <0.1
Dschibuti	87	52.3 / 54.5	730	44 / 35	25 / 18	49			2.5 / 3.7
Fidschi	20	66.2 / 70.7	75	107 / 105	85 / 91	31			0.2 / <0.1
Französisch-Polynesien	8	71.4 / 76.5	20			34			
Guadeloupe	7	75.6 / 82.2	5			18			
Guam	9	73.0 / 77.7	12			61			
Guyana	45	61.6 / 67.7	170	127 / 125	92 / 95	57	37	36	2.0 / 2.9
Island	3	79.3 / 83.0	0	102 / 100	111 / 118	15			0.2 / 0.1
Kap Verde	26	67.8 / 74.1	150	113 / 108	63 / 69	83	53	46	
Katar	11	71.9 / 76.7	7	102 / 101	98 / 95	18	43	32	
Komoren	51	62.4 / 66.7	480	91 / 80	40 / 30	49	26	19	<0.1 / <0.1
La Réunion	7	71.8 / 80.0	41			35	67	62	
Luxemburg	5	75.6 / 81.9	28	100 / 99	92 / 98	8			
Malediven	36	68.1 / 67.6	110	105 / 102	68 / 78	54	42	33	
Malta	7	76.4 / 81.1	21	103 / 102	109 / 102	14			
Martinique	7	76.0 / 82.1	4			30			
Mikronesien (26)	26	69.5 / 73.9				42			
Neukaledonien	6	73.3 / 78.5	10			29			
Niederländische Antillen	12	73.5 / 79.6	20	127 / 124	83 / 90	22			
Polynesien (27)	17	70.1 / 75.3				28			
Salomonen	32	62.3 / 63.9	130	121 / 117	33 / 26	40			
Samoa	23	68.1 / 74.5	130	100 / 100	76 / 85	27			
Suriname	23	66.6 / 73.1	110	118 / 121	63 / 84	40	42	41	2.8 / 1.1
Vanuatu	30	67.8 / 71.6	130	120 / 116	44 / 38	43			
Zypern	6	76.5 / 81.5	47	98 / 97	96 / 99	8			

Ausgewählte Indikatoren für bevölkerungsarme Länder/Territorien

Demographische, soziale und wirtschaftliche Indikatoren	Gesamtbevölkerung 2006 (in Tausend)	Bevölkerungsprojektion für 2050 (in Tausend)	Städtische Bevölkerung in % (2005)	Wachstumsrate der städtischen Bevölkerung in % (2005-2010)	Beschäftigte in der Landwirtschaft pro Hektar landwirtschaftliche Nutzfläche	Gesamtfruchtbarkeitsrate (2006)	Betreute Geburten in %	BNE bei Kaufkraftparität pro Kopf in US-$ (2004)	Sterblichkeit bei Kindern unter 5 Jahren m/w
Äquatorialguinea	515	1.146	38,9	2,6	1,4	5,91	65	7.400	178 / 161
Bahamas	327	466	90,4	1,5	0,8	2,23	99		16 / 11
Bahrain	739	1.155	96,5	1,9	1,1	2,32	99		15 / 15
Barbados	270	255	52,7	1,3	0,6	1,50	100		12 / 10
Belize	275	442	48,3	2,3	0,8	2,92	84	6.510	40 / 37
Brunei	382	681	73,5	2,6	0,1	2,36	100		7 / 6
Dschibuti	807	1.547	86,1	2,1	591,6	4,68	61	2.270	133 / 117
Fidschi	854	934	50,8	1,7	1,1	2,76	99	5.770	25 / 24
Französisch-Polynesien	260	360	51,7	1,3	3,2	2,29	99		11 / 11
Guadeloupe	452	474	99,8	0,6	0,5	2,01	100		10 / 8
Guam	172	254	94,1	1,6	3,8	2,75	99		11 / 9
Guyana	752	488	28,2	0,2	0,2	2,17	86	4.110	68 / 50
Island	297	370	92,8	0,9	3,1	1,94		32.360	4 / 4
Kap Verde	519	1.002	57,3	3,5	2,1	3,49	89	5.650	39 / 20
Katar	839	1.330	95,4	2,0	0,4	2,85	100		13 / 11
Komoren	819	1.781	37,0	4,3	4,1	4,48	62	1.840	71 / 54
La Réunion	796	1.092	92,4	1,7	0,5	2,48			10 / 9
Luxemburg	471	721	82,8	1,1	0,1	1,74	100	61.220	7 / 6
Malediven	337	682	29,6	4,0	5,9	3,91	70		37 / 48
Malta	403	428	95,3	0,7	0,5	1,47		18.720	8 / 8
Martinique	397	350	97,9	0,3	0,6	1,94	100		9 / 8
Mikronesien (26)	566	849	67,7	2,1		3,26	94		35 / 27
Neukaledonien	241	382	63,7	2,2	7,9	2,34			8 / 9
Niederländische Antillen	184	203	70,4	1,0	0,1	2,07			16 / 10
Polynesien (27)	662	763	42,1	1,5		3,04	98		21 / 19
Salomonen	490	921	17,0	4,2	4,2	3,95	85	1.760	55 / 49
Samoa	186	157	22,4	1,3	0,5	4,09	100	5.670	28 / 25
Suriname	452	429	73,9	1,0	1,2	2,49	85		33 / 21
Vanuatu	215	375	23,5	3,6	0,7	3,82	87	2.790	39 / 29
Zypern	845	1.174	69,3	1,3	0,4	1,59		22.330	8 / 6

Anmerkungen zu den Indikatoren

Die in dieser Publikation verwendeten Bezeichnungen geben in keinster Weise Auffassungen von UNFPA über den Rechtsstatus eines Landes, Territoriums oder Gebietes, ihrer Behörden oder über ihre Grenzen wieder.

Daten zu kleinen Ländern oder Gebieten – im Allgemeinen Länder oder Gebiete, deren Bevölkerungszahl im Jahr 1990 bei 200.000 oder darunter lag – sind in dieser Tabelle nicht im Einzelnen ausgewiesen. Sie sind in den Bevölkerungszahlen der einzelnen Regionen enthalten.

(*) Stärker entwickelte Regionen umfassen Nordamerika, Japan, Europa, Australien und Neuseeland.

(+) Weniger entwickelte Regionen umfassen alle Regionen Afrikas, Lateinamerikas, der Karibik und Asiens (ohne Japan) sowie Melanesien, Mikronesien und Polynesien.

(#) Am wenigsten entwickelte Länder nach der Definition der Vereinten Nationen.

(1) Einschließlich des Britischen Territoriums im Indischen Ozean und der Seychellen.

(2) Einschließlich Agalesa, Rodrigues und St. Brandon.

(3) Einschließlich São Tomé und Príncipe.

(4) Früher Zaire.

(5) Einschließlich Westsahara.

(6) Einschließlich Ascensión, St. Helena und Tristan da Cunha.

(7) Einschließlich Macao.

(8) Am 1. Juli 1997 wurde Hongkong eine Sonderverwaltungsregion Chinas.

(9) Diese Zahl ist in der Gesamtsumme der stärker entwickelten Regionen enthalten, nicht jedoch in der Schätzung für die geographische Region.

(10) Die Türkei wird aus geographischen Gründen unter Westasien aufgeführt. Nach anderen Klassifikationen wird das Land zu Europa gerechnet.

(11) Einschließlich Ägypten, Algerien, Bahrain, Dschibuti, Irak, Jemen, Jordanien, Katar, Komoren, Kuwait, Libanon, Libyen, Mauretanien, Marokko, Oman, Palästinensische Autonomiegebiete, Saudi-Arabien, Somalia, Sudan, Syrien, Tunesien und Vereinigte Arabische Emirate. Regionale Aggregationen der von der UN-Bevölkerungsabteilung bereitgestellten demographischen Indikatoren. Aggregationen für andere Indikatoren sind gewichtete Durchschnitte auf Grundlage der Länder, für die Daten verfügbar sind.

(12) Einschließlich Faröer Inseln, Isle of Man und Kanalinseln.

(13) Einschließlich Andorra, Gibraltar, San Marino und Vatikanstadt.

(14) Einschließlich Liechtenstein und Monaco.

(15) Einschließlich Amerikanische Jungferninseln, Anguilla, Antigua und Barbuda, Aruba, Britische Jungferninseln, Dominica, Grenada, Kaimaninseln, Montserrat, Niederländische Antillen, Saint Kitts und Nevis, Saint Lucia, Saint Vincent und Grenadinen, Turks- und Caicosinseln.

(16) Einschließlich Falklandinseln (Malwinen) und Französisch-Guyana.

(17) Einschließlich Bermuda, Grönland sowie St. Pierre und Miquelon.

(18) Einschließlich Kokos-(Keeling)-Inseln, Norfolkinsel und Weihnachtsinsel.

(19) Einschließlich Neukaledonien und Vanuatu.

(20) Die Nachfolgestaaten der ehemaligen UdSSR sind unter den entsprechenden Regionen aufgeführt. Osteuropa schließt Moldawien, die Russische Föderation, die Ukraine und Weißrussland ein. Armenien, Aserbadschan und Georgien gehören zu Westasien. Kasachstan, Kirgisistan, Tadschikistan, Turkmenistan und Usbekistan werden zum südlichen Zentralasien gerechnet. Gesamtangaben für die Region ohne die Subregion, über die nachstehend getrennt berichtet wird.

(21) Gesamtangaben für die Region, ohne die Subregion, über die nachstehend getrennt berichtet wird.

(22) Diese Subregionen umfassen die UNFPA-Region Arabische Staaten und Europa.

(23) Schätzungen aufgrund früherer Berichte. Es wird mit aktualisierten Daten gerechnet.

(24) Einige südeuropäische Balkanländer und nordeuropäische baltische Länder sind in den Gesamtangaben für Osteuropa enthalten.

(25) Neuere Berichte legen nahe, dass diese Zahl höher gewesen sein könnte. Künftige Publikationen werden die Auswertung dieser Informationen berücksichtigen.

(26) Einschließlich der Föderierten Staaten von Mikronesien, Guam, Kiribati, der Marshallinseln, Nauru, der Nördlichen Marianen und der Pazifischen Inseln (Palau).

(27) Schließt Amerikanisch-Samoa, Cook-Inseln, Johnstoninsel, Midwayinseln, Pitcairn, Samoa, Tokelau, Tonga, Tuvalu sowie Wallis und Futuna ein.

Technische Hinweise

Die statistischen Angaben des *Weltbevölkerungsberichts* legen auch dieses Jahr einen Schwerpunkt auf Indikatoren, die herausstellen sollen, welche Fortschritte in Bezug auf die quantitativen und qualitativen Ziele der Kairoer Weltbevölkerungskonferenz (ICPD) und der Millennium-Entwicklungsziele (MDGs) erzielt wurden: bei der Senkung der Sterblichkeit, beim Zugang zu Bildung und zu Dienstleistungen im Bereich der reproduktiven Gesundheit (einschließlich Familienplanung) sowie bei der Bekämpfung von HIV/Aids unter Jugendlichen.

Nachfolgend werden – geordnet nach den einzelnen Kategorien – die Quellen für die Indikatoren und die Gründe für ihre Auswahl aufgeführt.

Überwachung der ICPD-Ziele

STERBLICHKEITSINDIKATOREN

Säuglingssterblichkeit, Lebenserwartung von Männern und Frauen zum Zeitpunkt der Geburt. Quelle: Tabellen der UN-Bevölkerungsabteilung.

Diese Indikatoren geben die Sterblichkeit im kritischen ersten Lebensjahr (der Indikator, der am deutlichsten auf das Entwicklungsniveau reagiert) sowie während des gesamten Lebenszyklus an. Die Angaben sind Schätzwerte für das Jahr 2006 .

Müttersterblichkeitsrate. Quelle: WHO, UNICEF und UNFPA. *Maternal Mortality in 2000: Estimates Developed by WHO, UNICEF and UNFPA.* Genf. 2003.

Der Indikator gibt die Anzahl der Todesfälle von Frauen pro 100.000 Lebendgeburten an, die durch eine Schwangerschaft, Entbindung oder damit verbundene Komplikationen verursacht werden. Präzise Angaben sind schwierig, aber die relativen Größenordnungen sind aufschlussreich. Schätzungen unter 50 wurden nicht auf- oder abgerundet. Zwischen 50 und 100 wurden sie auf die nächste Fünf gerundet, zwischen 100 und 1.000 auf die nächste Zehn und über 1.000 auf die nächste 100. In mehreren Fällen weichen die Schätzungen von den offiziellen Regierungsangaben ab.

Die Schätzwerte basieren, so weit möglich, auf berichteten Daten. Dabei wurden Herangehensweisen genutzt, die die Vergleichbarkeit von Daten aus unterschiedlichen Quellen verbessern sollen. Nähere Angaben zur Herkunft nationaler Schätzwerte sind den Quellen zu entnehmen. Schätzungen und Methoden werden von der WHO, UNICEF, UNFPA, wissenschaftlichen Einrichtungen und anderen Organisationen überprüft und gegebenenfalls im Rahmen des kontinuierlichen Prozesses zur Verbesserung der Daten zur Müttersterblichkeit korrigiert. Aufgrund veränderter Methoden kann es sein, dass frühere Schätzwerte für das Jahr 1995 mit diesen Schätzwerten nicht strikt vergleichbar sind.

BILDUNGSINDIKATOREN

Bruttoeinschulungsraten von Jungen und Mädchen in der Grundstufe und in der Sekundarstufe. Quelle: Tabellen des *Institute for Statistics* der UNESCO. Montreal. April 2006. Bevölkerungsdaten basieren auf: UN-Bevölkerungsabteilung. *World Population Prospects: The 2004 Revision.* New York. 2005.

Bruttoeinschulungsraten geben die Anzahl der Schüler einer bestimmten Stufe des Schulsystems an, die pro 100 Personen in der jeweiligen Altersgruppe die Schule besuchen. Die Zahl ist nicht hinsichtlich derjenigen Personen bereinigt, die durch späte Einschulung, Schulunterbrechung oder Wiederholung eines Schuljahres das der jeweiligen Schulstufe entsprechende Alter überschritten haben. Die Daten geben die neuesten für den Zeitraum 1995 bis 2005 verfügbaren Schätzwerte an. Die Angaben für die Jahre 2004 und 2005 sind vorläufig.

Analphabetenrate bei Männern und Frauen. Quelle: Siehe Eintrag unter Bruttoeinschulungsraten.

Alphabetisierungsraten wurden auf Analphabetenraten umgerechnet. Die Definitionen von Analphabetismus sind je nach Land unterschiedlich. Drei dieser Definitionen haben sich weitgehend durchgesetzt. Wo immer möglich, beziehen sich die angegebenen Daten auf den Anteil derer, die nicht in der Lage sind, eine kurze, einfache Darstellung des täglichen Lebens zu lesen und schriftlich niederzulegen.

Die Analphabetenrate bei Erwachsenen (das heißt von Personen, die älter als 15 Jahre sind) spiegelt in etwa die Zahl der aktuellen Schulbesuche und die bisherige Entwicklung des Bildungsstands wider. Die oben erwähnten Bildungsindikatoren wurden unter Verwendung der Schätzungen in *World Population Prospects: The 2004 Revision* aktualisiert. Die Daten zur Bildung sind die aktuell verfügbaren Schätzungen für die Jahre 2000 bis 2004.

Anteil der Schüler und Schülerinnen, die das fünfte Schuljahr erreichen. Quelle: Siehe Eintrag unter Bruttoeinschulungsraten.

Die aktuellsten Daten liegen für die Schuljahre 1995 bis 2005 vor. Die Angaben für 2004 und 2005 sind vorläufig.

INDIKATOREN DER REPRODUKTIVEN GESUNDHEIT

Geburten pro 1.000 Frauen im Alter zwischen 15 und 19 Jahren. Quelle: Tabellen der UN-Bevölkerungsabteilung.

Es handelt sich um einen Indikator für die Belastungen, denen junge Frauen aufgrund ihrer Fertilität ausgesetzt sind. Da es sich um eine Jahressumme handelt, in die alle Frauen der Altersgruppe eingehen, reflektiert dieser Indikator das Fertilitätsniveau von Frauen während ihrer Jugend nur unvollständig. Der Indikator gibt die durchschnittliche Zahl der Geburten pro Frau und pro Jahr an.

Würde er mit einem Faktor von fünf multipliziert werden, ergäbe sich annäherungsweise die Zahl der Geburten pro 1.000 junge Frauen, die sich in den letzten Jahren vor Vollendung des 20. Lebensjahres befinden.

Diese Angabe sagt nichts über das volle Ausmaß von Schwangerschaften bei Teenagern aus, da nur Lebendgeburten berücksichtigt werden. Tot- und Fehlgeburten sowie Schwangerschaftsabbrüche werden nicht berücksichtigt. Die Angaben für das Jahr 2006 sind Schätzwerte, basierend auf den Durchschnittswerten, die aus den Daten für den Zeitraum 2005 bis 2010 ermittelt wurden.

Anteil verheirateter Frauen, die Verhütungsmittel benutzen. Quelle: Tabellen, bereitgestellt von der UN-Bevölkerungsabteilung.

Diese Daten sind Berichten über repräsentative Stichprobenuntersuchungen entnommen und schätzen den Anteil der verheirateten Frauen (einschließlich derjenigen, die in dauerhaften nichtehelichen Gemeinschaften leben), die zum gegenwärtigen Zeitpunkt eine moderne oder sonstige Verhütungsmethode anwenden. Zu den modernen und klinischen Methoden zählen die Sterilisation des Mannes und der Frau, die Spirale, die Pille, Injektionen, Hormonimplantate, Kondome und von der Frau benutzte Barrieremethoden.

Die Zahlen sind im Wesentlichen, aber nicht in jedem Fall, zwischen den einzelnen Ländern vergleichbar. Die Gründe hierfür sind Unterschiede bei den Untersuchungszeiträumen und bei der Formulierung der vorgelegten Fragen. Alle Daten der Länder und Regionen beziehen sich auf Frauen zwischen 15 und 49 Jahren. Zitiert werden die aktuellsten verfügbaren Umfragedaten, wobei der Berichtzeitraum von 1986 bis 2004 reicht.

HIV-Infektionsrate von Männern und Frauen von 15 bis 49 Jahren. Quelle: UNAIDS. *Estimated Adult (15-49) HIV Prevalence among Men and Women in 2005.* Tabelle. Genf. 2006.

Die Daten basieren auf systematischen Erhebungen und Modellrechnungen. Die angegebenen Werte für Männer und Frauen im Alter von 15 bis 49 Jahren entsprechen dem Durchschnitt der hohen und niedrigen Schätzwerte pro Land. Das Bezugsjahr ist 2003. Die Unterschiede der Infektionsraten zwischen Männern und Frauen spiegeln die unterschiedliche physiologische und soziale Infektionsgefahr wider und werden darüber hinaus von den Altersunterschieden der Geschlechtspartner beeinflusst.

DEMOGRAPHISCHE, SOZIALE UND WIRTSCHAFTLICHE INDIKATOREN

Weltbevölkerung 2006, Bevölkerungsprojektionen für 2050, durchschnittliche Bevölkerungswachstumsrate für den Zeitraum 2005-2010. Quelle: Tabellen der UN-Bevölkerungsabteilung.

Diese Indikatoren geben die aktuelle Größe, die projizierte künftige Größe sowie die aktuellen jährlichen Wachstumsraten der Bevölkerung der einzelnen Länder an.

Anteil der städtischen Bevölkerung und Wachstumsraten der städtischen Bevölkerung. Quelle: UN-Bevölkerungsabteilung. *World Urbanization Prospects: The 2005 Revision.* Vorab veröffentlichte Tabelle und CD-ROM. New York. 2006.

Diese Indikatoren geben den Anteil der in den städtischen Gebieten eines Landes lebenden Bevölkerung und die projizierte Wachstumsrate der in städtischen Gebieten lebenden Bevölkerung an.

Beschäftigte in der Landwirtschaft pro Hektar landwirtschaftlicher Nutzfläche. Quelle: Daten der Ernährungs- und Landwirtschaftsorganisation der Vereinten Nationen (FAO) unter Verwendung von Beschäftigungsdaten in der Landwirtschaft auf der Grundlage von Daten zur Gesamtbevölkerung aus den *World Population Prospects: The 2004 Revision.* Beschäftigungsquote der wirtschaftlich aktiven Bevölkerung nach: ILO. *Economically Active Population, 1950-2010.* 4. Ausg.; Genf. 1996.

Dieser Indikator bezieht die Zahl der Menschen, die in der Landwirtschaft arbeiten, auf das für die landwirtschaftliche Produktion geeignete Land. Er berücksichtigt sowohl die Veränderungen in der Struktur der Volkswirtschaften (Anteil der in der Landwirtschaft Beschäftigten) als auch Veränderungen der Agrartechnologie. Hohe Werte weisen auf eine Beeinträchtigung der Flächenproduktivität und eine Zersplitterung der Ackerflächen bei einer steigenden Zahl von Landbesitzern hin. Die Zahl berücksichtigt aber auch unterschiedliche Entwicklungsstufen und Landnutzungsstrategien. Die Daten beziehen sich auf das Jahr 2003.

Gesamtfruchtbarkeitsrate (2006). Quelle: Tabellen der UN-Bevölkerungsabteilung.

Diese Zahl gibt die durchschnittliche Anzahl der Kinder an, die eine Frau im Laufe ihres Lebens bekommt, wenn die heutigen altersspezifischen Geburtenraten während ihrer fruchtbaren Jahre (normalerweise zwischen dem 15. und dem 49. Lebensjahr) konstant bleiben. Die einzelnen Länder können das projizierte Niveau zu unterschiedlichen Zeitpunkten innerhalb dieser Zeitspanne erreichen.

Betreute Geburten. Quelle: WHO. *Skilled Attendant at Birth: 2006 Updates.* Datenblatt. Genf. 2006.

Dieser Indikator basiert auf Berichten der einzelnen Länder über den Anteil der Geburten, die in Anwesenheit von »geschultem Personal des Gesundheitswesens oder geschulten Geburtshelfern erfolgen. Dazu zählen: Ärzte (Facharzt oder Allgemeinmediziner) und Personen mit Geburtshilfekenntnissen, die Komplikationen bei der Entbindung diagnostizieren und behandeln sowie normale Entbindungen begleiten können«. Daten für weiter entwickelte Länder spiegeln die dort allgemein höhere Rate der betreuten Geburten wider.

Aufgrund der Annahme einer vollständigen Versorgung kann es sein, dass unzureichende Angaben über marginalisierte Bevölkerungen (und deren unzureichende Versorgung) sowie die Folgen unvorhergesehener Zwischenfälle und von Verzögerungen beim Krankentransport nicht vollständig Eingang in die offiziellen Statistiken finden. Verwendet wurden die neuesten verfügbaren Schätzwerte aus dem Zeitraum 1995 bis 2004.

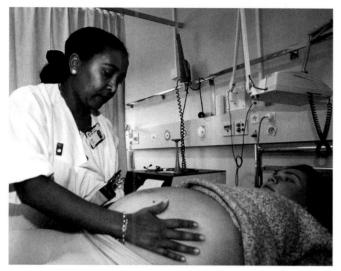

▲ *Sara, eine Migrantin aus Somalia, arbeitet als Hebamme in einem der großen Krankenhäuser Oslos.*
© Trygve Bolstad/Panos Pictures

Bruttonationaleinkommen (BNE) pro Kopf. Quelle: Neueste Zahlen (2004) nach: Weltbank, *World Development Indicators Online*. Webseite: http://devdata.worldbank.org/dataonline/ (Registrierung erforderlich).

Dieser Indikator (bislang ausgedrückt als Bruttosozialprodukt [BSP] pro Kopf) misst den Wert aller Güter und Dienstleistungen, die von in- und ausländischen Produzenten in einer Volkswirtschaft erzeugt und für den Endverbrauch bestimmt werden, unabhängig von deren inländischer oder ausländischer Allokation, im Verhältnis zur Bevölkerungszahl. Der Indikator umfasst also die Gesamtleistung einer Volkswirtschaft.

Anders als beim Bruttoinlandsprodukt (BIP) werden beim Bruttonationaleinkommen (BNE) auch die Einkommen aus im Ausland geleisteter Arbeit von Staatsangehörigen und aus dort erzielten Kapitalgewinnen und ähnliche Zahlungen an ausländische Empfänger im Inland berücksichtigt. Ferner werden verschiedene technisch bedingte Bilanzkorrekturen einbezogen, einschließlich jener, die im Zusammenhang mit Wechselkursschwankungen entstehen. Die unterschiedliche Kaufkraft der einzelnen Währungen wird anhand von Anpassungen der Kaufkraftparität des »realen BNE« berücksichtigt. Einige Zahlen über Kaufkraftparitäten beruhen auf Regressionsmodellen, andere wurden aus den Benchmark-Schätzungen des aktuellsten International Comparison Programme extrapoliert. Nähere Angaben sind der Originalquelle zu entnehmen.

Anteil der Staatsausgaben für Bildung und Gesundheit. Quelle: Weltbank, *World Development Indicators Online*. Webseite: http://devdata.worldbank.org/dataonline/ (Registrierung erforderlich).

Diese Indikatoren drücken die Bedeutung aus, die ein Staat seinem Bildungs- und Gesundheitswesen beimisst. Sie kommt im Anteil der für diese Bereiche bereitgestellten Haushaltsmittel zum Ausdruck. Dabei werden allerdings die erheblichen Unterschiede in der Mittelzuweisung innerhalb der Sektoren (wie zum Beispiel Grundschulbildung oder Basisgesundheitsdienste) im Verhältnis zu anderen Ebenen nicht berücksichtigt. Eine unmittelbare Vergleichbarkeit wird auch durch die unterschiedlichen Zuständigkeiten der Regierungen und der Kommunalbehörden in Verwaltungs- und Haushaltsangelegenheiten sowie die unterschiedliche Rolle des privaten und des öffentlichen Sektors erschwert.

Die angegebenen Schätzungen werden im Bildungssektor ausgedrückt als Anteil am Bruttoinlandsprodukt pro Kopf beziehungsweise im Gesundheitssektor als Anteil am gesamten BIP. Aufgrund der zum Teil stark unterschiedlichen Inputkosten je nach Sektoren und Rahmenbedingungen ist beim Vergleich von Ländern gleichfalls große Vorsicht geboten. Verwendet wurden die neuesten verfügbaren Daten aus dem Zeitraum 1995 bis 2005.

Entwicklungshilfe für bevölkerungspolitische Maßnahmen. Quelle: UNFPA. *Financial Resource Flow for Population Activities in 2003*. New York. 2005.

Diese Zahl gibt den Betrag an ausländischer Entwicklungshilfe an, der in den einzelnen Ländern im Jahr 2003 für bevölkerungspolitische Maßnahmen verwendet wurde. Die Auszahlung dieser Mittel erfolgt über multilaterale und bilaterale Organe der Entwicklungszusammenarbeit und über NRO. Geberländer sind daran erkennbar, dass ihre Beiträge in Klammern stehen. Die regionalen Gesamtzahlen schließen Projekte auf Landesebene und regionale Aktivitäten ein, die ansonsten in der Tabelle nicht aufgeführt werden.

Kindersterblichkeit. Quelle: Tabellen der UN-Bevölkerungsabteilung.

Dieser Indikator gibt die Sterberate von Säuglingen und Kleinkindern unter fünf Jahren an. Die Zahlen spiegeln die Auswirkungen von Krankheiten und sonstigen Todesursachen bei Säuglingen und Kleinkindern wider. Zu den verbreitetsten demographischen Indikatoren gehören die Säuglingssterblichkeit und Sterblichkeit von Kindern im Alter von ein bis vier Jahren, in denen die unterschiedlichen Ursachen und die Häufigkeit der Sterblichkeit in diesen Altersstufen zum Ausdruck kommen. Die Kindersterblichkeit berücksichtigt stärker als die Säuglingssterblichkeit die Folgen von Kinderkrankheiten, einschließlich jener Erkrankungen, die durch eine bessere Ernährung und Impfprogramme vermieden werden könnten. Die Kindersterblichkeit wird hier in Todesfällen von Kindern unter fünf Jahren pro 1.000 Lebendgeburten innerhalb eines Jahres ausgedrückt. Die Angaben sind Schätzwerte für den Zeitraum 2005 bis 2010.

Energieverbrauch pro Kopf. Quelle: Weltbank, *World Development Indicators Online.* Webseite: http://devdata.world bank.org/dataonline/ (Registrierung erforderlich).

Dieser Indikator gibt den Jahresverbrauch an wirtschaftlich genutzter Primärenergie (dazu zählen Steinkohle, Braunkohle, Erdöl, Erdgas und Strom aus Wasserkraft, Atomkraft und Erdwärme) in Erdöleinheiten und Kilogramm pro Kopf an. Er ist Ausdruck des industriellen Entwicklungsstandes, der Struktur einer Volkswirtschaft und der Konsumgewohnheiten. Veränderungen dieses Wertes über einen bestimmten Zeitraum können Ausdruck quantitativer Veränderungen der einzelnen wirtschaftlichen Tätigkeiten und Veränderungen des quantitativen Verhältnisses dieser Tätigkeiten zueinander sowie Veränderungen der Effizienz bei der Energienutzung sein, einschließlich der Zu- und Abnahme von Energieverschwendung. Die Daten beziehen sich auf das Jahr 2003.

Zugang zu sauberem Trinkwasser. UNICEF. *State of the World's Children 2005: Childhood under Threat.* New York. 2005.

Dieser Indikator gibt den Anteil der Bevölkerung an, der in einer »zumutbaren Entfernung« von seiner Wohnung »Zugang zu sicherem Trinkwasser in ausreichender Menge« hat, wobei diese Angaben auf den entsprechenden Definitionen der einzelnen Länder beruhen. Der Indikator weist auf Gesundheitsrisiken hin, einschließlich solcher, die sich aus unzureichenden sanitären Bedingungen ergeben. Die Daten sind Schätzwerte für das Jahr 2002.

Impressum

Herausgeber der deutschen Übersetzung:	Deutsche Stiftung Weltbevölkerung (DSW) Göttinger Chaussee 115 30459 Hannover Tel.: (05 11) 9 43 73-0 Fax: (05 11) 2 34 50 51 E-Mail: info@dsw-hannover.de Homepage: www.weltbevoelkerung.de
Herausgeber des Berichts:	UNFPA, Bevölkerungsfonds der Vereinten Nationen María José Alcalá (Autor), Patricia Leidl (Redaktion), Dina Deligiorgis (Recherche), Phyllis Brachman, Zeina Boumechal, Mirey Chaljub (Assistenzen). Das Redaktionsteam dankt: Maruja Asis, Aïcha Belarbi, Philippe Fargues, Graeme Hugo, Susan F. Martin, Mark Bloch, Camille Conaway, Annette Lansink, George Martine, Luis Mora, Mario Aguilar, Dhanashri Bhrame, Jennifer Cooper, Suneeta Dhar, Galanne Deressa, Lindsay Edouard, Francois Farah, Christian Fuersich, Nadine Gasman, Salma Hamid, Mary Haour-Knipe, Toshiko Kaneda, Stafford Mousky, Mary Otieno, Ann Pawliczko, Marta Roig, Siri Tellier, Anuja Upadhyay und Jean-Noel Wetterwald.
Vertrieb des deutschen Berichts:	Balance Verlag Schockenriedstraße 4 70565 Stuttgart Tel.: (07 11) 7 82 92-140 Fax: (07 11) 7 82 92-199 E-Mail: vertrieb@hamppverlag.de Homepage: www.balanceverlag.de, www.hamppverlag.de Alle Rechte vorbehalten.
Übersetzung:	Thomas Pfeiffer, Marion Schweizer
Redaktion:	Mirjam Hägele, Catherina Hinz, Uwe Kerkow
Gesamtherstellung:	Oliver Schwarz, Julia Borck, Hampp Media GmbH, Stuttgart
Satz:	Andreas Weise, pws Print und Werbeservice Stuttgart GmbH, Stuttgart
Druck:	Greiserdruck GmbH, Rastatt

ISBN-10: 3-936682-30-5
ISBN-13: 978-3-936682-30-4